Romanistische
Arbeitshefte

52

Herausgegeben von
Volker Noll und Georgia Veldre-Gerner

Elisabeth Gülich / Lorenza Mondada

unter Mitarbeit von Ingrid Furchner

Konversationsanalyse

Eine Einführung am Beispiel des Französischen

Max Niemeyer Verlag
Tübingen 2008

Bibliografische Information der Deutschen Nationalbibliothek

Die Deutsche Nationalbibliothek verzeichnet diese Publikation in der Deutschen Nationalbibliografie;
detaillierte bibliografische Daten sind im Internet über *http://dnb.ddb.de* abrufbar.

ISBN 978-3-484-54053-8   ISSN 0344-676X

Inhalt

Vorwort

Die Konversationsanalyse ist eine noch relativ junge Forschungsrichtung. Sie wurde in den 1960er Jahren von amerikanischen Soziologen entwickelt, dann in verschiedenen Ländern auch von Linguisten aufgegriffen und hat schließlich entscheidend zur Entwicklung einer linguistischen Gesprächsforschung beigetragen. Insbesondere in der Erforschung der gesprochenen Sprache und mündlicher Kommunikation hat sie neue Akzente gesetzt und in mancher Hinsicht auch zu einer Umorientierung geführt.

Dieser Forschungsansatz ist zwar in einer ganzen Reihe von Übersichtsartikeln und -büchern dargestellt worden, doch sind nur wenige davon auf die französische Sprache und die Forschungen zum Französischen bezogen.

Mit diesem Buch wollen wir nicht nur einen Überblick über konversationsanalytische Forschung vermitteln, sondern die verschiedenen Themen detaillierter anhand der Analyse von Gesprächsausschnitten behandeln und so die Möglichkeit geben, konversationsanalytisches Arbeiten an französischen Gesprächsbeispielen zu erlernen. Das Buch wendet sich in erster Linie an Leserinnen und Leser, die an konversationsanalytischer Arbeit an Gesprächen in französischer Sprache interessiert sind, und hat einführenden Charakter, setzt also kein spezifisches Wissen über Konversationsanalyse voraus. Es soll Grundkenntnisse vermitteln und zu eigener Analysearbeit anregen und befähigen. Zu diesem Zweck stellen wir die grundlegenden konversationsanalytischen Arbeiten ins Zentrum; gleichwohl werden wir von Fall zu Fall auch neuere Entwicklungen skizzieren oder zumindest andeuten. Wir geben der praktischen Analysearbeit den Vorzug vor umfassenden theoretischen Erörterungen.

Diese Entscheidung hat vor allem die beiden folgenden Konsequenzen: Zum einen haben wir uns, auch um den vorgesehenen Umfang des Buchs nicht zu überschreiten, Beschränkungen hinsichtlich der Bibliographie auferlegt. Wir zitieren bevorzugt die zentralen grundlegenden Arbeiten der Konversationsanalyse (die in der Regel in englischer Sprache geschrieben sind); weiterhin berücksichtigen wir vor allem französische und auf das Französische bezogene konversationsanalytische Arbeiten, und schließlich verweisen wir auch auf ausgewählte Arbeiten aus der deutschen Gesprächsforschung, da viele Themen, Verfahren und Fragen nicht nur am Beispiel einer bestimmten Sprache erörtert werden können. Für umfassendere und detailliertere bibliographische Informationen verweisen wir von Fall zu Fall auf Bibliographien in anderen Veröffentlichungen oder im Internet. Zum anderen arbeiten wir viel mit Transkriptbeispielen. Dabei haben wir vor allem eigene (z.T. auch ältere) Gesprächscorpora genutzt, gelegentlich aber auch Beispiele aus anderen Corpora oder aus Veröffentlichungen herangezogen. Daher weisen die Transkriptionen keinen einheitlichen Standard auf.

Das Buch ist folgendermaßen aufgebaut: Nach der einführenden exemplarischen Analyse eines Gesprächsausschnitts werden zunächst die theoretischen und methodologischen Grundlagen der Konversationsanalyse dargestellt (Kap. 2 und 3). Anschließend werden zentrale Themen, die in der exemplarischen Analyse bereits herausgearbeitet worden sind, behandelt (Kap. 4 bis 9). Den Abschluss bildet wiederum eine exemplarische Analyse, die diesmal neuere Entwicklungen (Arbeit an Videoaufnahmen, Berücksichtigung multimodaler Ressourcen) in den Mittelpunkt stellt (Kap. 10). Im Folgenden geben wir einen Überblick über die Themen der einzelnen Kapitel.

Entsprechend der grundlegenden Orientierung der Konversationsanalyse an empirisch erhobenen Daten zeigen wir einleitend in Kapitel 1 anhand der Analyse von Ausschnitten aus einem Alltagsgespräch charakteristische methodologische Vorgehensweisen und wichtige Untersuchungsaspekte der Konversationsanalyse ethnomethodologischer Prägung auf.

Kapitel 2 zeichnet die Entwicklung von der Gesprochene-Sprache-Forschung zur ethnomethodologischen Konversationsanalyse nach; dabei wird besonders auf die Rezeption der Konversationsanalyse in Deutschland (vor allem im franko-romanistischen Kontext) und Frankreich eingegangen. Als Voraussetzung zum Verständnis werden das Forschungsprogramm und die analytische Haltung der Konversationsanalyse skizziert. Kapitel 3 ist der Datengewinnung, also der Aufnahme und Transkription von Gesprächen gewidmet, die gerade für die Konversationsanalyse eine wichtige Grundlage darstellt. Dabei geht es auch um grundsätzlichere Überlegungen, die die Arbeit im ‚Feld‘ betreffen, wie die Auswahl geeigneter Situationen oder die Haltung des Forschers.

Als erstes spezifisches Thema wird in Kapitel 4 eins der zentralen und schon früh bearbeiteten Themen der Konversationsanalyse behandelt: die Systematik des Sprecherwechsels, d.h. die Verteilung des Rederechts und die ‚Regeln‘, denen die Interaktanten dabei folgen. Wir berücksichtigen dabei auch Zusammenhänge zwischen interaktiven Prozeduren und grammatischen Aspekten des Kommunizierens. In Kapitel 5 steht der für die Konversationsanalyse zentrale Begriff der Sequenzialität im Mittelpunkt; hier werden Grundformen der sequenziellen Organisation wie Paarsequenzen, Präferenzstrukturen und Sequenzerweiterungen beschrieben. Die sequenzielle Organisation ist ein zentrales Charakteristikum aller Verfahren, die in den Kapiteln 6 bis 9 behandelt werden. Ein weiteres grundlegendes Verfahren, das zu den frühen ‚Entdeckungen‘ der Konversationsanalyse gehört, ist Gegenstand von Kapitel 6: die Reparaturen und ihre Systematik. Die Beschäftigung mit Reparaturen eröffnet auch einen Zugang zur Beschreibung der Formulierungstätigkeit im Gespräch und schließt damit an gesprächsrhetorische Verfahren an.

Kapitel 7 widmet sich globaleren Aspekten der Gesprächsorganisation. Es geht um die Frage, wie die Interaktionspartner überhaupt ins Gespräch kommen – und wieder aus dem Gespräch heraus. Auch hier spielt die Sequenzialität eine wichtige Rolle: Eröffnung und Beendigung bestehen nicht nur aus Begrüßungs- und Verabschiedungsformeln, sondern vollziehen sich in manchmal komplexen Phasen. In Kapitel 8 werden bei der Beschreibung der thematischen Organisation stärker als in den vorherigen Kapiteln strukturelle und inhaltliche Aspekte verbunden. Das Interesse richtet sich dabei weniger auf die Themen selbst als auf ihre Einführung, Entwicklung und Beendigung und daher auch auf die Strukturierungsaktivitäten der Teilnehmer. Kapitel 9 schließt hier unmittelbar an, denn das Zustandekommen von Erzählsequenzen im Gespräch hängt eng mit der Themenentwicklung zusammen; zugleich setzt es die interaktive Lösung diverser Organisationsaufgaben wie z.B. die zeitweilige Aufhebung der Regeln des Sprecherwechsels voraus. Dabei ist die Aufmerksamkeit grundsätzlich auf Erzähler *und* Zuhörer gerichtet. Eine besondere Rolle spielen interaktive Bewertungen des Erzählten, da sie einen Zugang zur Funktion des Erzählens eröffnen.

Kapitel 10 schließt den mit der Einleitung eröffneten Rahmen mit einer weiteren exemplarischen Analyse. Bei dem hier behandelten Gesprächsausschnitt handelt es sich allerdings um eine wesentlich komplexere Interaktion, und es wird stärker als in Kapitel 1 auf Aspekte der Videoaufnahme eingegangen. Die Analyse eröffnet eine Perspektive auf einen neueren Untersuchungsgegenstand der Konversationsanalyse, nämlich die Nutzung multimodaler Ressourcen bei der Organisation der Interaktion.

Am Ende jedes Kapitels finden sich Arbeitsaufgaben, mit denen wir vor allem drei Ziele verfolgen: Sie sollen

– die Möglichkeit zur *Rekapitulation* zentraler Begriffe des jeweiligen Kapitels bieten;
– zu *theoretisch-methodologischer Reflexion* anregen;
– Anlässe bieten zur *Beobachtung* kommunikativer Praxis und zur konversationsanalytischen *Bearbeitung von Gesprächstranskripten*. Dazu werden zum einen die in den verschiedenen Kapiteln des Buchs zitierten Gesprächsausschnitte herangezogen, zum anderen werden im Anhang drei Übungstranskripte hinzugefügt. Für weitere Transkripte verweisen wir auf veröffentlichte bzw. öffentlich zugängliche Corpora.

Bei der Vorbereitung des Buchs und der Diskussion des Konzepts hat in der ersten Arbeitsphase Karola Pitsch mitgewirkt, die uns auch einige Aufnahmen aus ihrem Gesprächscorpus zur Verfügung gestellt hat. In der zweiten Phase hat Ingrid Furchner die redaktionellen Arbeiten übernommen; sie hat auch zu einer Reihe französischer Textvorlagen die deutschen Versionen entworfen, die anschließend gemeinsam überarbeitet wurden.

Unseren „Testleserinnen" Wiltrud Mihatsch und Katrin Lindemann danken wir herzlich für vielfältige Hinweise und Anmerkungen, ebenso Susanne Uhmann, Elizabeth Couper-Kuhlen und Karola Pitsch für Informationen zu Einzelfragen.

1. Ein Alltagsgespräch als Gegenstand der Analyse

Der Terminus *Konversationsanalyse* bezeichnet einen Forschungsansatz, der in den 1960er Jahren von einer Gruppe amerikanischer Soziologen entworfen wurde. Er war und ist Bestandteil eines umfassenderen Forschungsprogramms: der Ethnomethodologie, die von Harold Garfinkel (1967) ins Leben gerufen wurde. Ihre Anhänger sahen in Alltagsgesprächen einen besonders geeigneten Gegenstand, um soziales Handeln im Detail zu beobachten und zu beschreiben. Diesem Umstand ist es zu verdanken, dass die ‚ethnomethodologische Konversationsanalyse‘ über die disziplinären Grenzen der Soziologie hinaus in der Linguistik nachhaltigen Einfluss gewonnen und neue Perspektiven auf manche traditionellen linguistischen Fragestellungen eröffnet hat. Denn auch in der Linguistik bestand ja unabhängig von Einflüssen aus anderen Disziplinen Interesse an gesprochener Sprache und mündlicher Kommunikation. Unter linguistischen Einflüssen hat sich wiederum auch die Konversationsanalyse weiterentwickelt.

Detaillierte Beobachtungen zu einzelnen sprachlichen Phänomenen auf strikt empirischer Grundlage sind sozusagen das Markenzeichen einer linguistischen Konversationsanalyse. Ausgangspunkt für jede konversationsanalytische Arbeit waren und sind immer die empirisch erhobenen Daten, also die Dokumentation der Interaktion zwischen den Gesprächspartnern, nicht eine vorab entworfene Theorie, die anschließend an Daten empirisch überprüft würde. Darin liegt ein entscheidender Unterschied zu anderen theoretischen Ansätzen in der Linguistik. Von Garfinkel und Sacks wird berichtet, dass sie „auf alle Aufforderungen klarzustellen, was Ethnomethodologie nun sei, mit Beispielen aus ihrer Forschungspraxis geantwortet haben und theoretisch-programmatische Ausführungen auffällig knapp hielten" (Weingarten/Sack 1979: 21). Auch wenn sich heute nach über 40 Jahren konversationsanalytischer Forschung die Frage nach der Theorie- und Methodenentwicklung sicher etwas anders stellt, ist die Einstellung zur Notwendigkeit und zur Funktion empirischer Beobachtungen im Prinzip dieselbe geblieben. Das folgende berühmt gewordene Zitat von Sacks hat nichts von seiner Gültigkeit verloren:

> „It is possible that detailed study of small phenomena may give an enormous understanding of the way humans do things and the kind of objects they use to construct and order their affairs [...] From close looking at the world we can find things that we could not, by imagination, assert were there." (Sacks 1984: 24–25)

Um einen Einblick in diese Arbeitsweise zu geben, wollen wir daher mit der Analyse eines konkreten Beispiels beginnen und so in die methodische Herangehensweise und die wichtigsten in diesem Buch behandelten Themen einführen. Damit wählen wir für das vorliegende Einführungskapitel eine der beiden grundsätzlichen methodischen Vorgehensweisen der Konversationsanalyse: die Analyse eines Einzelfalls (s. dazu Kap. 2.3). In den späteren Kapiteln werden wir dann die zweite Vorgehensweise praktizieren, indem wir jeweils zu einzelnen Phänomenen Kollektionen ähnlich gearteter Beispiele bilden und analysieren. Zum Abschluss werden wir in Kapitel 10 eine weitere exemplarische Analyse eines Gesprächs vornehmen.

1.1 Ein Beispiel konversationsanalytischer Arbeit

Bei dem Ausgangsbeispiel handelt sich um ein Alltagsgespräch (*conversation*), also den traditionellen Gegenstand der *conversation analysis*, dem die Konversationsanalyse ihren Namen verdankt (zur Entwicklungsgeschichte s. Kap. 2). Die Gespräche, an denen die Konversationsanalytiker in den 1960er Jahren gearbeitet haben, waren Tonaufnahmen von Telefongesprächen und *face-to-face*-Interaktionen. Angesichts der seither verbesserten technischen Möglichkeiten bieten sich heute Videoaufnahmen an, da sie auch die Analyse von Phänomenen wie Mimik, Gestik, Blickrichtung und Körperhaltung erlauben, die in der Kommunikation eine wichtige Rolle spielen können (ein Beispiel geben wir in Kap. 10).

Um ein Alltagsgespräch wissenschaftlich bearbeiten zu können, muss die ‚flüchtige‘ Rede ‚methodisch fixiert‘ werden (vgl. Bergmann 2007). Das Gespräch, aus dem der folgende Ausschnitt stammt, liegt als Videoaufnahme vor; der Ton wurde mittels eines Mikrofons aufgenommen, das über dem Tisch von oben herabhängt. Ein Standbild soll einen ersten Eindruck von der Situation und der gewählten Aufnahmeperspektive vermitteln:

Abbildung 1: Standbild aus der Videoaufnahme

Das Bild zeigt eine ganz alltägliche Gesprächssituation: In der Cafeteria einer amerikanischen Universität sitzen zwei Personen an einem Tisch im Freien; sie essen, unterhalten sich und begrüßen von Zeit zu Zeit Bekannte, die in Sichtweite ihres Tisches vorübergehen.

Der nächste Schritt besteht in einer schriftlichen Fixierung des Gesprochenen bzw. der kommunikativen Aktivitäten: einer Transkription.

Beispiel 1: Cafeteria,[1] Ausschnitt 1

```
01   Yv   donc euh (1.2) le squatch c'est marrant/ parce qu'ils
02        connaissent pas ça ici\ hein/
```

---

[1]   Aufnahme und Transkription wurden uns freundlicherweise von Karola Pitsch zur Verfügung gestellt.

```
03  An  c'est pas [le racketbAll/ c'est pas/ (.) ] ra:- racketbAll/
04  Yv             [ici/ ils  ont  le  racketball/]
05  An  c'est pAs la même cho:se/
06  Yv  mais non/ c'est pas la même chose\ justement/ [ça chan]ge/
07  An                                                 [hehe   ]
08  Yv  .h et j'crois qu'[le racketba:ll c'est très a]méricain
09  An                   [<((p)) je croyais que c'était la même chose\>]
10  Yv  parce que: il y a:: hm (0.3) tch (0.5) je crois que ça (se dit)
11      plus par ailleurs/ donc [on parle] *toujours du squatch*
12  An                          [hm hm/  ]
                                            *beißt ab              *
13  Yv  *(2.9)          * xxxx lui dire un petit bonjour après\
        *winkt jemandem zu*
14  An  + (0.5)                              +c'est qui/
        +dreht sich in Yves' Blickrichtung um+
15  Yv  =c'est euh: (0.3) francesca:/ mais- elle parle aussi français/
16      j'crois\ d'ailleurs\
17  An  hm hm/
18  Yv  (0.5) c'est une: anglaise\ . (0.5) eh nOn\ américo-/ anglo-américai
19      ne\ xxx anglaise-[américaine\    ] que j'ai rencontrée quand je suis
20  An                   [<((p)) hm hm/>]
21  Yv  allé aux universal studio:s/ elle était dans le groupe\ (0.7) tch
22  An  .h *Oh wOw\ (0.5) [intéressant\*
           *dreht sich um            *
23  Yv                    [EU::hm:: (.) tch (.) qu'est-ce que je voulais
24      dire\ (0.9) en fait/ je pense qu'il y a une diffé- il y a
25      une re- (.) j'ai essayé les deux/ il y avait une réelle différence
26      entre le racketball et le squatch\ (.) racketball/ ((continue))
```

Während ein solches Gespräch jedem vertraut und alltäglich erscheinen wird, mag die Transkription auf den ersten Blick ein Gefühl von Fremdheit hervorrufen. Dieser Kontrast kommt zum einen dadurch zustande, dass wir glauben, als Mitglieder einer Gesellschaft oder Gruppe die Aktivitäten der Beteiligten intuitiv erfassen, verstehen und auch beschreiben zu können. Hier aber geht es darum, sie zum Gegenstand einer *Analyse* zu machen. Zum anderen wird hier gesprochene Sprache schriftlich vermittelt, die wir gewohnt sind zu hören, nicht aber zu lesen. Dadurch werden Details sichtbar, die bei der Produktion von Äußerungen und von Bedeutung eine Rolle spielen, von den Beteiligten aber nicht notwendigerweise bewusst wahrgenommen und thematisiert werden. In der schriftlichen Form sehen wir, dass die Gesprächspartner nicht immer in wohlgeformten und vollständigen Sätzen reden; es kommen Verzögerungen, Wortwiederholungen, Abbrüche und Selbstkorrekturen verschiedener Art vor, die es in der Schriftsprache normalerweise nicht gibt, selbst wenn beispielsweise ein mündlicher Vortrag in eine schriftliche Fassung gebracht wird.

Bei der Transkription werden die aus der Schriftsprache bekannten Interpunktionszeichen zu anderen Zwecken als üblich genutzt, und/oder es werden zusätzliche Zeichen festgelegt. So werden hier beispielsweise Punkte zur Kennzeichnung von Pausen verwendet (es sei denn, die Pausendauer wird gemessen und in Zehntelsekunden angegeben), Doppelpunkte bezeichnen Dehnungen und Großbuchstaben Betonungen (die Transkriptionskonventionen finden sich am Ende des Buches). Eine Reihe von Zeichen beziehen sich auf die Intonation (steigend / oder fallend \) und auf die Sprechweise (z.B. die Lautstärke: ((p)) für leises und ((f)) für lautes Sprechen). Ferner werden beispielsweise Sprechtempo, Pausendauer oder kommunikative Aktivitäten wie Lachen (*hehe* in Z. 7) erfasst; andere Aktivitäten werden kurz beschrieben (z.B. *beißt ab* in Z. 12 oder *dreht sich in Yves' Blickrichtung um* in Z. 14). Scheinbar unbedeutende sprachliche und vokale Elemente wie *hm*, *tch* oder *hein* werden ebenso festgehalten wie Momente, in denen beide Partner gleichzeitig sprechen. Die ersten beiden Zeilen des Transkripts

```
01  Yv   donc euh (1.2) le squatch c'est marrant/ parce qu'ils
02       connaissent pas ça ici\ hein/
```

sind also folgendermaßen zu verstehen: In Yves' Äußerung folgt nach der Diskurspartikel *donc* und der Verzögerungspartikel *euh* eine Pause von 1,2 Sekunden. Die folgende Äußerung wird mit steigender Intonation gesprochen (/ nach *marrant*). Nach *ici* fällt die Intonation (\); ein *hein* mit steigender Intonation wird unmittelbar angeschlossen.
Im weiteren Verlauf (Z. 3 und 4) kommt es zu einer kurzen Überlappung von Äußerungen der beiden Sprecher. Die Gleichzeitigkeit ist durch eckige Klammern gekennzeichnet; das, was gleichzeitig gesprochen wird, steht untereinander:

```
03  An   c'est pas [le racketbAll/ c'est pas/ (.) ] ra:- racketbAll/
04  Yv             [ici/ ils ont  le  racketball/]
```

In der Transkription werden also möglichst viele der Formen und der Ausdrucksmöglichkeiten, die wir beim Sprechen nutzen, schriftlich festgehalten. Transkribieren ist mehr als ein Verschriftlichen, es stellt bereits eine interpretative Tätigkeit und insofern schon den Beginn der Analyse dar. Deshalb wurde in der Konversationsanalyse dem Transkribieren, das für die Arbeit an mündlichen Daten aus praktischen Gründen notwendig schien (vgl. Sacks 1984), von Anfang an große Aufmerksamkeit gewidmet. Gleichwohl kann auch eine noch so genaue Transkription die Vielfalt und Komplexität mündlicher Kommunikation nie vollständig erfassen; bei der Analyse muss daher immer wieder das Originaldokument hinzugezogen werden. Da der Datenerhebung und -aufbereitung in der Konversationsanalyse eine so große Bedeutung zukommt, widmen wir diesem Thema ein eigenes Kapitel (Kap. 3).

Die Lektüre des oben zitierten Transkripts und die Betrachtung des Videos zeigen, dass die Gesprächsbeteiligten eine Vielzahl verschiedener Aktivitäten gleichzeitig ausführen: Sie unterhalten sich, nehmen dabei ihr Mittagessen ein und führen noch weitere soziale Aktivitäten durch (z.B. vorübergehenden Bekannten zuwinken). Auf der Ebene des Gesprächs sind zudem verschiedene Typen von Aktivitäten zu erkennen, wie im Folgenden noch deutlich werden wird. Alle diese Aktivitäten beeinflussen sich wechselseitig und müssen koordiniert werden. Die Beteiligten haben also im Gespräch eine Vielzahl ,praktischer Probleme' zu lösen, wie z.B. sich den Unterschied zwischen *Squash* und *Racketball* klarzumachen oder die vorübergehende Person zu grüßen und trotzdem mit der aktuellen Gesprächspartnerin in Kontakt zu bleiben. Die Arbeit der ethnomethodologischen Konversationsanalyse setzt bei solchen praktischen Problemen oder Aufgaben an; ihr Interesse richtet sich auf die ,Alltagsmethoden', mit deren Hilfe die Beteiligten sie bearbeiten und lösen (vgl. Gülich 2001).

An dem Ausschnitt in Beispiel 1 lässt sich gleich in den ersten Zeilen einer der schon früh behandelten und in vieler Hinsicht zentralen Untersuchungsgegenstände der Konversationsanalyse beobachten: die Systematik des Sprecherwechsels, die als eins der wichtigsten Organisationsprinzipien des Gesprächs gilt (ausführlich dargestellt in Kap. 4). Sie erlaubt den Gesprächspartnern zu erkennen, wann sie ‚an der Reihe' sind und wie sie sich im Gespräch abwechseln können, ohne dass es ständig zu gleichzeitigem Sprechen oder zu langen Pausen käme. So gibt Yves durch das *hein* mit steigender Intonation am Ende der Äußerung (Z. 2) Anne zu verstehen, dass sie jetzt ‚dran' ist und auf seine Bemerkung zum *Squash* reagieren soll. Anne interpretiert das auch genau so und führt zum Vergleich eine andere Sportart (*Racketball*) ein. Sie beginnt ihre Äußerung mit einer Negation mit steigender Intonation (Z. 3). Yves setzt fast gleichzeitig mit einem Kommentar zu dieser Sportart ein (Überlappung in den Zeilen 3 und 4), wobei er sich – wie schon in Zeile 2 – explizit auf das Land bezieht, in dem sie sich befinden (*ici*). Er setzt offenbar seine vorherige Äußerung fort, indem er sie inhaltlich erweitert (*Squash* ist ‚hier' nicht bekannt, denn ‚hier' wird *Racketball* gespielt). Nachträglich ist zu erkennen, dass Anne in Z. 3 die vorherige Äußerung von Yves (1–2) zu Unrecht als abgeschlossen interpretiert hatte, was durch das *hein* mit steigender Intonation nahegelegt wurde. Was zunächst wie ein regulärer Sprecherwechsel aussieht, lässt sich also im Nachhinein auch als Unterbrechung interpretieren; die Überlappung der Äußerungen in Z. 3 und 4 zeigt jedenfalls, dass Yves mit seinem Hinweis auf *Racketball* nicht erst auf Annes Äußerung reagiert.

Dieser Aspekt, wie der Gesprächspartner eine Äußerung interpretiert oder behandelt, wird in der Konversationsanalyse als zentral erachtet. Die Bedeutung konversationeller Aktivitäten wird nicht von festgelegten Kriterien wie grammatischen oder prosodischen Merkmalen bestimmt, die eine Äußerung als bestimmten Satztyp oder Sprechakt (beispielsweise als Frage) ausweisen, sondern in erster Linie durch die Art und Weise, wie die Beteiligten sie behandeln.

Das lässt sich in den beiden folgenden Redebeiträgen besonders gut nachvollziehen. In Z. 5 setzt Anne ihre Äußerung aus Z. 3 (den Vergleich mit *Racketball*) fort: Sie reformuliert und vervollständigt sie, und zwar mit steigender Intonation (*c'est pAs la même chose/*). Yves behandelt diese Äußerung als Frage; er antwortet mit einer betonten Verneinung (*mais non*) und einer wörtlichen Reformulierung von Annes Äußerung mit fallender Intonation (6).

Während der Fortsetzung seiner Antwort lacht Anne kurz auf (7). Es kommt erneut zu einer Überlappung (8 und 9); Annes Äußerung ist allerdings sehr leise, als spräche sie zu sich selbst. Yves setzt mit *parce que:* den Vergleich zwischen *Racketball* und *Squash* fort. Während er spricht, produziert Anne ein *hm hm/* (12). Hier liegt eine andere Art von Überlappung vor als in den vorherigen Fällen, denn mit Elementen wie ‚hm' oder ‚hmhm' zeigt der Partner in der Regel nur an, dass er weiterhin zuhört und nicht seinerseits die Sprecherrolle übernehmen will. Diese Funktion wird durch den englischen Terminus *continuer* und den französischen *régulateur* treffend bezeichnet, während die im Deutschen üblichen Termini *Hörersignale* oder *Rückmeldesignale* andere Aspekte akzentuieren. Yves behandelt das *hm hm/* von Anne als *continuer*, indem er ohne Verzögerung weiterspricht, während Anne damit, dass sie nicht fortfährt, anzeigt, dass sie nicht das Wort übernehmen will.

Zwischenfazit: Bis zu diesem Moment haben die Gesprächspartner eine Abgrenzung von *Squash* zu *Racketball* formuliert. Diese Abgrenzung ist das Ergebnis einer gemeinsamen Arbeit, die Schritt für Schritt im Gespräch geleistet wurde – ein ‚interaktiver Vollzug‘ (*interactional achievement*, Schegloff 1982). Sequenzialität und Interaktivität sind zentrale Prinzipien konversationsanalytischer Arbeit (s. Kap. 2.3), die die übliche Unterscheidung zwischen Sprecher und Hörer insofern relativieren, als davon ausgegangen wird, dass am Zustandekommen von Äußerungen grundsätzlich auch die Gesprächspartner Anteil haben, die gerade nicht sprechen.

Der Formulierungsprozess verläuft nicht immer flüssig, sondern ist bei beiden Gesprächspartnern durch Verzögerungen, Dehnungen, Abbrüche und Neuansätze sowie Reformulierungen gekennzeichnet. Bei der spontanen Äußerungsproduktion kommt es gelegentlich zu Störungen und ‚Reparaturen‘. Auch diesem Phänomen ist in der Konversationsanalyse von Beginn an besondere Aufmerksamkeit gewidmet worden; in Kapitel 6 gehen wir ausführlicher darauf ein.

In dem zitierten Ausschnitt wird der Vergleich zwischen *Squash* und *Racketball* vorläufig dadurch beendet, dass die Aufmerksamkeit der Gesprächspartner sich auf etwas außerhalb des Gesprächs richtet: Yves winkt einer vorübergehenden Frau zu und Anne dreht sich sogleich nach dieser um (13–14). Die wechselseitige Identifizierung und der Austausch von Begrüßungen zwischen Yves und der Passantin verändern den Teilnehmerrahmen (vgl. Goodwin/Goodwin 2004) und konstituieren eine mögliche neue Interaktion, die sich hier aber in diesem Austausch erschöpft (zu den Modalitäten von Eröffnungen und Beendigungen vgl. Kap. 7). Interessant ist vor allem, dass Yves diese Kontaktaufnahme zugleich verbal kommentiert (13, nur teilweise verständlich), d.h. er gibt einen *account*, eine Erklärung für das, was er tut. Die grundsätzliche *accountability*, d.h. die Beschreibbarkeit oder Erklärbarkeit des konversationellen Handelns, gehört zu den zentralen ethnomethodologischen Annahmen (vgl. Garfinkel 1967, s.u. Kap. 2.1). Sie manifestiert sich im Handeln der Beteiligten selbst und darin, wie diese sich gegenseitig zu verstehen geben, was sie tun. Explizit formuliert werden solche *accounts* nur unter bestimmten Umständen. Im vorliegenden Gesprächsausschnitt hat die Erklärung die Funktion, den Kontakt zwischen Yves und seiner aktuellen Gesprächspartnerin aufrechtzuerhalten, während zugleich die soziale Beziehung zu der vorübergehenden Francesca gepflegt wird.

Die Modifikation des Teilnehmerrahmens hat Konsequenzen für den Gesprächsverlauf. Durch Yves' Winken wird auch die Aufmerksamkeit von Anne auf die andere Person gelenkt (14); ihre Nachfrage veranlasst Yves zu einer längeren Antwort. Diese enthält eine ganze Serie von Selbstkorrekturen, welche sich alle auf die Zuordnung der Person zu einer ‚Kategorie‘ (in diesem Fall einer Nationalität) beziehen. Am Beginn (15) steht eine Zuordnung zur Gruppe der Frankophonen, die unmittelbar auf den Namen folgt und damit mögliche Inferenzen aus dem italienischen Vornamen Francesca repariert. Diese Zuordnung wird mit der nächsten Äußerung allerdings relativiert (16: *j'crois\ d'ailleurs*). Im Folgenden wählt Yves eine andere Form der Kategorisierung: Er nennt, allerdings verzögert (Dehnung des Artikels *une:*), eine nationale Kategorie (*anglaise*). Mit einem expliziten Negationselement (*eh nOn*) definiert er diese Zuordnung rückwirkend als ungültig. Er setzt zu einer neuen Kategorisierung an (*américo-/*), die er aber abbricht und mit *anglo-américaine* repariert. Nach einer kurzen unverständlichen Äußerung (gekennzeichnet durch *xxxx*) reformuliert Yves den Kategoriennamen durch *anglaise-américaine*; die fallende Intonation deutet auf einen Abschluss hin. Er geht dann zu einem neuen Aspekt über, indem er die Umstände seiner Bekanntschaft mit Francesca erläutert (19, 21).

Solche Verfahren konversationeller Kategorisierung sind bereits sehr früh von Sacks eingehender untersucht worden. Wie das Beispiel u.a. zeigt, werden bei der Zuordnung von Personen nicht einfach vorhandene Kategorien übernommen. Kategorisierungen sind immer situiert; auch die soziale – hier: die nationale – Identität wird also interaktiv im Gespräch etabliert. In diesem Fall stellt die Kategorisierung bzw. die Formulierung der Kategorie offensichtlich ein Problem dar, das sich in mehrfachen Formulierungsansätzen und Reparaturen manifestiert. Solche Verfahren der Formulierungsarbeit werden ebenfalls in Kapitel 6 näher beschrieben.

Während Anne Bewunderung zum Ausdruck bringt (22: *Oh wOw\ intéressant*), produziert Yves eine Serie von Verzögerungselementen (23: lang gedehntes und betontes *EU::hm::*, *tch*, Pausen) und knüpft mit einer vorgeformten Wendung (*qu'est-ce que je voulais dire*), der eine weitere Pause folgt, an das vorherige Thema an; damit gibt er einen *account* für das praktische Problem, den Faden des Gesprächs wieder aufzunehmen. Der kurze Austausch über die vorübergehende Person führt also nicht zu einem Themenwechsel im Gespräch, sondern erweist sich als eine ,Nebensequenz' (*side sequence*, vgl. Jefferson 1972), die durch das Erscheinen von Francesca ausgelöst war und in die den beiden Sportarten gewidmete Hauptsequenz eingebettet ist. Indem Yves an das vorherige Thema anknüpft, leitet er in die Hauptsequenz zurück, genauer: behandelt er die vorherige thematische Sequenz als Hauptsequenz. Dieses Verfahren gehört zu den grundlegenden Formen sequenzieller Organisation, auf die wir in Kapitel 5 eingehen. Das Beispiel zeigt auch, wie Themenentwicklung und Gesprächsstrukturierung ineinandergreifen; dieser Aspekt wird in Kapitel 8 vertieft werden.

Die am ersten Ausschnitt aufgezeigten Gesichtspunkte lassen sich auch im weiteren Gesprächsverlauf beobachten. Anhand der folgenden Ausschnitte werden nur bislang noch nicht behandelte Aspekte analysiert.

Beispiel 2: Cafeteria, Ausschnitt 2 (= Fortsetzung von Beispiel 1)

```
23  Yv            [EU::hm:: (.) tch (.) qu'est-ce que je voulais
24     dire\ (0.9) en fait/ je pense qu'il y a une diffé- il y a
25     une re- (.) j'ai essayé les deux/ il y avait une réelle différence
26     entre le racketball et le squatch\ (.) racketball/ ça paraît
27     plus irrationnel/ la balle est plus gro:sse/ [ça va vraiment
28  An                                              [hmhm/
29  Yv  très vite/ les rebonds/ les rebonds sont très rapides/
30  An  mais SQUAtch/ c'est [le:s
31  Yv                      [le squatch/ c'est plus proche du
```

```
32        tennis/ je trou:ve/ c'est *plu:s c'est avec une balle plus*
   An                               *beißt ab                     *
33 Yv     petite/ (on donne des) coups (.) beaucoup plus faibles/
34        hm hm/
35 Yv     et do:nc eu:hm (.) c'est plus/ eh t'as pluS le temps pour
36        planifier tes cou::ps/ c'est plus stratégique\ moi j'trouve\
37 An     hm hm/
38 Yv     -fin peut-êt' parce que je maîtrise pas assez le racketball\
39        (0.9)
40 Yv     .h mais euh [le racket- je sais-]
41 An                 [<((f)) racketball  ] c'est dur hein/>
42 Yv     ouais
43 An     ça va tellement vite/ enfin j'ai [jamais essayé mais j'ai &
44 Yv                                      [moi  je  je je je- &&
45 An     & regardé des gens jouer/]
46 Yv     &&      c'est  c'est    ] tro:p/ c'est pas asse:z euhm (1.2) eu:h
47        je peux- c'est pas- c- no:n je- c- c'est trop imprévu pour moi/ (.)
48        parce que j'arrive pas à: je sais pas où: [(0.8)          [donc
49 An                                               [((räuspert sich)) [xx-
50 Yv     mais euh: mais bon\  (0.5) c'est- c'est rigolo\ plus ça vous donne
51        (cet air) un peu un peu:: (0.7) tz (0.5) un peu (emprunté/) &&
52 Yv     * .h [xxx* c'est rigolo/ puisque tu vois/ je je (0.7) parfois j'ai
   An      *beißt ab*
53 An          [hmhm/
54 Yv     l'impression que j'ai un peu de mal à parler/
55 An     HM hm hm hm/
56 Yv     c'est un- c'est un effet de l'anglais qui fait que je
57        xxxxx plus souvent/ qui est- que xxxx[xx sur mon     ] (mes mots)
58 An                                          [hmhm hm hm HM/]
59 Yv     aussi en français
60 An     WOw\
61 Yv     (0.8) enfin j'ai l'impression que xxxxxxxxxxxxxxxxxx
62        (1.7)
```

Nachdem Yves das durch die Nebensequenz unterbrochene Problem des Unterschieds zwischen *Squash* und *Racketball* wieder aufgenommen hat, wenden die Gesprächspartner ihre Aufmerksamkeit nunmehr ganz diesem Thema zu. Zu Beginn des hier zitierten Ausschnitts thematisiert Yves explizit den Unterschied zwischen den beiden Sportarten (24–26) und benennt einige für *Racketball* charakteristische Eigenschaften, die diesen Sport von *Squash* unterscheiden (26–29). Anne ratifiziert zwischendurch (28). In Z. 30 schaltet sie sich ein und bringt *Squash* wieder ins Gespräch. Bevor sie ihre Äußerung beendet hat, setzt Yves überlappend wieder ein, nimmt die von ihr begonnene Satzstruktur auf und schließt einen Vergleich mit Tennis an, wobei er verschiedene Vergleichspunkte nennt (31–36). Anne beschränkt sich dabei wieder auf Ratifizierungen (34, 37).

Dann thematisiert Yves seine persönliche Erfahrung mit *Racketball* (38), deren Einleitung *-fin peut-êt'* das vorher Gesagte relativiert. Als er danach mit *.h mais euh le racket-* wieder einsetzt (40), kommt es zu einer Überlappung mit Anne, die nun ihrerseits unter Wiederaufnahme vorher genannter Charakteristika auf ihre persönlichen Erfahrungen und die daraus resultierende Bewertung von *Racketball* zu sprechen kommt. Die nun folgende Sequenz, in der Yves seine Sicht auf *Racketball* fortsetzt, weist zahlreiche Reparaturen auf und geht schließlich in einen Kommentar zum eigenen Sprechen über, in dem Yves sich als bilingualer Sprecher (Französisch und Englisch) kategorisiert (52 ff.).

Der Ausschnitt lässt ein globales Interaktionsschema des Erklärens erkennen, das von beiden Partnern interaktiv konstituiert wird. Dabei übernimmt Yves die Rolle des Experten und weist Anne zugleich die Rolle einer Nicht-Expertin zu. Diese Rollenkonstitution besagt nicht, dass Yves ein Experte *ist*; ebensowenig ist damit etwas über Annes tatsächlichen Mangel an Expertise gesagt. Vielmehr stellt Yves sich durch konversationelle Aktivitäten, in diesem Fall durch einen intensiven Gebrauch von Reformulierungen und anderen Erklärungstechniken (Aufzählung von Eigenschaften, Definitionen, Situierung im eigenen Erfahrungsbereich, Bewerten) als Experte dar, während Anne seine Ausführungen nur jeweils bestätigt und durch *continuers* zur Strukturierung seiner Erklärungen beiträgt. Unter dem Gesichtspunkt der Selbst-Kategorisierung sind Yves' Aktivitäten also als ‚kategoriengebunden' anzusehen, in diesem Fall: als charakteristisch für die Expertenrolle.

Beispiel 3: Cafeteria, Ausschnitt 3 (= Fortsetzung von Beispiel 2)

```
62        (1.7)
63   Yv   [mai:s      ]
64   An   [ah c'était] euhm
65        (1.5)
66   An   <((f))> non> ma ma/ (.) colloc/ elle est allée eh jouer au
67        racketball/ .h avec un garço:n/ c'est un- *son DAte/ *
68   Yv   hmhm/
                                        *beißt ab  *
69        (0.9)
70   An   et don[c ils sont allés- [date c'e]st euh rendez-vous
71   Yv         [DAte        c'est-à-[di:re  ]
72   An   galant [enfin so:n
73   Yv          [c'est ça\
74        (1.6)
75   An   donc ils sont allés faire du racketball/ et eu:h elle a:
76        (1.0) enfin elle a: (1.8) <((all)) j'sais plus mon
77        français\> .hhh elle a (.) TApé [[(.) frappé      ] &
78   Yv                                   [avec sa raquette/]
79   An   & FRA[PPÉE dans      ] la: (.) dans la balle avec la raquette/
80   Yv        [dans la balle]
81   An   telleme:nt enfin/ sur un des murs/ .h et <((en riant)) c'est
82        revenu sur euh (.) .h son date en plein dans la figuhuhure/>
83        hehe[he/ .hhh
84   Yv       [ah mince
85   An   <((en riant)) et là j'fais BO:n/ (0.3) t'as gagné un
86        date là\> hehehe
87   Yv   en fait (.) ((tousse)) en fait euhm\ (0.4) excuse-moi
88   An   c'est pas gra[ve
89   Yv                [EUhm (1.3) ce DAte/ c'est qUOi en fait\ c'e:st hm:
90        c'est-
91   An   il y a pas vraiment de mo:t en fai[t/
92   Yv                                     [dating ça veut dIre qu-
93        (.) euh les gens [sont ensemble/  ] les gens so::nt (0.3)
94   An                    [ils sont ensemb-]
95   Yv   c'est une étape préliminaire\
```

Nach der Sequenz über das Sprechen im zweisprachigen Kontext am Ende von Beispiel 2 entsteht eine Pause (62), gefolgt von gleichzeitigen Neuansätzen beider Sprecher (63 und 64), die beide abgebrochen werden. Nach einer erneuten Pause (65) setzt Anne neu an; dabei lenkt sie durch lauteres Sprechen (im Transkript gekennzeichnet durch *((f))*) die Aufmerksamkeit auf ihren Neuansatz, d.h. sowohl darauf, *dass* sie jetzt einen Redebeitrag beginnt, als auch auf das, *was* sie sagen will. Sie führt zwei neue Personen ins Gespräch ein, *ma colloc* (= Abkürzung von *collocataire*) und *un garço:n/ c'est un- son Date/*, und thematisiert eine zeitlich zurückliegende Interaktion (*passé composé* in Z. 66) außerhalb des Gesprächs, mit der sie zugleich an das vorherige Gesprächsthema *Racketball* anknüpft. An dieser Stelle – nach einer syntaktisch abgeschlossenen Äußerung, wo der Sprecherwechselsystematik zufolge ein Sprecherwechsel möglich wäre – zeigt Yves durch *hmhm/* (68), dass er darauf verzichtet, das Wort zu ergreifen. Er behandelt damit Annes Äußerung als Ankündigung eines komplexeren Redebeitrags. Annes Fortsetzung (70) bestätigt dies: Der Konnektor *et donc* und die Reformulierung ihrer vorherigen Äußerung im Vergangenheitstempus *ils sont allés* (vgl. *elle est allée* in Z. 66) deuten darauf hin, dass sie im Begriff ist, eine Erzählsequenz zu entwickeln. In diesem Moment thematisiert Yves ein Verständigungsproblem: *DAte c'est-à-di:re* (71). Anne gibt daraufhin eine sehr kurze Erklärung und wiederholt nach einer Pause (74) ihre einleitende Äußerung (*donc ils sont allés faire du racketball/*), setzt also ihre Erzählung fort.

In der Folge setzt Anne (mit zweimaligem Neuansatz, unterbrochen durch einen *account* zu ihrer aktuellen Performanz im Französischen in Z. 76–77 und die Suche nach dem passenden Verb, zu der auch Yves beiträgt) die begonnene Rekonstruktion des Ereignisses fort. Ihr Lachen ab Z. 81, als sie erzählt, dass dem Freund der Mitbewohnerin der Ball ins Gesicht geflogen ist, fungiert als Bewertung des Ereignisses und weist dieses als den Clou der Geschichte aus. Yves reagiert seinerseits mit einem Kommentar (84: *ah mince*) und beteiligt sich damit an der Konstitution der Evaluation. Diese schließt Anne mit der lachenden Wiedergabe eines Kommentars ab, den sie offenbar ihrer *colloc* gegenüber gemacht hat (85–86); am Ende der Erzählsequenz lacht sie noch einmal (86). Hier stimmt Yves allerdings nicht ein, sondern greift seine Frage nach der Bedeutung von *date* wieder auf (89); dadurch wird die Erzählsequenz im Gespräch nicht weiter behandelt. Im Unterschied zu vorher behandeln die Gesprächspartner nun den Begriff *date* in aller Ausführlichkeit (in Beispiel 3 ist nur der Anfang dieser Erklärung wiedergegeben). Daran wird deutlich, dass nun eine andere konversationelle Situation vorliegt. Die narrative Rekonstruktion bot offensichtlich nicht den geeigneten Rahmen für eine ausführliche Bearbeitung des Problems. Das hatten die Gesprächspartner sich gegenseitig verdeutlicht: Anne durch ihre sehr kurze Antwort, Yves durch seine Zustimmung und den Verzicht auf weitere Fragen.

Die kurze Analyse dieses Ausschnitts zeigt, wie sich aus dem Gespräch heraus Schritt für Schritt ein längerer und komplexerer Redebeitrag einer Sprecherin (Anne) entwickelt, während dessen der Gesprächspartner Yves weitgehend auf das Wort verzichtet. Dieser Redebeitrag besteht in der narrativen Rekonstruktion eines zurückliegenden Ereignisses (eines *Racketball*-Spiels), die von den Gesprächspartnern gemeinsam geleistet wird, wenn auch in unterschiedlicher Weise. Anne ist im engeren Sinne die Erzählerin der Geschichte.

Das Erzählen kommt aber nur zustande, weil Yves die Rolle des Zuhörers einnimmt und das auch zu erkennen gibt. Auch der Clou der Geschichte konstituiert sich zumindest ansatzweise durch beiderseitige Bewertungen. Aus konversationsanalytischer Sicht ist also auch eine Erzählung nicht das Produkt eines einzelnen Sprechers, sondern sie wird aus dem Gespräch heraus interaktiv konstituiert. Solche Erzähl*aktivitäten* gehörten ebenfalls zu den frühen Forschungsinteressen von Sacks; sie sind Gegenstand von Kapitel 9 in diesem Buch.

1.2 Schlussbemerkung

Die exemplarische Analyse erlaubte es, zentrale methodische Aspekte und die wichtigsten Themen der ethnomethodologisch orientierten Konversationsanalyse herauszuarbeiten. Diese werden in den folgenden Kapiteln wieder aufgegriffen und ausführlicher und systematischer behandelt. Mit einigen dieser Themen (z.B. dem Sprecherwechsel oder Präferenzstrukturen) hat man sich zuvor in der Linguistik nicht oder kaum befasst. Andere sind durchaus auch in anderen Forschungskontexten bearbeitet worden; so wurden z.B. Phänomene, die hier zu den ‚Reparaturen' gerechnet werden, als Selbstkorrekturen und Verzögerungsphänomene auch in Forschungen zur gesprochenen Sprache untersucht. In solchen Fällen ist also nicht der Gegenstand neu, sondern die Perspektive, aus der er behandelt wird.

Wenn die Vertreter der ethnomethodologischen Konversationsanalyse zunächst nicht an linguistische Forschungen zu Themen wie Selbstkorrekturen oder mündliche Erzählungen anknüpften, hängt dies natürlich damit zusammen, dass sie Soziologen waren und ausdrücklich kein tiefergehendes Interesse speziell an Sprache hatten (vgl. Schegloff/Sacks 1973: 290, Sacks 1984: 26). Vor allem aber wollten sie gerade nicht von vorgegebenen linguistischen oder sonstigen Kategorien ausgehen, sondern die Untersuchungsgegenstände konsequent aus den Daten heraus entwickeln. Diese Haltung ist nach wie vor maßgebend für konversationsanalytisches Arbeiten, und darin liegt auch für linguistische und speziell grammatische Fragestellungen eine große Chance.

Aufgabe zu Kapitel 1

– Im Einklang mit grundlegenden Auffassungen vieler Vertreter der Konversationsanalyse haben wir in dieses Gebiet nicht mit theoretischen oder methodologischen Erörterungen eingeführt, sondern mit der exemplarischen Analyse eines Gesprächsausschnitts. Was können Sie aus dieser Analyse über charakteristische Vorgehensweisen der Konversationsanalyse entnehmen? Auf welche sehr alltäglichen, aber bisher wenig beschriebenen Interaktionsphänomene wird hier die Aufmerksamkeit gelenkt?

2. Entstehung und Entwicklung der Konversationsanalyse

2.1 Der ethnomethodologische Hintergrund der Konversationsanalyse

Der Terminus *Ethnomethodologie* bezeichnet die Untersuchung der ‚Methoden‘, mit deren Hilfe die Mitglieder einer Gesellschaft (darauf verweist das Präfix *ethno-*) ihre sozialen Aktivitäten geordnet und für andere erkennbar ausführen. Er wurde von Harold Garfinkel (1967) geprägt und stammt aus der Forschungs*praxis*: Garfinkel hatte als junger Soziologe die Aufgabe, die Aktivitäten einer Gruppe von Geschworenen zu analysieren, um deren Verfahren oder ‚Methoden‘ bei der Beschreibung eines Falles, beim Argumentieren und der gemeinsamen Entscheidungsfindung und Urteilsbildung herauszuarbeiten. Nach dem Muster bereits existierender Termini wie *Ethno-Medizin* oder *Ethno-Botanik* bezeichnete er das Studium dieser ‚Methoden‘ insgesamt als *Ethnomethodologie*.[1]

Zusammenfassend gesagt ist die Ethnomethodologie „ein Forschungsprogramm, das sich mit den Methoden der Konstitution sozialer Wirklichkeit und sozialer Ordnung im Alltagshandeln der Gesellschaftsmitglieder befasst" (Streeck 1987: 672). Die Ethnomethodologen sehen die soziale Ordnung, die Rationalität von Handlungen und den Sinn von Ereignissen nicht als vorgegeben oder von sozialen Normen determiniert an, sondern als methodische ‚Hervorbringungen‘ der Mitglieder (die englischen Termini dafür sind *accomplishment* oder *achievement*). Ihr Interesse richtet sich also darauf, die situierten Praktiken und die Verfahren zu beschreiben, mit denen die Mitglieder diese soziale Wirklichkeit geordnet zustandebringen. Diese Methoden machen die Handlung rational, geordnet, verstehbar und erklärbar; Garfinkels Terminus dafür, der sich schwer ins Deutsche übersetzen lässt, ist *accountable* (Garfinkel 1967: vii).[2] Vereinfacht gesagt ist damit gemeint, dass die Mitglieder einer Gesellschaft ihre Handlungen nicht nur durchführen und *online*, also im laufenden Prozess, interpretieren, sondern auch verstehbar und interpretierbar machen und dass sie auch imstande sind, darüber Auskunft zu geben und sie zu erklären, wenn besondere Umstände dies erfordern.

Garfinkels ‚Krisenexperimente‘ (*breaching experiments*) (1967) zeigen, dass die Mitglieder sich in ihrem Verhalten und ihren praktischen Überlegungen oder Begründungen routiniert an einem normalen Verlauf der Dinge orientieren. Diese Normalität halten sie durch ihre Interpretationsprozesse im Handlungsverlauf stillschweigend und unauffällig aufrecht. Sie wird jedoch sichtbar, wenn sie in Frage gestellt wird. So antwortet z.B. in ei-

---

[1] Für Übersichtsdarstellungen zur Ethnomethodologie in deutscher und französischer Sprache siehe Weingarten/Sack (1979), Streeck (1987), Bergmann (2004a), Coulon (1987); vgl. auch die Einleitung zur französischen Übersetzung von Garfinkel (2007). Vgl. dazu unten Kap. 2.5.3.

[2] Weingarten/Sack (1979) übersetzen *accountable* mit ‚darstellbar‘. Meistens werden auch im Deutschen die englischen Termini *account* und *accountable* gebraucht. Im Französischen wird der Begriff u.a. mit *descriptible, rapportable, explicable* übersetzt (Mondada 2005b: 89); vgl. Relieu (1993) und die Einleitung zu Garfinkel (2007).

nem der Krisenexperimente auf die gesprächseröffnende Frage ‚wie geht's?‘ der Gefragte anstatt mit ‚danke, gut‘ mit einer Rückfrage, was der Frager damit genau meine, ob sich die Frage auf körperliche oder psychische Aspekte beziehe, welche Art von Antwort er erwarte usw. Garfinkels Experimente zeigen, dass die Kommunikation in solchen Fällen sehr schnell in eine ernsthafte Krise geraten kann. Diese Krise macht die Erwartungen der Teilnehmer an den üblichen und ‚normalen‘ Ablauf des Gesprächs deutlich, die auf diese Weise zum Gegenstand der Analyse werden können.

Solche Krisenexperimente erlauben es, die Verfahren besser zu verstehen, mit denen üblicherweise Normalität aufrechterhalten wird, und den Handlungen Sinn zuzuordnen. Dieser Sinn kann nur lokal entstehen, denn jede Handlung ist zwangsläufig ‚indexikal‘, d.h. sie verweist grundsätzlich auf den unmittelbaren Kontext, in dem sie vollzogen wird. Zugleich definiert die Handlung aber auch den Kontext, denn sie orientiert sich an bestimmten Kontextfaktoren; das wird daran deutlich, dass sie diese relevant setzt. Die wechselseitige Anpassung der Handlung an den Kontext und des Kontexts an die Handlung wird als ‚Reflexivität‘ bezeichnet (vgl. dazu Relieu 1993). Die Ausrichtung auf lokale Praktiken hat Konsequenzen für Untersuchungsgegenstand und Datenmaterial der Ethnomethodologie: Als Gegenstand hat sich von Anfang an das Gespräch als Grundform sozialer Interaktion herauskristallisiert; es wird als prototypischer Ort des sozialen Lebens, der Aufrechterhaltung sozialer Ordnung, der Sozialisierung und auch des Spracherwerbs angesehen.

2.2 Die Analyse von Gesprächen als Forschungsprogramm

Die Weiterentwicklung des ethnomethodologischen Forschungsprogramms zur Konversationsanalyse (im Folgenden: KA) geht auf Harvey Sacks zurück, der ab Ende der 1950er Jahre mit Garfinkel zusammenarbeitete. Während Garfinkel die Analyse sozialer Handlungen mit Hilfe vielfältiger Beobachtungsverfahren von Krisenexperimenten bis hin zu Lernsituationen oder teilnehmender Beobachtung propagierte, hat Sacks als einer der ersten Forscher die technischen Möglichkeiten der Tonaufzeichnung genutzt, um Phänomene der sozialen und sprachlichen Ordnung systematisch zu untersuchen. Die Tonaufnahmen erfüllten für ihn zunächst vor allem praktische Funktionen; sein Interesse an der Analyse von Gesprächen hing nicht mit linguistischen Fragestellungen zusammen, wie in dem folgenden, berühmt gewordenen Zitat deutlich wird:

> „I started to play around with tape-recorded conversations, for the single virtue that I could replay them; that I could type them out somewhat, and study them extendedly [...] It wasn't from any large interest in language, or from some theoretical formulation of what should be studied, but simply by virtue of that; I could get my hands on it, and I could study it again and again. And also, consequently, others could look at what I had studied, and make of it what they could, if they wanted to be able to disagree with me." (Sacks 1992, I: 622; vgl. auch 1984: 26)

Dabei gilt das Interesse weniger einem einzelnen Gespräch als den allgemeinen Mechanismen, die Interaktionen hervorbringen: den „interactions as products of a machinery" (Sacks

1984: 26). Mit *machinery* ist kein deterministisches System gemeint, sondern eine Systematik, die die Gesellschaftsmitglieder selbst entwickeln und praktizieren, wie z.B. die schon in Kapitel 1 erwähnte Systematik des Sprecherwechsels (Sacks/Schegloff/Jefferson 1974, siehe Kap. 4 in diesem Buch).

Bei der Entdeckung solcher Mechanismen lässt sich die KA von einer zentralen Maxime leiten, die Sacks (1984: 22) in dem häufig zitierten Ausspruch „There is order at all points" zusammenfasst. Sie besagt, dass jedes Detail der Interaktion Bestandteil dieser Ordnung, die im Handeln der Beteiligten immer wieder neu geschaffen wird, sein kann und daher potenziell ein Untersuchungsgegenstand ist. Die Gegenstände werden also nicht vorab festgelegt und im Hinblick auf eine bestimmte Fragestellung ausgewählt, sondern sie ergeben sich aus Beobachtungen an den Daten – Sacks (1984: 27) spricht von einer „unmotivated examination". Ziel konversationsanalytischer Arbeit ist es, Phänomene zu entdecken, die in einem gegebenen Kontext vorkommen, aber noch nicht bekannt und nicht unbedingt erwartbar oder vorstellbar sind: „We will be using observations as a basis for theorizing. Thus we can start with things that are not currently imaginable, by showing that they happened" (Sacks 1984: 25). Beobachtbar, aber nicht vorstellbar sind die Einzelheiten des Gesprächs, an denen sich die Teilnehmer orientieren, ohne sie ausdrücklich zu bemerken (*seen but unnoticed*, wie Garfinkel sagt; vgl. Bergmann 2004a: 56). Anhand dieser Einzelheiten lassen sich die Lösungen entdecken, die die Interaktionsteilnehmer für die Probleme finden, mit denen sie konfrontiert sind. So wird erkennbar, wie sich die soziale Ordnung in den lokalen Aktivitäten der Teilnehmer konstituiert. Das ist gemeint, wenn Sacks von den weitreichenden Einsichten spricht, die durch die detaillierte Analyse von scheinbar unbedeutenden Einzelheiten vermittelt werden (s.o. Kap. 1.1).

Dies wird in Sacks' Dissertation (1966) in besonders eindrucksvoller Weise deutlich. Gegenstand dieser Arbeit sind telefonische Notrufe von selbstmordgefährdeten Personen, die sich Hilfe suchend an das *Suicide Prevention Center* in Los Angeles wenden. Sacks beschreibt, wie die Anrufer methodisch ihre soziale Umgebung durchgehen, indem sie sich und andere Mitglieder ihrer Gruppe gängigen Kategorienpaaren wie Kind-Eltern, Ehemann-Ehefrau oder Freund-Freundin zuordnen, um daraus bestimmte Rechte und Pflichten abzuleiten. Die Erkenntnis, dass sie unter den Familienangehörigen oder Freunden ‚niemanden haben, an den sie sich wenden können' (*No one to turn to* ist der Titel der Dissertation), dient als Rechtfertigung dafür, professionelle Hilfe zu suchen. Auf diese Weise rekonstruiert Sacks das Problem, mit dem die Anrufer typischerweise konfrontiert sind, und zeigt, wie sie es lösen. Zugleich wirft diese Untersuchung ein Licht darauf, wie Kategorisierungen im Allgemeinen funktionieren, wie sie Situationen verstehbar machen und wie sie in der Interaktion bearbeitet werden.

Bei der Analyse dieser Gespräche machte Sacks auch eine Reihe von grundlegenden Beobachtungen zum Prinzip der Sequenzialität. So fiel ihm beispielsweise folgende typische Sequenz am Gesprächsanfang auf:

```
1   A: This is Mr Smith may I help you
2   B: I can't hear you
3   A: this is Mr Smith
4   B: Smith
```

In Telefongesprächen führt üblicherweise der erste Redebeitrag, in dem der Angerufene sich mit Namen meldet, dazu, dass der Anrufer ebenfalls seinen Namen nennt. Dies ist in den von Sacks untersuchten Notrufen häufig nicht der Fall. Stattdessen formuliert der Anrufer im zweiten Redebeitrag ein Problem, hier: *I can't hear you*, worauf der Angerufene nochmals seinen Namen nennt, den der Anrufer im vierten Redebeitrag wiederholt. Sacks zeigt, dass die Anrufer auf diese Weise systematisch die Nennung ihres eigenen Namens vermeiden oder zumindest hinauszögern. Die Art und Weise, wie Sacks jede Einzelheit dieser kurzen Gesprächssequenz in der Reihenfolge ihres Auftretens berücksichtigt, wie er in einer größeren Anzahl von Gesprächsanfängen ein wiederkehrendes Muster entdeckt und das praktische ‚Problem‘ herausarbeitet, das mit Hilfe dieser ‚Technik‘ gelöst wird, kann als Grundform der für die KA charakteristischen sequenziellen Analyse angesehen werden.

Sacks hat also zur Entstehung und Entwicklung der KA einen wesentlichen Beitrag geleistet. Das ist auch insofern bemerkenswert, als er selbst nur relativ wenig veröffentlicht hat, denn er kam 1974 im Alter von erst 40 Jahren durch einen Autounfall ums Leben. Vor allem die Vorlesungen, die er von 1964 bis 1974 in Los Angeles und an anderen Universitäten gehalten hatte, übten auf seine Kollegen und Schüler einen entscheidenden Einfluss aus. Nach seinem Tode zirkulierten sie in Form von unveröffentlichten Manuskripten (Bergmann 2004b: 525), die nur einem kleinen Kreis von Eingeweihten zugänglich waren und zunächst nur ganz vereinzelt in Sammelbänden oder Zeitschriften erschienen (z.B. Sacks 1978, 1989b).[3] Erst 1992 wurden sie auf der Grundlage der Tonbandaufnahmen vollständig veröffentlicht, herausgegeben von Gail Jefferson und eingeleitet von Emanuel A. Schegloff. Diese Einleitung ist sehr lesenswert, denn sie vermittelt ein differenziertes und anschauliches Bild von Sacks' Persönlichkeit und den Anfängen der KA.

Sacks' Zusammenarbeit mit Emanuel A. Schegloff und Gail Jefferson führte zu einer Reihe gemeinsamer Veröffentlichungen, insbesondere zur Sprecherwechselsystematik (Sacks/Schegloff/Jefferson 1974), zu Präferenzstrukturen bei Reparaturen (Schegloff/Jefferson/Sacks 1977) und zur Organisation von Beendigungssequenzen (Schegloff/Sacks 1973), die heute als „Klassiker" der KA gelten.

2.3 Die konversationsanalytische ‚Mentalität‘

Wie schon in der einleitenden Transkriptanalyse angedeutet, zeichnet sich die KA durch eine besondere Analyse-Haltung aus, für die sich der Terminus ‚analytische Mentalität‘ (*analytic mentality*) eingebürgert hat.[4] Diesen Terminus verwendet Schenkein in der Einleitung zu einem Sammelband, um die allen Beiträgen gemeinsamen Prinzipien und methodologi-

---

[3]   Nur relativ wenige Arbeiten von Sacks sind in deutscher oder in französischer Sprache zugänglich. In deutscher Übersetzung sind z.B. Sacks (1971) und Garfinkel/Sacks (1979) erschienen, in französischer Übersetzung Sacks (1973, 1993, 2000).

[4]   Besonders deutlich wird diese Haltung in dem Einführungsbuch von ten Have (1998).

schen Orientierungen zu charakterisieren (Schenkein 1978a: 1). Psathas (1990) merkt an, dass noch genauer zu explizieren wäre, worin diese Mentalität besteht. Das Fehlen allgemeiner theoretischer Erläuterungen hängt jedoch gerade mit dieser Mentalität zusammen: Garfinkel und Sacks haben sich „beharrlich dem Ansinnen verweigert, die Verfahrensregeln ihres Ansatzes zu explizieren und im Rahmen einer Methodenlehre verbindlich zu machen" (Bergmann 2004a: 57). Sie zogen es vor, ihre Vorgehensweise an Beispielen zu demonstrieren, denn die Untersuchungsmethoden lassen sich nicht unabhängig von der Arbeit an den Daten definieren, sondern sie sollen „ihrem Gegenstand einzigartig angemessen" sein (ebd.). Es gibt zwar von Sacks einen Text mit dem für ihn untypischen Titel *Notes on methodology* (Sacks 1984), aber diese Sammlung programmatischer Äußerungen aus seinen Vorlesungen wurde erst nach seinem Tod von Jefferson zusammengestellt (vgl. Sacks 1984: 21). Diese ‚Anmerkungen' machen in eindrucksvoller Weise deutlich, dass die Arbeit an den Daten immer von methodologischer Reflexion begleitet wird. Wenn also – wie es gelegentlich geschieht – der Mangel an Theoriebildung in der KA kritisiert wird, so wird diese methodologisch reflektierte und entsprechend kommentierte Vorgehensweise bei der Analyse übersehen oder missverstanden.

Die analytische Mentalität lässt sich durch folgende Prinzipien charakterisieren, an denen sich die konversationsanalytische Arbeit orientiert:[5]

– Das *Prinzip der Ordnung*, das oben bereits genannt wurde: Alltagsgespräche machen bei oberflächlicher Betrachtung oft einen ungeordneten oder gar chaotischen Eindruck, doch wie die einleitende Beispiel-Analyse gezeigt hat, wird bei genauerer Analyse deutlich, dass die Kommunikationspartner ihre Handlungen methodisch und systematisch hervorbringen, d.h. dass sie fortlaufend an der Koordination und der Synchronisation ihrer Aktivitäten sowie der Anpassung ihrer Perspektiven arbeiten. Die Ordnung im Gespräch ist das Ergebnis dieser Aktivitäten; die Analyse hat die Aufgabe, die von den Teilnehmern aufgebauten Ordnungsstrukturen herauszuarbeiten und zu beschreiben.

– Das *Prinzip der Sequenzialität und der Temporalität* bildet die zentrale Grundlage dieser Beschreibung. Die KA behandelt keine isolierten, aus ihrem Kontext herausgelösten sprachlichen Formen, sondern analysiert Äußerungen immer in ihrem sequenziellen Kontext und berücksichtigt dabei den zeitlichen Verlauf des Gesprächs.

– Die Analyse folgt grundsätzlich der *Perspektive der Kommunikationsteilnehmer*. Damit wird eins der grundlegenden Postulate der Ethnomethodologie aufgegriffen, nämlich die Aufmerksamkeit auf die ‚Alltagsmethodologie' der Gesellschaftsmitglieder zu richten. Das bedeutet, dass der Analysierende nicht wie in herkömmlichen linguistischen Ansätzen den abstrakten Standpunkt eines außenstehenden Beobachters einnimmt und den der Beteiligten diesem unterordnet. Vielmehr wird rekonstruiert, wie eine Äußerung oder Handlung in der Interaktion von den Beteiligten interpretiert und behandelt wird.

---

[5] Zusammenstellungen solcher Prinzipien finden sich z.B. bei Bergmann (1981: 18–24), Zimmerman (1988: 412–423), Kallmeyer (1988: 1101–1105), Gülich/Mondada (2001: 202–203).

– Die Grundlage für alle bisher genannten Prinzipien bildet ein weiteres: das *Primat der Interaktion.* Es besagt, dass die Beiträge der einzelnen Teilnehmer nie für sich genommen analysiert, sondern immer zu denen der Gesprächspartner in Bezug gesetzt und als Ergebnis gemeinsamer Aktivitäten gesehen werden. Selbst eine individuelle und scheinbar unabhängige Handlung – z.B. wenn nur ein Kommunikationsteilnehmer spricht – wird interaktionsorientiert betrachtet. Daher müssen auch kognitive, syntaktische oder grammatische Aspekte, die traditionell als eigene, interaktionsunabhängige Bereiche angesehen werden, aus interaktionsorientierter Sicht neu definiert werden.

Vor dem Hintergrund dieser Prinzipien wird noch einmal deutlich, dass als Untersuchungsgegenstand der KA nur authentische Gespräche in Frage kommen. Damit sind kommunikative Interaktionen gemeint, die in ihren natürlichen Produktionskontexten aufgezeichnet, also nicht eigens zum Zweck der Untersuchung arrangiert werden. Die Arbeit an solchen Daten wurde bereits in den 1960er Jahren propagiert, also zu einer Zeit, als in der Linguistik die Theorien Chomskys und in der Pragmatik die Sprechakttheorie Searles dominierten, die nicht an empirisch erhobenen, authentischen Daten arbeiteten. Nur in solchen Daten lassen sich bestimmte Phänomene beobachten, die sonst gar nicht entdeckt würden. Dabei richtet sich die Aufmerksamkeit nicht, wie es traditionellerweise in der Linguistik der Fall ist, gezielt auf bestimmte, vorab definierte Phänomene. Vielmehr wird auf Muster kommunikativen Verhaltens, Verfahren, Sequenztypen geachtet, die sich aus der ‚unmotivierten‘ Beobachtung ergeben (s.o. 2.2); m.a.W.: Die Untersuchungsgegenstände ‚emergieren‘ aus dem Material. Dabei können verschiedene Vorgehensweisen praktiziert werden (vgl. Schegloff 1987: 101):

1. Die *Einzelfallanalyse*: Hier richtet sich die Aufmerksamkeit auf ein spezielles Kommunikationsereignis, dessen Besonderheiten in ihrer ganzen Vielfalt und Reichhaltigkeit durch die Analyse herausgearbeitet werden. Ein besonders eindrucksvolles Beispiel dafür ist die Analyse eines Gesprächs aus einer Notrufzentrale (Whalen/Zimmerman/ Whalen 1988), in dem ein Anrufer einen Krankenwagen für seine bewusstlose Mutter rufen will. Er gerät in Streit mit der Krankenschwester am Telefon, der Wagen wird zu spät losgeschickt, und bei seinem Eintreffen ist die Patientin verstorben. Die detaillierte Analyse zeigt, wie die Gesprächspartner sich an unterschiedlichen Interaktionsmustern orientieren, sich also in ihrem Handeln von unterschiedlichen Vorstellungen von der Art der Interaktion leiten lassen; dadurch kommt es zu gravierenden Missverständnissen.

2. Das *Erstellen einer ‚Kollektion‘*, d.h. einer Sammlung von Vorkommen eines Phänomens oder Verfahrens aus verschiedenen Gesprächen. Dabei trägt jeder neue Fall zur Verfeinerung und Präzisierung der Beschreibung bei, so dass die Kriterien für Einbeziehung oder Ausschluss eines Beispiels sowie für die Beurteilung von Abweichungen im Laufe der Arbeit immer schärfer werden. Ein geradezu klassisches Beispiel ist Scheglofs Analyse der Eröffnung von Telefongesprächen (1972), die besonders den Umgang mit Abweichungen sehr anschaulich macht: Als Schegloff in einem Corpus von rund 500 Eröffnungen, die alle dieselbe Struktur aufweisen, eine einzige Abweichung findet, behandelt er diese nicht einfach als unwichtige Ausnahme (1972: 382),

sondern sie veranlasst ihn zu einer Neukonzeption der ganzen Systematik von Eröffnungssequenzen (vgl. dazu Kap. 7).

3. Die *Analyse von für einen spezifischen Kontext typischen Phänomenen*: Hier beschränkt sich der Forscher auf Aktivitätstypen oder Verfahren, die in bestimmten Kontexten (z.b. spezifischen Arbeitszusammenhängen) vorkommen. Diese Art konversationsanalytischer Forschung wird vor allem in den so genannten *workplace studies* praktiziert (vgl. 2.4). Ein Beispiel dafür ist die Untersuchung der *Kommunikation in Feuerwehrnotrufen* von Bergmann (1993). Die charakteristischen Phänomene, die sich in solchen speziellen Kontexten beobachten lassen, vermitteln oft wertvolle Einsichten in die Funktionsweise sprachlicher Kommunikation und in das Zusammenspiel aller kommunikativen Ressourcen (bei den Feuerwehrnotrufen z.b. auch Stimme und Sprechweise), die sowohl für die Analyse von Alltagsgesprächen als auch für die jeweiligen Arbeitszusammenhänge von Bedeutung sein können.

2.4 Vom Alltagsgespräch zur institutionellen und professionellen Interaktion

Der Terminus ‚*Konversations*analyse' hat häufig zu Missverständnissen bezüglich der Untersuchungsgegenstände und der Ziele geführt. Tatsächlich haben die ersten Vertreter dieser Forschungsrichtung ihr Interesse an Alltagsgesprächen in den Vordergrund gestellt, weil sie die Methoden der Gesellschaftsmitglieder bei der Organisation ihres sozialen Lebens ganz allgemein untersuchen und verstehen wollten. Doch haben sie sich nicht auf diesen empirischen Gegenstand beschränkt, sondern von Anfang an auch an Daten aus institutionellen Kontexten gearbeitet – man denke nur an Garfinkels Arbeit über die Beratungen der Geschworenen oder Sacks' Analysen von Gesprächen aus dem *Suicide Prevention Center*. Im Laufe der Jahre hat sich das Interesse speziell an institutionellen oder professionellen Aspekten von Interaktionen erheblich verstärkt und erweitert. In den von Drew und Heritage (1992) zusammengestellten Analysen von *Talk at work* richtet sich die Aufmerksamkeit vor allem auf die institutionelle Dimension und ihre Zusammenhänge mit den Details der Interaktionsorganisation. Während beispielsweise allgemeine Interaktionsmechanismen wie die Systematik des Sprecherwechsels oder Reparaturmechanismen sich in Alltagsgesprächen durch eine große Vielfalt von Verfahren und minimale Distributionsbeschränkungen auszeichnen, kann in institutioneller Interaktion (z.B. im Unterricht, vor Gericht, in Arzt-Patient-Gesprächen) diese Vielfalt reduziert und auf spezifische Interaktionsaufgaben ausgerichtet sein.[6]

---

[6] Für eine Darstellung auf Französisch siehe Relieu/Brock (1995). In französischer Sprache gibt es z.B. Analysen von Bewerbungsgesprächen (Bonu 1998, 1999, 2001), Gesprächen unter Wissenschaftlern (Bonu 2004), Gesprächen mit dem Mobiltelefon (Relieu 2002), Arbeitssitzungen (Mondada 2005a) und Arbeitstreffen von Medizinergruppen (Mondada 2006a).

Die Unterschiede zwischen Alltagsgespräch und institutioneller Kommunikation sind aber nicht einfach Korrelationen von Form und Interaktionskontext. Sie werden vielmehr dadurch hervorgebracht, dass die Teilnehmer sich auf bestimmte Kategorien und Aktivitätstypen in diesem Kontext ausrichten und damit dessen für die Interaktion relevante Aspekte in einer bestimmten Weise definieren und gestalten. In dieser Weise hat der Interaktionskontext in der KA dank deren enger Verbindung zur Ethnomethodologie von Anfang an eine wichtige Rolle gespielt. Entsprechend ihrer Konzeption der sozialen Realität als *Hervorbringung* behandelt die KA aber im Gegensatz zu anderen Ansätzen kontextuelle Faktoren (z.B. Geschlecht, Alter, sozialen oder beruflichen Status der Teilnehmer etc.) nicht als eine *Voraussetzung*, die das Handeln der Teilnehmer *bestimmt*, sondern als *Resultat* einer nachweisbaren Ausrichtung der Teilnehmer darauf (Schegloff 1991, 1992a und b; vgl. Mondada 2006a) und damit als einen *Gegenstand* der Analyse. Wie die Arbeiten zu asymmetrischer Kommunikation (Maynard 1991, ten Have 1991, Fele 1994a und b), zu *Gender*-Aspekten (McIlvenny 2002), zur Ethnizität (Moerman 1974) und allgemein zu Teilnehmer-Kategorien (Sacks 1972a und b) zeigen, wurden diese Dimensionen in zahlreichen konversationsanalytischen Arbeiten behandelt. Der oft erhobene Vorwurf, die KA berücksichtige den Kontext der analysierten Interaktion nicht, resultiert also aus einem grundlegenden Missverständnis bzw. einer Unkenntnis der entsprechenden Arbeiten (vgl. dazu die von Mondada (demn. b) herausgegebene Sondernummer von *Verbum*).

Während sich in den Untersuchungen zum professionellen Handeln, die in den 1980er Jahren ihren Anfang nahmen, das Interesse zunächst auf die Besonderheiten der sequenziellen Organisation in institutionellen Kontexten richtete, hat sich seit den 1990er Jahren eine neue Forschungsrichtung entwickelt, die die Komplexität der Arbeitszusammenhänge ins Zentrum stellt: die *workplace studies* oder *studies of work* (vgl. Bergmann 2004c).[7] Eine Besonderheit dieser Forschungen ist, dass sie alle materiellen und körperlichen Ressourcen in die Analyse einbeziehen, die in der Interaktion in diesen Arbeitsräumen eine Rolle spielen. Untersucht wurden z.B. Arbeitsbereiche mit einer Vielzahl von Akteuren und Handlungssträngen, modernen Technologien (Computer, Bildfernsprecher oder Videokonferenz) und Artefakten (Dokumente, Karten, Instrumente und Apparate). Untersuchungen in solchen Kontexten gründen sich auf Feldforschung und arbeiten bevorzugt mit Videoaufnahmen. Wesentliche Anregungen sind von Goodwin (1994), Goodwin/Goodwin (1996), Heath (1986) und Heath/Luff (2000) ausgegangen, die bei der Entwicklung multimodaler Analysen eine Vorreiterrolle gespielt haben.[8]

Einen weiteren Schwerpunkt bildet die Analyse der Produktion wissenschaftlicher Erkenntnis: Die Frage, wie in der Diskussion zwischen Forschern in ihrem Arbeitsalltag Wissen entsteht, sich entwickelt, modifiziert wird, sich festigt und als gemeinsame Basis fun-

---

[7]   Beispiele für solche Untersuchungen sind Button (1993), Engeström/Middleton (1996), Luff/
      Hindmarsh/Heath (2000).
[8]   Beispiele für Untersuchungen an französischen Daten sind die Arbeiten von Mondada (2001a,
      2003, 2007b) zu Interaktionen bei chirurgischen Operationen oder von Broth (demn.) zu Interaktionen im Regieraum von Fernsehstudios.

giert, ist ein Gegenstand aktueller konversationsanalytischer Forschung, der auch im interdisziplinären Kontext zunehmend an Bedeutung gewinnt und Perspektiven für die Nutzung von Forschungsergebnissen in der Praxis eröffnet (vgl. dazu Mondada 2006d mit Beispielen aus verschiedenen Disziplinen).

2.5 Zur Rezeption der Konversationsanalyse in der Linguistik

Die frühen Vertreter dieser Forschungsrichtung waren ausnahmslos Soziologen.[9] Daher ist es durchaus bemerkenswert, dass die KA auch auf die Linguistik einen so nachhaltigen Einfluss ausgeübt und schließlich zur Entwicklung einer eigenen Teildisziplin geführt hat, die als *Gesprächsforschung* oder *Interaktionslinguistik* bezeichnet wird. Diese Entwicklung wollen wir im Folgenden in der hier gebotenen Kürze nachzeichnen; dabei konzentrieren wir uns auf die Forschungen im deutsch- und im französischsprachigen Raum.

2.5.1 Das linguistische Interesse an der Konversationsanalyse

Dass die KA in der Linguistik ein so lebhaftes Echo fand, liegt sowohl an Anregungen, die Sacks aus der Linguistik aufgenommen hat, als auch an Forschungsinteressen, die sich innerhalb der Linguistik bereits entwickelt hatten.

Sacks war in manchen Aspekten seines Ansatzes nicht so weit von der Linguistik entfernt, wie manche programmatische Äußerungen vermuten lassen.[10] De Fornel/Léon (2000) zeigen in einer differenzierten Auseinandersetzung mit konversationsanalytischen Grundgedanken, in welcher Weise Sacks von amerikanischen Linguisten seiner Zeit beeinflusst wurde, die an mündlichen, in natürlichen Interaktionssituationen aufgezeichneten Daten arbeiteten (einflussreich war z.B. Charles Fries, *The structure of English*, 1952), sowie vom Dialog mit Dialektologen und Soziolinguisten (insbesondere John Gumperz) und mit Vertretern der linguistischen Anthropologie. Sacks interessierte sich aber auch für Chomskys Arbeiten zur generativen Grammatik. Das mag überraschen, ist aber verständlich angesichts

---

[9] Die Rezeption in der Soziologie wurde in Deutschland bereits 1973 durch die ‚Arbeitsgruppe Bielefelder Soziologen‘ dokumentiert. Einen guten Einblick bieten auch Weingarten/Sack/Schenkein (1979). In Frankreich wurden die ethnomethodologischen Arbeiten durch eine Gruppe von Soziologen um Louis Quéré und Bernard Conein rezipiert, die in *Arguments ethnométhodologiques* Texte von Garfinkel und Sacks in französischer Übersetzung herausbrachten; vgl. auch die der Ethnomethodologie gewidmeten Zeitschriften-Nummern *Pratiques de formation* (11–12, 1986) und *Quel corps?* (32/33, 1986) sowie den von Thibault (2000) herausgegebenen Sammelband.

[10] Bezeichnenderweise sind die konversationsanalytischen Arbeiten über Beendigungssequenzen (Schegloff/Sacks 1973), die Sprecherwechsel-Systematik (Sacks/Schegloff/Jefferson 1974) und Reparaturen (Schegloff/Jefferson/Sacks 1977) zuerst in linguistischen Zeitschriften (*Semiotica* bzw. *Language*) erschienen.

seiner Suche nach einer *machinery*, die es ermöglichen sollte, die ‚Erzeugung' der beobachteten Phänomene systematisch zu beschreiben (vgl. dazu Schegloffs Einleitung zu den *Lectures*, Sacks 1992).

Das Interesse von Linguisten an der Arbeit mit Daten aus mündlicher Kommunikation ist sicher einer der wichtigsten Faktoren, die die Aufnahme konversationsanalytischer Anregungen in der Linguistik begünstigt haben. In Deutschland und Frankreich entwickelte sich dieses Interesse etwa ab den 1960er Jahren, und zwar zunächst im Rahmen der Erforschung der gesprochenen Sprache, besonders ihrer Grammatik, deren Verschiedenheit von der geschriebenen Sprache zunehmend wahrgenommen wurde. Dabei wurden in den frühen programmatischen Arbeiten (zum gesprochenen Französisch z.B. Sauvageot 1962, Söll 1974) noch keine Corpora authentischer Gesprächsaufnahmen zugrunde gelegt, das wurde erst dank der Verbesserung der Aufzeichnungstechniken möglich (vgl. z.B. Gougenheim et al. 1967, Gülich 1970, Ludwig 1988). Damit einher ging die Entwicklung von Transkriptionskonventionen und die Erstellung sorgfältiger Transkriptionen als Voraussetzung für detaillierte Analysen sprachlicher Phänomene (vgl. Blanche-Benveniste/Jeanjean 1987).[11]

Ein zweiter Faktor, der die Rezeption der KA in der Linguistik begünstigte und vorbereitete, war das Interesse an komplexeren Text- und Kommunikationszusammenhängen, das in Deutschland mit der Entwicklung der Textlinguistik seit Mitte der 1960er Jahre aufkam und insofern neue Perspektiven eröffnete, als die Einheit ‚Satz' als Grundeinheit linguistischer Forschung in Frage gestellt wurde (vgl. Weinrich 1964, Hartmann 1971). Zwar bezogen sich die meisten textlinguistischen Arbeiten auf geschriebene Texte, aber die Aufmerksamkeit richtete sich auch auf Gesprächsphänomene (so enthält z.B. Weinrichs *Textgrammatik der französischen Sprache* von 1982 ein Kapitel *Syntax des Gesprächs*). Dass textlinguistische Analysen an einem Corpus gesprochener Sprache durchaus eine gewisse Nähe zu konversationsanalytischen Arbeiten aufweisen können, zeigt etwa die Untersuchung zu Gliederungssignalen im gesprochenen Französisch (Gülich 1970).

Ein dritter Faktor ist die Entwicklung von Handlungs- und Interaktionsmodellen, die seit Ende der 1960er Jahre die Linguistik geprägt hat. Die von der Sprechakttheorie propagierte Konzeption des Sprechens als einer Art von Handeln war eine wichtige Voraussetzung, auch wenn KA und Sprechakttheorie völlig unterschiedliche Arbeitsweisen praktizieren. Die Rezeption der Sprechakttheorie führte zunächst zur Etablierung einer linguistischen Pragmatik (auch: Pragmalinguistik; für eine Übersicht im Bereich der romanistischen Linguistik vgl. Drescher 2001), die in der Folgezeit die Entwicklung verschiedener Ansätze von Diskursanalyse, Dialoganalyse, Interaktionsanalyse, interaktionaler Soziolinguistik und auch der Gesprächsforschung nachhaltig beeinflusste.

Die KA wurde in deutscher Sprache erstmals von einem interdisziplinären Autorenteam vorgestellt, nämlich dem Linguisten Werner Kallmeyer und dem Soziologen Fritz Schütze

---

[11] Auf diese Entwicklungen im Einzelnen einzugehen ist in diesem Rahmen nicht möglich. Die Geschichte der Gesprochene-Sprache-Forschung im Bereich des Französischen bzw. der Romanistik wird in verschiedenen Artikeln im *Lexikon der romanistischen Linguistik* nachgezeichnet, vgl. insbesondere Koch/Oesterreicher (2001).

(Kallmeyer/Schütze 1976 und 1977). Sie fassen die wichtigsten Prinzipien der ethnomethodologischen KA zusammen, betonen besonders den Aspekt der Ordnungsstrukturen und setzen mit der Untersuchung von globalen Strukturen – Erzählung, Argumentation, Beschreibung – einen eigenen Schwerpunkt (vgl. bes. Kallmeyer/Schütze 1977). Weitere frühe Zeugnisse für die Rezeption der KA sind die Arbeit von Streeck über konversationelle Bewertungen (1979) und seine Darstellung der wichtigsten Themenbereiche: *turn taking*, Reparaturen und sequenzielle Organisation (1983).

Mit der Rezeption der KA in Deutschland beginnt auch die Auseinandersetzung um das ‚richtige' Verständnis dieses Ansatzes: So übt der Soziologe Bergmann (1981) deutliche Kritik an der linguistischen Rezeption. Streeck beklagt, dass die KA „unter dem Zugriff dieser Rezeption ganz erheblich an Konturen verloren" habe (1983: 73), und stellt die methodische Stringenz der Disziplin heraus. In Frankreich beginnt die linguistische Rezeption der KA mit einem Kapitel im Lehrbuch zur sozialen Kommunikation von Bachmann/Lindenfeld/Simonin (1981, Kap. 6) und einem Artikel von Bange (1983), der auch die Arbeit von Kallmeyer/Schütze (1976) berücksichtigt (eine ausführlichere Darstellung gibt Bange 1992a). Neben den Arbeiten ethnomethodologisch orientierter Soziologen (Conein, Dulong, Quéré, Widmer) erscheinen in Sammelbänden auch erste Artikel von Linguisten (de Fornel, Marandin), z.B. in einer Sonderausgabe von *Lexique* (1986). In der deutschen Romanistik sind Spuren der Rezeption der KA in interaktionslinguistischen Sektionen auf den Romanistentagen 1983 und 1987 und den daraus hervorgegangenen Sammelbänden zu erkennen (Gülich/Kotschi 1985, Dausendschön-Gay/Gülich/Krafft 1991). Beispiele für frühe konversationsanalytische Arbeiten an französischen Daten sind Kallmeyer (1979, 1985), Gülich (1986a, 1986b, 1991) und Dausendschön-Gay/Krafft (1991).

In Frankreich wie in Deutschland ist die Rezeption der KA mit einem Aufschwung pragmatischer und kommunikations- bzw. interaktionsorientierter Forschung verbunden, die sich aus verschiedenen Inspirationsquellen speist und zur Ausdifferenzierung verschiedener Forschungsansätze führt. Dabei werden die Unterschiede im Methodenbewusstsein und in der theoretischen Konzeption nicht immer deutlich markiert, und es kommt vielfach zu Überschneidungen. Beispielsweise stellt Kerbrat-Orecchioni (1990: 159–192) in ihren Untersuchungen zu *interactions verbales* die Sprecherwechsel-Systematik von Sacks/Schegloff/Jefferson ausführlich dar und diskutiert – und kritisiert – sie anhand von Beispielen aus dem Französischen und aus anderen Sprachen, obwohl ihr eigenes Konzept von Interaktionsforschung sich nicht an der KA orientiert (wie vor allem in Kerbrat-Orecchioni 2005 deutlich wird). Ebenso enthält der erste in Deutschland veröffentlichte Sammelband mit dem Titel *Konversationsanalyse* (Dittmann 1979) Arbeiten verschiedenster theoretischer und methodologischer Orientierung. Der Ansatz wurde also oft oberflächlich rezipiert und seine Spezifik nicht immer erkannt. Vielfach wurden eher Einzelaspekte als die Gesamtheit des Ansatzes übernommen.

Diese unvollständige Rezeption schlägt sich in zweifacher Weise nieder: zum einen in einer Vielzahl und Vielfalt von Interaktionsmodellen und zum anderen in der Uneinheitlichkeit der Termini, die zur Bezeichnung dieser Modelle dienen. So gibt es zahlreiche Ansätze, die sich teilweise an der KA orientieren, sich aber nicht zur KA im engeren Sinne rechnen. Das trifft vor allem auf linguistische Analysen sprachlicher Interaktion zu, in denen Elemente aus der KA oft in einen anderen theoretischen Rahmen integriert sind, beispielsweise in Goffmans *face*-Theorie (vgl. z.B. Goffman 1967) und in Höflichkeits-Theorien, in die *Linguistique de l'Enonciation* oder die Praxematik. Ähnlich verhält es sich mit einem interaktionistischen Ansatz in der Spracherwerbsforschung, der die Methodologie der KA in die Arbeit an empirisch erhobenen Daten aus natürlichen Situationen exolingualer Kommunikation integriert, d.h. Gespräche zwischen Erst- und Fremdsprache-Sprechern konversationsanalytisch bearbeitet und damit ein Interesse an Lern- und Lehraktivitäten verfolgt (Py 1989, Vasseur 1989/90, Lüdi 1991, Bange 1992b, Nussbaum 1992, Dausendschön-Gay/Krafft/Gülich 1995, Furchner 2006, Arditty/Vasseur 1999, Gajo/Mondada 2000, Bange 2005, Pekarek 1999).

Die von der KA inspirierten Analysen verteilen sich also auf einem Kontinuum zwischen KA *stricto sensu* und Interaktionsanalysen in einem allgemeineren Sinne. Die entscheidende Neuorientierung, oft als ,pragmatische Wende' bezeichnet, besteht zweifellos in der Hinwendung zur Interaktion.

Nun könnte man meinen, dass die Ausdifferenzierung der verschiedenen Ansätze sich in der Terminologie spiegelt; das ist aber nur bedingt der Fall (vgl. dazu Gülich/Mondada 2001: 196). Als Oberbegriff wird in Deutschland im Allgemeinen *Gesprächsanalyse* bzw. *Gesprächsforschung* oder *Gesprächslinguistik* gewählt, gelegentlich aber auch *Diskursforschung* oder *Diskursanalyse*, wobei dieser Terminus auch die Diskursanalyse im Rahmen der funktionalen Pragmatik (vgl. z.B. Ehlich 1996) bezeichnet sowie den historisch-kritischen Ansatz der Wiener Schule (vgl. z.B. Titscher et al. 1998: 178 ff.).[12] Im *Handbuch der Gesprächslinguistik* (Brinker et al. 2001) werden unter diesem Oberbegriff zum einen verschiedene Ansätze aus diesem Gebiet skizziert, zum anderen Themen behandelt, die für die meisten Schulen von Bedeutung sind. Linke, Nussbaumer und Portmann (1991, ⁵2004), die der *Gesprächsanalyse* ein eigenes Kapitel widmen – ein Novum für ein linguistisches Einführungsbuch –, setzen die KA nicht von anderen Ansätzen ab. Deppermann (1999) verwendet in seiner Einführung bevorzugt die Termini *Gesprächsanalyse* und *Gesprächsforschung*, gibt aber *eine Einführung in konversationsanalytische Methoden*.

Die Terminologie ist also uneinheitlich und bildet nur bedingt Unterschiede zwischen den Forschungsansätzen ab. In der Regel deutet jedoch die Verwendung des Begriffs *Konversationsanalyse* auf eine enge Beziehung zur ethnomethodologischen KA hin. Das gilt auch für das vorliegende Buch.

Levinson (1983: 286 ff.) hat Konversationsanalyse und Diskursanalyse als zwei grundsätzlich verschiedene Paradigmen voneinander abgegrenzt, ihre Charakteristika gegenübergestellt und eine Reihe divergenter theoretischer Vorannahmen expliziert. Diese Unterscheidung ist nach wie vor geeignet, um die prinzipiellen Unterschiede zwischen den

---

[12] Im Französischen werden *analyse de* (oder: *du*) *discours*, aber auch *analyse de* (oder: *des*) *conversation(s)* oder *analyse des interactions* als Oberbegriffe verwendet; vgl. z.B. Charaudeau/Maingueneau (2002), wo *analyse du discours* als Oberbegriff dient, während die KA im engeren Sinne unter *analyse conversationnelle* behandelt wird.

verschiedenen Modellen zu fassen, auch wenn die Forschungslage seither erheblich komplexer und vielfältiger geworden ist. Eine systematische Darstellung von Gemeinsamkeiten und Unterschieden verschiedener Modelle bleibt noch weitgehend ein Desiderat.[13]

2.5.2 Konversationsanalyse und interaktionale Linguistik

Aus unserer Sicht ist festzuhalten, dass die linguistische Rezeption in der ethnomethodologischen KA zu einer stärkeren Berücksichtigung sprachlicher Phänomene geführt hat. Mit anderen Worten: Es ist eine ‚linguistischere‘ KA entstanden, die durchaus auch ein systematisches Interesse an Sprache und an Grammatik entwickelt. Für diese Richtung wird in Deutschland und in Frankreich häufig der Terminus *Interaktionale Linguistik* (Selting/Couper-Kuhlen 2001a) bzw. *linguistique interactionnelle* verwendet (Mondada 1998 und 2001b). Für die interaktionale Linguistik ist das Interesse an Strukturen und Funktionen von Sprache durchaus zentral; für deren Beschreibung werden Methoden der modernen Linguistik herangezogen. Aber es geht immer um Sprache in ihrem Verwendungskontext, d.h. in der sozialen Interaktion; bei der Beschreibung der Mechanismen der sozialen Interaktion orientiert sich die interaktionale Linguistik an der ethnomethodologischen Konversationsanalyse (Selting/Couper-Kuhlen 2001a: 281).

Im Zentrum dieses Ansatzes, der sich mit den Beziehungen zwischen Sprache (Grammatik) und Interaktion befasst, stehen zwei eng miteinander verbundene Problematiken:[14] Zum einen wird untersucht, wie die sprachlichen Ressourcen in der Interaktion mobilisiert werden, um *turn*-Konstruktionseinheiten, *turns* und Sequenzen zu bilden, zum anderen, wie die organisatorischen Zwänge der Interaktion die grammatischen Strukturen bilden und beeinflussen. Die grammatischen Strukturen werden also nicht als der Interaktion vorgängig und von dieser unabhängig gesehen, sondern als auf die Besonderheiten der Interaktion zugeschnitten und insofern offen für die schrittweise Entfaltung des *turns*, für kontingente Ereignisse, Handlungen der Teilnehmer und Reaktionen darauf bzw. das Ausbleiben einer Reaktion. Diese Sichtweise auf Interaktion als ‚natürliche Umgebung‘ der Grammatik (Schegloff 1996) führt zu einer Revision der Annahmen über Ressourcen wie Phonetik, Syntax und Lexik und ihrer Nutzung bei der Konstruktion von *turns* sowie ihrer Interpretation durch die Teilnehmer. Die verschiedenen grammatischen Formen werden nicht als von

---

[13] Vgl. dazu Wooffitt (2005). Es gibt Sammelbände wie Berthoud/Mondada (2000), in denen Vertreter verschiedener Modelle auf dieselben vorgegebenen Grundfragen eingehen und auf diese Weise die Unterschiede deutlich machen; vgl. auch CLF (2004). Eine Konfrontation verschiedener Modelle bieten ferner Sammelbände, in denen Beiträge aus verschiedenen Perspektiven sich auf ein gemeinsames Corpus beziehen: Bange (1987), Cosnier/Kerbrat-Orecchioni (1987), Bouchard/Mondada (2005). Einen Überblick über die Entwicklung der Diskursanalyse in verschiedenen europäischen Ländern gibt Ehlich (1994).

[14] Siehe dazu die Sammelbände, die die Entwicklung der Interaktionalen Linguistik kennzeichnen: Ochs/Schegloff/Thompson (1996), Selting/Couper-Kuhlen (2001b), Ford/Fox/Thompson (2002), Hakulinen/Selting (2005), Deppermann/Fiehler/Spranz-Fogasy (2005).

den Regeln einer ‚*a priori*-Grammatik' bestimmt angesehen, sondern als interaktive Ressourcen, die beständig zur (Re-)Strukturierung einer ‚emergenten Grammatik' beitragen (Hopper 1988). Seit einigen Jahren richtet sich das Interesse verstärkt auch auf die Prosodie (Couper-Kuhlen/Selting 1996, Ford/Couper-Kuhlen 2004) und auf die Multimodalität (Goodwin 1981, Heath 1986, Streeck/Hartge 1992, Mondada 2004).[15]

Die Integration der KA in verschiedene Bereiche der Linguistik kann als Anzeichen eines Paradigmenwechsels gesehen werden, der die ganze Disziplin betrifft und sich auszeichnet durch eine zunehmende Orientierung auf die Untersuchung mündlicher interaktiver Kommunikation anhand authentischer, empirisch erhobener Gesprächsdaten, aufgezeichnet in ihrer natürlichen sozialen Entstehungssituation. Diese Orientierung hat nicht nur methodologische Bedeutung, sondern grundlegende theoretische Auswirkungen: Sie rückt die praxeologische und interaktive Dimension ins Zentrum der Disziplin, die sich nicht mehr auf die Untersuchung eines dekontextualisierten und wirklichkeitsfremden Sprachsystems beschränkt, sondern sich mit der Entwicklung der Sprache befasst, die die Mitglieder einer Gemeinschaft in sozialen Handlungszusammenhängen aktiv gestalten.

Die Situation der KA im Kontext der Gesprächsforschung ist also geprägt zum einen von ihrem Erfolg, zum anderen von den Widerständen, die ihr entgegengebracht werden: Ihr Erfolg zeigt sich darin, dass andere Modelle ihre Konzepte übernehmen, wenn auch nicht immer ihre Vorgehensweise, während die Widerstände die Radikalität des Ansatzes deutlich machen. In diesem Buch konzentrieren wir uns auf die Strömung der Konversationsanalyse *stricto sensu* bzw. eine an ihr orientierte interaktionale Linguistik. Wir stellen die ‚klassische' KA mit ihren wesentlichen Untersuchungsgegenständen dar, die von den Arbeiten von Sacks, Schegloff und Jefferson ihren Ausgang nahm, berücksichtigen dabei aber auch neuere Tendenzen.

Aufgaben zu Kapitel 2

- Warum haben sich die Ethnomethodologen für die Analyse von Gesprächen interessiert?
- Erklären Sie das Konzept des *achievement* (‚Herstellung sozialer Wirklichkeit').
- Warum spricht man in Bezug auf die Konversationsanalyse von einer bestimmten ‚Analysementalität' und was ist darunter zu verstehen?
- Überlegen Sie, wie der institutionelle Kontext etwa einer ärztlichen Sprechstunde oder einer Lehrveranstaltung durch die Handlungen der Teilnehmer ‚hergestellt' wird. Setzen Sie sich z.B. in eine Lehrveranstaltung, bevor die Lehrperson eingetroffen ist, und beobachten Sie genau, was die Beteiligten tun.

---

[15]   Vgl. für das Französische vor allem de Fornel (1988), Relieu (1999), Pekarek Doehler (2001), Mondada (2005c, 2005d), Krafft/Dausendschön-Gay (1996, 2001, 2003), Pitsch (2006).

3. Die Datengewinnung: Aufnahme und Transkription

Die ethnomethodologisch orientierte Konversationsanalyse zeichnet sich durch zwei grundlegende Anforderungen an empirisches Arbeiten aus: (1) Daten aus ‚natürlichen' Interaktionssituationen (*naturally occurring interactions*) zugrunde zu legen und (2) diese Daten so präzise zu transkribieren, wie es für die jeweilige Analyse notwendig ist. Diese beiden Forderungen, die eng mit der ‚analytischen Mentalität' verbunden sind, sieht die KA deshalb als unverzichtbar, weil diese Schritte bereits als Bestandteil der Forschung gelten; im Übrigen sind sie heutzutage auch in der Gesprächsforschung insgesamt weitgehend akzeptiert.

In diesem Kapitel beschreiben wir zunächst das Vorgehen bei der Datengewinnung; dabei erörtern wir die Besonderheiten konversationsanalytischer Daten und die damit zusammenhängende Konzeption von Handlung im Kontext sowie verschiedene Möglichkeiten der Dokumentation (3.1). Dann beschreiben wir den Schritt des Transkribierens genauer und erläutern, worauf es dabei ankommt (3.2). Abschließend gehen wir kurz auf ethische Aspekte ein, die mit allen Phasen dieser Vorgehensweise verbunden sind (3.3).

3.1 Aufzeichnung ‚natürlicher Interaktionen'

3.1.1 Besonderheiten konversationsanalytischer Daten

Das Aufzeichnen von Daten im Rahmen konversationsanalytischer Arbeit ist nicht einfach eine Methode der Datenerhebung unter anderen, sondern hier liegt auch eine bestimmte Konzeption von Handlung im Kontext und von der Art und Weise ihrer Dokumentation zugrunde. Die in einem konversationsanalytischen Paradigma erhobenen Daten unterscheiden sich deutlich von anderen Datentypen, mit denen die Sozialwissenschaften üblicherweise arbeiten, wie Feldnotizen, standardisierte Interviews oder nachträgliche Beschreibungen der Handlung.

Feldnotizen, die traditionell im Rahmen der teilnehmenden Beobachtung angefertigt werden, beschreiben die Handlung so, wie *der Forscher* sie gesehen und interpretiert hat. Die Perspektive der *Teilnehmer* ist anhand solcher Aufzeichnungen nicht zu rekonstruieren. Zudem wird die Handlung so beschrieben, wie sie ein einziges Mal erlebt wurde; dies reicht nicht aus, um sie in sämtlichen relevanten Details zu erfassen. Das ursprüngliche Ereignis kann sich *per definitionem* nicht wiederholen; doch seine Aufzeichnung erlaubt, es beliebig oft anzusehen oder anzuhören[1] und auch, dies gemeinsam mit anderen zu tun.

---

[1] Die Bedeutung des wiederholten Anhörens von Aufnahmen wird z.B. in dem Plädoyer von Franck (1989) deutlich, die Daten nicht als ‚fest' oder ‚statisch' anzusehen, sondern als ‚flüssig', da jedes Anhören als Erfahrung in das Gedächtnis des Hörers eingeht, neue Beobachtungen ermöglicht und so zu einer Vertiefung der Interpretation führt.

Die nachträgliche Beschreibung oder Erzählung von Interaktionen z.B. in Interviews, die in den Sozialwissenschaften häufig als Forschungsinstrument verwendet werden, produziert eine retrospektive diskursive Version der Handlungen. Diese ist grundlegend davon zu unterscheiden, wie solche Handlungen sich in der Interaktion selbst manifestieren und (oft stillschweigend) ausagiert werden. Gleichwohl können auch Interviews für die Konversationsanalyse von Interesse sein, dann aber als *Gegenstand* der Analyse, d.h. als eine soziale Praxis unter anderen, und nicht als *Ressource* für die Analyse (Mondada 2001b, Bonu 2002).

Schließlich unterscheidet sich die Aufnahme natürlicher Interaktionen von experimentellen Formen der Datenerhebung, in denen die Teilnehmer in einem vorgegebenen Handlungsrahmen bestimmte Aufgaben zu erfüllen haben. Da die Organisation der Handlung sich dem spezifischen Kontext anpasst, in dem sie abläuft, wird beispielsweise ein Rollenspiel diejenige Organisation hervorbringen, die spezifisch ist für das experimentelle Setting, nicht aber für die dargestellte Handlung als solche in ihrem eigentlichen sozialen Kontext.

3.1.2 Datenerhebung im Kontext: Das Forschungsfeld

Die Rolle der Feldforschung schlägt sich in der konversationsanalytischen Literatur unterschiedlich nieder. Einerseits ist der Forschungsgegenstand – Sprechen-in-Interaktion – im Alltag allgegenwärtig und scheint daher keine besondere ethnographische Vorgehensweise zu erfordern. So nehmen Forscher, die vor allem an Alltagsgesprächen arbeiten, oft Gespräche zwischen Personen in ihrem vertrauten sozialen und kulturellen Umfeld auf, ohne dafür eigens ‚Feldforschung' zu betreiben. Andererseits findet Sprechen-in-Interaktion auch in spezifischen sozialen, institutionellen und professionellen Kontexten statt, die dem Forscher nicht ohne Weiteres zugänglich sind. Untersuchungen in kulturellen Kontexten, die nicht mit dem des Forschers identisch sind (z.B. Moerman 1988 oder Bilmes 1996 in Thailand), aber auch die *workplace studies* (vgl. Lynch 1985, Button 1993, Heath/Luff 2000) haben gezeigt, wie wichtig eine ethnographische Vorgehensweise ist, um die dokumentierten Situationen zu verstehen (s. auch Deppermann 2000).

Feldforschung nähert sich der Handlung in ihrem ‚natürlichen' Kontext. Sie erschließt einen Zugang zu der Situation, in der sich die Interaktion abspielt, und vermittelt ein erstes situiertes Verständnis dieses Feldes. Dies ist u.a. erforderlich, um die für Aufnahmen am besten geeigneten Situationen auszumachen, denn jede Aufzeichnung stellt zwangsläufig eine Auswahl aus dem Feld in seiner Gesamtheit dar. Weiterhin dient Feldforschung dazu, die lokale ökologische Organisation der Handlung zu beobachten und ihre soziokulturelle, räumliche und materielle Umgebung zu erfassen. Und schließlich erwirbt der Forscher die für die Analyse erforderliche Kompetenz: Indem er versucht, die Perspektive der Teilnehmer auf die Handlung zu rekonstruieren, eignet er sich neue Kompetenzen an, die die beobachtete Gruppe auszeichnen – im Idealfall die eines Mitglieds.[2]

3.1.3 Datenaufnahme: Die detaillierte Dokumentation der Interaktion[3]

Die Aufnahme zielt darauf ab, alle Details zu dokumentieren, die die Teilnehmer selbst für die Organisation und die Interpretation ihrer wechselseitigen Handlungen relevant setzen. Die früheren Audioaufnahmen waren darauf ausgerichtet, sämtliche akustischen, genauer: vokalen Details des Sprechens-in-Interaktion zu erfassen; Videoaufnahmen erweitern die Phänomene, die in der Analyse zu berücksichtigen sind, um die multimodale Dimension. In jedem Fall sind zu erfassen:

– Anfang und Ende der Handlung, ihr vollständiger zeitlicher Ablauf sowie die Koordination der verschiedenen Aktivitäten zwischen den Teilnehmern;
– die genaue Realisierung der Aktivitäten, z.B. die Art eines Lachens, seine Platzierung in Bezug auf das, worüber gelacht wird, die Verbindung von akustischer Manifestation und körperlichem Ausdruck;
– alle Teilnehmer, auch Personen, die gerade nicht aktiv sind;
– die Ökologie der Interaktion (räumliche Umgebung, Positionierung der Teilnehmer, Bewegungen, wechselseitige Orientierungen) einschließlich der Gegenstände und anderer Artefakte, die in der Interaktion mobilisiert werden (beispielsweise die Benutzung eines Computers oder die Lektüre eines Textes).

Angesichts der hohen Ansprüche, die die KA an die Daten stellt, gewinnen auch technische Details eine besondere Bedeutung. Eine wichtige Entscheidung ist beispielsweise, ob mit einem oder mit mehreren Mikrofonen aufgenommen werden soll und ob man im Fall einer Videoaufnahme zusätzlich eine Tonaufnahme macht. Bei Audioaufnahmen stellt sich die Frage, wo ein einzelnes Mikrofon platziert wird oder wie mehrere Tonaufnahmen aufeinander abzustimmen sind. Außerdem ist zu überlegen, ob eine fest installierte Kamera verwendet wird oder eine bewegliche oder sogar mehrere. Eine fest installierte Kamera eignet sich für die Aufnahme statischer Ereignisse (wie z.B. des in Kap. 1 analysierten Gesprächs, bei dem die Gesprächspartner die ganze Zeit am Tisch sitzen) oder wenn die Anwesenheit des Forschers störend wirken würde. Eine bewegliche Kamera hat den Vorteil, dass die

---

[2] Ten Have (1998: 59) spricht von *virtual membership*, da diese Zugehörigkeit normalerweise nicht zur Integration des Forschers in die Gruppe führt.
[3] Da die Datenerhebung unmittelbar zur Praxis konversationsanalytischen Arbeitens gehört (vgl. dazu auch Deppermann 1999: Kap. 3), gehen wir hier nicht auf die Möglichkeit ein, bereits vorhandene Corpora zu nutzen. Es gibt natürlich Corpora des gesprochenen Französisch, die mehr oder weniger problemlos zugänglich sind; entsprechende Informationen finden sich z.B. in Pusch/Raible (2002, bes. die Beiträge von Bilger und Bruxelles/Traverso). Über ältere Corpora informieren Blanche-Benveniste/Jeanjean (1987). Seit 2001 stellt die Datenbank CLAPI (Corpus de langue parlée en interaction) Corpora über das Internet zur Verfügung (clapi.univ-lyon2.fr).

Aufnahme der Dynamik des Geschehens (z.B. Positionswechseln der Teilnehmer) angepasst werden kann; allerdings ist der Forscher dann sichtbarer Bestandteil der Situation. Mit
mehreren Kameras kann der Interaktionsbereich aus verschiedenen Blickwinkeln aufgenommen werden, so dass bestimmte Phänomene kontinuierlich erfasst werden, doch multi-
plizieren sich damit auch die technischen Probleme. Das Gespräch in Kapitel 1 beispielsweise wurde mit einer einzigen statischen Kamera so aufgenommen, dass beide
Gesprächsteilnehmer und der Tisch, an dem sie sitzen, im Bild erfasst werden. Dadurch
sind einerseits die Bewegungen der Teilnehmer im Interaktionsraum sowie ihre körperliche
Koordination sichtbar; andererseits können Mimik und Gestik weniger genau beobachtet
werden als z.B. in Nahaufnahmen, zumal Yves nur von der Seite zu sehen ist.

Es zeigt sich immer wieder, dass Entscheidungen, die als rein praktische erscheinen, tatsächlich weitreichende theoretische Folgen haben können, z.B. hinsichtlich der Perspekti-
vierung oder der Definition des Ereignisses selbst (ausführlicher dazu Mondada 2006b).

3.2 Die Transkription

Nach der Aufnahme stellt die Transkription den wichtigsten Schritt in der Erstellung des
Corpus dar. Die Art und Weise, wie die Phänomene festgehalten werden, die sich im Prozess des Transkribierens als Analyse-Elemente herauskristallisieren, stellt schon eine praktische Bearbeitung dar. In diesem Sinne ist Transkribieren eine sowohl theoretische als
auch analytische Tätigkeit (3.2.1); Selting (2001: 1060) spricht von einem „theoriegeleite-
ten Prozeß der Datenkonstruktion". Es ist gleichzeitig auch eine professionelle Praxis
(3.2.2), die ein besonderes Hören oder Sehen, eine präzise Notierung der Phänomene und
dafür geeignete Konventionen sowie eine bestimmte Technologie erfordert (3.2.3).

3.2.1 Transkribieren als analytische Praxis

Ochs unterstrich bereits 1979 die Theorieabhängigkeit des Transkribierens und damit die
Bedeutung der gewählten Verschriftung und der Anordnung des Gesprochenen in der
Transkription. Die Transkription *transformiert* die ursprüngliche – mündliche oder audiovi-
suelle – Materialität der Daten durch ihre schriftliche Fixierung (vgl. dazu Bergmann 2007,
Auer 1993). Sie macht die Daten der Analyse zugänglich, indem sie Verständlichkeit herstellt: ‚Geräusche' oder andere als nicht signifikant betrachtete Aspekte werden herausgefil-
tert, das Lautkontinuum wird segmentiert und nach systematischen Konventionen verein-
heitlicht. Das Gesprochene wird in eine räumlich-visuelle Ordnung gebracht, die sich
zugleich auf ihre kontextuellen und zeitlichen Eigenschaften auswirkt.

Wie bei der Aufnahme muss also bei der Transkription überlegt werden, welche Phänomene – aus theoretischen und analytischen Gründen – unbedingt zu berücksichtigen sind
und demzufolge erfasst werden müssen. Ein Phänomen bei der Notierung zu ‚vergessen'

bedeutet oft, es theoretisch ‚auszulöschen'. Die konversationsanalytische Transkription behandelt eine Reihe von Phänomenen als konstitutiv für die interaktive Organisation:

1. Die einzelnen *Beiträge* werden erfasst und den jeweiligen Teilnehmern in einer eigenen Zeile zugeordnet. Jede Zeile beginnt mit einer Zeilennummer und der Identifizierung des Teilnehmers. Es ist sinnvoll, für Transkriptionen eine nichtproportionale Schriftart zu verwenden, weil damit die einzelnen Elemente des Textes im Verhältnis zueinander genau platziert werden können und sich ihre Zuordnung z.B. auch bei Änderungen der Schriftgröße nicht verschiebt.

Beispiel 1 (Corpus Mondada/conversation au volant, EMIC 1507)

```
1    RITA   parce qu'elle fait quoi jeanne/
2    LISA   eh ben le week-end euh prochain// (0.7) elle EST avec annick
3           (0.9)
4    RITA   d'accord/
5      ER   ((bruit de claxon))
6           *(2.4)%(14.9)*%
     rita   *tourne la tête dans tous les sens*
       er   %un automobiliste dépasse lentement%
7    RITA   ben qu'est-ce tu fous toi/
8    LISA   elle t'a pas proposé (.) d'y aller c'week-end/
9    RITA   euh non/
```

In diesem Ausschnitt unterhalten sich Rita und Lisa während einer Fahrt im Auto. Rita fährt und Lisa sitzt auf dem Beifahrersitz. Die Transkription gibt nicht nur die Äußerungen wieder und ordnet sie der jeweiligen Sprecherin zu, sondern sie erfasst auch äußere Ereignisse (ER) wie das Hupen eines Autos (5) und ein Überholmanöver (6) sowie die Handlungen und Blicke der Teilnehmer (6). Dadurch wird hier nachvollziehbar, dass ab Z. 5 das Gespräch zeitweilig unterbrochen wird, weil sich die Aufmerksamkeit der Teilnehmerinnen auf den Verkehr richtet, und dass während der dadurch entstehenden langen Pause im Gespräch (6) andere Aktivitäten stattfinden: Rita dreht sich um und macht eine Bemerkung zu einem überholenden Autofahrer (7), bevor sie und Lisa ihr Gespräch fortsetzen (ab Z. 8).

2. Die *Zeitlichkeit* des Gesprächsverlaufs wird genau erfasst. Es werden sowohl Leerstellen im Gespräch (Pausen) als auch gleichzeitiges Sprechen (Überlappungen) berücksichtigt, ebenso unmittelbare Anschlüsse ohne Pause oder Überlappung (*latching*). In einer verfeinerten Transkription können z.B. auch schnelleres Sprechen oder andere Änderungen im Rhythmus notiert werden.

Beispiel 2 (Corpus Mondada/conversation à table)

```
01   XAV   t'en es où là\ (.) dans l'programme\
02   BEN   euh<::: (0.5)> on est en<:::::[: (0.9)>
03   XAV                                 [à la guerre quatorze dix-huit/
04   MAR   (et ben ouais)
05   ANN   non: tu [fais pas ça: hein
06   BEN           [euh non:
07   MAR   euh ben en [quatriè:me/
08   XAV              [ben attends [en quatrièmeme année
09   BEN                          [eh/ Xavier/ (0.3) j'en suis sur
10         le commerce triangulaire/
11         *(1.1)*
     xav   *prend le dessert que BEN a apporté sur la table*
     mar   *prend le réchaud à raclette pour l'emmener à la cuisine*
```

```
12  VAL  c'est chaud Marie/
13       (0.4)
14  VAL  va [chercher le-
15  BEN     [oh tu m'as entendu ou pas/
16       (0.3)
17  XAV  trian- trian- euh[:: commer[ce triangulaire/
18  BEN                    [commerce [triangulaire/
19  ANN                              [commerce triangulaire
```

In diesem Auszug ist die Temporalität durch verschiedene Phänomene erfasst: Überlappungen (deren Beginn mit der eckigen Klammer notiert wird), Pausen (geschätzte Mikropausen unter 0.2 Sekunden werden mit *(.)* notiert, auf die Zehntelsekunde genau gemessene mit *(1.1)*); Vokal- oder Silbendehnungen (durch einen Doppelpunkt notiert; längere Dehnungen können ikonisch durch mehrere Doppelpunkte angezeigt werden wie in Z. 17 *euh::*, aber auch exakt gemessen wie in Z. 2). Diese Angaben sind wichtig, um nachzuvollziehen, was hier geschieht: Auf Xaviers Frage (1) beginnt Benno sehr langsam und zögernd zu antworten (2). Dies gibt Xavier Gelegenheit, selbst einen Antwortversuch zu machen (3), den die anderen Teilnehmer, ohne Bennos Reaktion abzuwarten (die in Z. 6 erfolgt), akzeptieren (Marie in Z. 4) bzw. zurückweisen (Anne in Z. 5). Benno antwortet auf die Ausgangsfrage (9) überlappend mit Xaviers und Maries Suche nach einer neuen Antwort (7–8); die direkte Anrede am Beginn seines *turns* zeigt, dass er sich an Xavier richtet. Dieser antwortet jedoch nicht; während der Pause (11) sind seine Aktivitäten auf das Essen gerichtet. Benno sucht erneut Xaviers Aufmerksamkeit (15), indem er explizit eine Reaktion von ihm einfordert. Daraufhin reagiert nicht nur der Angesprochene (17), sondern gleichzeitig eine andere Teilnehmerin (19). Der geordnete Ablauf dieser Sequenz zeigt, wie die Teilnehmer bei der Organisation des Gesprächs sowohl Pausen als auch Überlappungen Rechnung tragen.

3. Die schrittweise *Realisierung* des *turns* wird so genau wie möglich erfasst, mit allen wahrnehmbaren Details wie Zögerungen, Abbrüchen und Diskontinuitäten. Die Konversationsanalyse verwendet üblicherweise eine adaptierte Orthographie, um diese Eigenschaften genau wiederzugeben (*t'en es où là* und *c'week-end* in den oben zitierten Gesprächsausschnitten sind Beispiele dafür), wobei das Ausmaß der Anpassung an das Gesprochene in den verschiedenen Sprachen sehr unterschiedlich ist. Im Französischen ist z.B. ein besonderes Augenmerk auf Verschleifungen zu richten: Formen wie *je ne sais pas*, *je n'sais pas*, *je sais pas* und *chais pas* müssen im Transkript unterschieden werden. Weiterhin werden vor allem für verfeinerte prosodische Analysen suprasegmentale Details festgehalten (vgl. Couper-Kuhlen/Selting 1996), außerdem visuelle, körperliche und gestische Elemente (vgl. Mondada 2004, 2006c). Phänomene wie z.B. Lachen können entweder durch eine Beschreibung in Klammern wie ((lacht)) oder ((lachend)) notiert werden oder durch eine Transkription im eigentlichen Sinne wie ‚eh hhh heh' (vgl. Jefferson 1984, 1985). Da Konversationsanalytiker solche Details grundsätzlich für wichtig erachten, ziehen sie in der Regel die *Trans*kription der *Des*kription vor (Mondada 2000b), d.h. die Phänomene werden so weit wie möglich in ihrer präzisen Form und Entfaltung dargestellt, nicht durch Kommentare beschrieben.

3.2.2 Transkribieren als professionelle und standardisierte Praxis

Das Transkribieren erfordert ein besonderes Hören oder Sehen, eine Aufmerksamkeit für die hörbaren und sichtbaren Phänomene, die normalerweise der bewussten Wahrnehmung der Teilnehmer entgehen. Die Aufmerksamkeit für das Detail, die man als Transkribent entwickeln muss, unterscheidet sich also von der eines Teilnehmers; dies erfordert eine gewisse Übung.

Dieses Hören und Sehen ist zudem von der technischen Ausstattung abhängig, insbesondere von der Möglichkeit, kurze Abschnitte des Signals beliebig oft zu wiederholen und sehr genau anzusehen oder anzuhören (beispielsweise um Anfang und Ende einer Überlappung genau zu bestimmen). Die Digitalisierung der Daten erlaubt eine erheblich genauere Bearbeitung des Signals als früher, vor allem wenn das Programm Zeit und Intensität des akustischen Signals anzeigt und eine Bild-für-Bild-Abspielung oder die verlangsamte Abspielung von Ton und Bild zulässt.

Die technische Ausstattung hat auch Konsequenzen für die Verschriftlichung. Mit manchen Programmen ist es möglich, durch zeitliche Markierungen bestimmte Abschnitte des Signals bestimmten Textabschnitten zuzuordnen und so eine enge Verbindung zwischen den primären und den sekundären Daten herzustellen;[4] einige lassen darüber hinaus Annotationen verschiedener Art zu.

Bei der Transkription selbst geht es nicht nur um eine genaue Entsprechung von Signal und Text, sondern auch um Kohärenz zwischen dem transkribierten Text und den Konventionen für die Notierung der Phänomene. Die Transkriptionskonventionen sind nicht einfach die ‚Legende' der gewählten Darstellung, sondern sie bilden das Inventar der Phänomene, die zu transkribieren man entschieden hat. Sie folgen, obgleich die Zeichen selbst willkürlich festgesetzt werden, einer Logik auf verschiedenen Ebenen. Auf der einen Seite spielt die ‚Ergonomie der Transkription' eine Rolle: Bestimmte Formen der Darstellung sind lesbarer, effizienter, ökonomischer, kohärenter und auch ästhetischer als andere (Du Bois 1991). Auf der anderen Seite gibt es so etwas wie ‚Transkriptionsgemeinschaften'.[5] Auch wenn ihre Transkriptionsweisen nicht immer einheitlich sind, zeigt sich innerhalb der verschiedenen wissenschaftlichen Gemeinschaften eine Tendenz zur Vereinheitlichung, mit der auch theoretische Zugehörigkeit angezeigt wird. In der Konversationsanalyse werden weitgehend die Konventionen von Gail Jefferson verwendet.[6] Es gibt jedoch punktuelle Abweichungen davon, die zum Teil mit unterschiedlichen Forschungstraditionen, zum Teil auch mit den Eigenschaften bestimmter Sprachen zusammenhängen. So erfasst man im

---

[4]   Inzwischen werden eine ganze Reihe von Programmen von Forschungszentren kostenlos zur Verfügung gestellt: z.B. CLAN (http://childes.psy.cmu.edu/clan), Praat (www.praat.org), Transana (www.transana.org), ELAN (www.mpi.nl/tools/elan.html).

[5]   Eine allgemeine Darstellung, die allerdings die Konventionen der Konversationsanalyse nicht berücksichtigt, geben Edwards/Lampert (1992). Für eine neuere Diskussion von Transkriptionssystemen siehe Redder (2001) und Selting (2001), die auch auf ältere Übersichtsartikel hinweisen.

[6]   Vgl. dazu Schenkein (1978b) und Atkinson/Heritage (1984), auf die häufig Bezug genommen wird; siehe auch die Vorstellung dieser Konventionen bei Psathas/Anderson (1990).

Französischen Phänomene der _liaison_ (z.B. _mais^enfin_ im Unterschied zu _mais enfin_), um sogenannte fakultative und obligatorische Bindungen, nicht realisierte obligatorische Bindungen usw. zu unterscheiden. Manchmal ist die Transkriptionsweise auch einer spezifischen Problematik angepasst: So hat Goodwin (1981) ein System für die Transkription von Blicken entwickelt oder Atkinson (1984) eines für die Notation von Applaus.

Besondere Probleme stellen sich bei der Transkription von Sprachen, die der Forscher und/oder der Leser nicht beherrscht. Um dem Leser einen Zugang zu den Daten zu ermöglichen, kann bei Transkripten in einer fremden Sprache eine Übersetzung Zeile für Zeile oder sogar Wort für Wort und eine grammatische Annotation erforderlich sein. Auch die Transkription fremdsprachlicher oder bilingualer Interaktionen stellt besondere Probleme: Beispielsweise kann eine adaptierte Orthographie oder eine phonetische Transkription notwendig sein, um die spezifische Realisierung sprachlicher Formen wiederzugeben, etwa den ‚deutschen Akzent‘, also die Besonderheiten der Aussprache eines Deutschen, der Französisch spricht.

Ein lebhaft diskutiertes Problem ist das der Vereinheitlichung von Transkriptionskonventionen. In Deutschland haben Gesprächsforscher sich intensiv und erfolgreich um eine solche bemüht; das Ergebnis ist das ‚Gesprächsanalytische Transkriptionssystem‘ GAT (siehe Selting et al. 1998; vgl. auch Deppermann 1999, Kap. 5.2). Hier wurde ein zweistufiges System entwickelt: eine Basistranskription der systematisch zu erfassenden Eigenschaften des Sprechens-in-Interaktion und eine Feintranskription mit einer dem Forschungsgegenstand stärker angepassten Detailebene. Dabei sind je nach Untersuchungsinteresse verschiedene Stufen der Verfeinerung möglich; insbesondere am Beispiel der Transkription prosodischer Parameter lassen sich sehr deutliche Unterschiede feststellen (vgl. dazu Selting 2001: bes. 1065 ff.).

In Frankreich hat die Diskussion über Transkriptionsfragen von Blanche-Benveniste/ Jeanjean (1987) die Arbeiten zur Gesprochenen Sprache nachhaltig beeinflusst. Heutzutage finden die im vorliegenden Buch verwendeten Konventionen ICOR, eine Verbindung der Jeffersonschen Konventionen mit GAT, zunehmend Verbreitung.[7] Häufig sind Transkriptionsweisen auch mit bestimmten Computerprogrammen verbunden, in die die grundlegenden Vorannahmen eingegangen sind.[8]

---

[7] Siehe http://icar.univ-lyon2.fr/projets/corinte/confection/La_convention_ICOR.htm für eine ausführliche Darstellung dieser Konventionen.

[8] So z.B. CLAN-CA für die Jeffersonschen Konventionen (http://childes.psy.cmu.edu/clan/), Dida und Cosmas für die Konventionen des Instituts für deutsche Sprache (www.ids-mannheim. de/ksgd/kt/dida.html), HIAT-dos für die HIAT-Konventionen (www.daf.uni-muenchen.de/ HIAT/HIAT.HTM).

3.3 Vor und nach Aufnahme und Transkription: Ethische Prinzipien

Nicht nur für die Datenerhebung selbst, sondern auch für den Umgang mit den erhobenen Daten – die Transkription, die Auswahl der zu analysierenden Ausschnitte und ihre Publikation – gelten ethische Prinzipien. Die Arbeit im Feld setzt Vertrauen und die Zustimmung der Beteiligten zur Aufnahme voraus. Dies zu erreichen erfordert manchmal einen langen Atem. Um eine begründete Einverständniserklärung zu erhalten, muss der Forscher sein Projekt und seine Motive in einer den Beteiligten und der Situation angemessenen Weise erläutern. Auch geht die seitens einer Institution erteilte Autorisation zur Aufnahme nicht zwangsläufig mit der Akzeptanz der beteiligten Personen einher. Die Erlaubnis zur Aufnahme wird meist einfach mündlich erteilt; im Hinblick auf die spätere Nutzung der Daten in der Forschung wird aber empfohlen, sie schriftlich einzuholen.[9] Verdeckte Aufnahmen, auch in scheinbar ‚harmlosen‘ Situationen, sind – auch juristisch – anfechtbar. Und bei allen expliziten und schriftlichen Vereinbarungen unterliegt vieles der Diskretion und der ethisch-moralischen Verantwortung des Forschers. Wenn zum Beispiel bei der Analyse und vor allem ihrer Publikation gewählt werden kann zwischen einem Ausschnitt, in dem der Sprecher über vertrauliche oder private Dinge spricht, und einem, in dem weniger verfängliche Themen behandelt werden, sollte man den letzteren bevorzugen.

Eine der wichtigsten und zugleich schwierigsten Fragen bei der Arbeit mit authentischen Daten betrifft die Anonymisierung. Den Teilnehmern wird in der Regel zugesagt, dass alle persönlichen Informationen, die eine Identifizierung ermöglichen würden, aus den Daten gelöscht werden. Dieses Prinzip umzusetzen ist jedoch in der Praxis oft schwierig. In der Transkription erfolgt die Anonymisierung meist durch die Verwendung von Pseudonymen für die Teilnehmer und die Tilgung bzw. Ersetzung aller personenbezogenen Angaben; auch Ortsnamen sowie die Namen von Institutionen werden anonymisiert. Dabei stellt sich das Problem, wie weit die Anonymisierung gehen muss, denn manche Details sind in bestimmten Kontexten aufschlussreich, in anderen nicht. So würde man in einem städtischen Kontext die Kategorie ‚Postangestellter‘ nicht anonymisieren, doch in einem Dorf, in dem es nur einen einzigen Schalterbeamten gibt, ist das unter Umständen erforderlich. Ein weiteres Problem ist, dass Details, die in der Transkription anonymisiert werden sollten (wie soziale oder institutionelle Zugehörigkeit, aber auch z.B. Wohnort oder Geburtsort der Teilnehmer), für die Analyse wesentlich sein können. Problematisch sind auch Fälle, wo z.B. die Teilnehmer selbst mit einem Eigennamen Wortspiele o.ä. machen, die unmöglich zu analysieren sind, wenn der echte Name getilgt wird. Der Anonymisierung sind also sowohl praktische Grenzen gesetzt (in einem kleinen Kreis, in dem sich alle kennen, wird es immer möglich sein, einen Teilnehmer aufgrund eines Details in der Aufnahme zu erkennen) als auch theoretische (sie kann Elemente betreffen, die für die Analyse relevant sind

---

[9] In Frankreich hat eine Arbeitsgruppe zu rechtlichen Fragen, die sich im Zusammenhang mit der Erhebung mündlicher Corpora stellen, einen *Guide des bonnes pratiques* veröffentlicht (Baude et al. 2006).

und daher in der Transkription erhalten sein müssten). Anonymität kann niemals vollständig garantiert werden; dennoch ist sie das anzustrebende Ideal.

Im Hinblick auf die Anonymisierung für Präsentationszwecke stellen sich diese Probleme noch verschärft. Bei Tonaufnahmen kann zwar das akustische Signal mit einem Ton überdeckt werden, aber damit sind prosodische oder phonetische Eigenschaften des getilgten Elements sowie Reparaturen, Überlappungen etc. in diesem Bereich der Analyse nicht mehr zugänglich. Bei Videoaufnahmen kann man das Bild unscharf machen oder die Gesichter mit einem schwarzen Balken verdecken; auch damit wird eine ganze Reihe von Phänomenen (wie z.B. Blickwechsel) der Analyse entzogen. In solchen Fällen ist es oft sehr schwierig, zwischen der Erhaltung der für die Präsentation relevanten Details und der Wahrung ethischer Prinzipien die richtige Balance zu finden.

So greifen in der Praxis der Datenerhebung ethische und juristische Fragen einerseits und theoretische und analytische Fragen andererseits ineinander. Es geht hier nicht einfach um technische oder methodische Fragen, sondern um grundsätzliche Entscheidungen, die in ihrer Gesamtheit die Qualität der Daten und damit letztlich auch die der Analyseergebnisse bestimmen.

Aufgaben zu Kapitel 3

– Nehmen Sie eine moderierte Talkrunde aus dem Fernsehen auf Video oder DVD auf. Wählen Sie einen kurzen Ausschnitt (etwa 2–3 Minuten) aus, an dem mehrere Sprecher beteiligt sind, und fertigen Sie davon eine Audio-Transkription an. Halten Sie fest, welche Fragen sich beim Transkribieren stellen und welche Entscheidungen zu treffen sind.

– Vergleichen Sie das in diesem Buch verwendete Transkriptionssystem mit dem Transkriptionssystem GAT, über das Sie sich z.B. in Selting (2001) oder Selting et al. (1998) informieren können: Was sind die wichtigsten Gemeinsamkeiten und Unterschiede?

– Gibt es besondere Anforderungen an die Transkription des Französischen? Nennen Sie Beispiele, bei denen solche Besonderheiten zu beachten sind.

– Inwiefern ist Transkribieren – unabhängig von den jeweils gewählten Konventionen – nicht nur ein ‚technischer' Arbeitsschritt, sondern schon als erster Schritt der Analyse anzusehen?

– Denken Sie sich ein kleines Forschungsprojekt aus: Suchen Sie sich ein Untersuchungsfeld (z.B. eine Bäckerei, einen Verkaufsstand auf dem Wochenmarkt, eine Arztpraxis oder auch das familiäre Abendessen), formulieren Sie ein konkretes Untersuchungsinteresse und beobachten Sie das Feld eine Zeitlang. Überlegen Sie, welche Interaktionssequenzen Sie im Hinblick auf Ihre Forschungsfrage dokumentieren würden. Machen Sie sich Gedanken zur Realisierung des Projektes (Feldzugang, technische Fragen). Überlegen Sie auch, welche ethischen Probleme das von Ihnen gewählte Setting aufwirft.

4. Die Organisation des Sprecherwechsels (*turn taking*)

Nachdem wir in den vorangegangenen Kapiteln in die theoretischen und methodologischen Grundlagen der Konversationsanalyse eingeführt und ihre Entwicklungsgeschichte skizziert haben, stellen wir im Folgenden die wichtigsten Themenbereiche vor und bearbeiten sie exemplarisch an französischsprachigen Gesprächsausschnitten. Wir beginnen mit einem Thema, dem eine der ersten veröffentlichten und bekannt gewordenen Arbeiten gewidmet war und das die Entwicklung der Konversationsanalyse entscheidend beeinflusst hat: dem Sprecherwechsel (*turn taking*, Sacks/Schegloff/Jefferson 1974).

Der zentrale Gedanke ist sehr einfach: Die Autoren gehen von der Beobachtung aus, dass eine grundlegende Organisationsform ganz unterschiedlicher sozialer Aktivitäten darin besteht, sich in der Reihenfolge abzuwechseln. Diese Form findet sich z.B. im Supermarkt, wenn die Kunden vor der Kasse Schlange stehen und jeder wartet, dass er ‚an die Reihe' kommt, oder wenn Autos nacheinander in ein Parkhaus einfahren oder wenn Redner in einer Debatte abwechselnd das Wort ergreifen. Nach demselben Prinzip sind auch unsere Alltagsgespräche organisiert: Wir wechseln uns mit unseren Redebeiträgen ab, und zwar so, dass in der Regel weder lange Schweigephasen entstehen noch alle gleichzeitig sprechen. Sacks/Schegloff/Jefferson (1974) haben anhand der sorgfältigen, detaillierten Transkription von Tonaufnahmen beobachtet, wie diese Koordination im Gespräch funktioniert, und ihre ‚sehr einfache Systematik' (*simplest systematics*) beschrieben.

Die Sprecherwechselsystematik (Sacks benutzt häufig den Ausdruck *machinery* und betont damit den formalen Aspekt) bildet die Grundlage der Gesprächsorganisation. Sie liegt der von den Beteiligten hervorgebrachten Ordnung der Interaktion zugrunde und macht sie gleichzeitig beobachtbar. Ausgehend von der Gesprächsorganisation lässt sich also ein Zugang zur sozialen Ordnung finden.

Im Folgenden stellen wir zunächst an einem Beispiel dar, wie diese Systematik funktioniert (4.1), bevor wir den zentralen Mechanismus des Sprecherwechsels beschreiben (4.2) und auf dieser Grundlage Alltagsgespräche und institutionelle Kommunikation vergleichen (4.3). Abschließend gehen wir auf die Kooperation zwischen Sprecher und Zuhörer (4.4) und auf Beziehungen zwischen den Sprecherwechselregeln und grammatischen Ressourcen der (französischen) Sprache ein (4.5).

4.1 Ein Beispiel

Der Sprecherwechsel soll zunächst einführend am Beispiel eines Ausschnitts aus einer Fernseh-Talkshow zum Thema ‚Ausreißen' dargestellt werden.

Beispiel 1 (Corpus Mondada/médias, TV, 2003)

```
1 JL   à vos côtés annie-france et sa fille léa/
2 AF   bonsoir\
```

```
 3 JL   bonsoir à toutes les de[ux/
 4 L                            [bonsoi[r
 5 JL                                  [bonsoir léa bienvenue/ tsk
 6      .h vous êtes donc maman et fille/ tsk vous avez quel âge léa/
 7 L    quinze ans et demi
 8 JL   quinze ANS et demi .h\ vous avez fugué euh y a pas si
 9      longtemps que ça\ le vingt-et-un mars dernier/ .h euh à
10      quatre/ (0.3) en compagnie de trois adolescents de votre âge/
11      vous étiez quoi\ vous étiez:/
12      (0.7)
13 JL   trois filles et un garçon/=
14 L    =°ouais°
15 JL   trois filles et un garçon/ .h comment s'est organisé
16      cette euh ce ce départ/
17      (1.0)
18 L    au début on a:: on a dit ça sur un coup de tête comme ça
19      pour rigoler/ puis en fait ça s'est fait dans la s'maine\
20      °comme ça°/ [.h un jour on s'est dit on y va&
21 JL               [mais: xx
22 L    &et puis on est parti quoi/
23 JL   mais pour une raison ou sans aucune raison\
24      (0.5)
25 JL   pour chercher quelque chose pour euh:\
26      (0.7)
27 JL   pour tailler la route/
28      (0.6)
29 L    euh pour une personne y avait une raison/ ((continue))
```

Der Ausschnitt beginnt damit, dass der Moderator Jean-Luc (JL) Léa (L) und ihre Mutter (AF) vorstellt, die als Gäste eingeladen sind (1). AF reagiert mit einer Begrüßung (2). JL formuliert seinerseits eine Begrüßung, die er explizit an beide Frauen richtet; darauf antwortet nun auch L mit einem Gegengruß (4). JL stellt eine erste Frage, die er an L richtet (6), und erhält eine Antwort (7). Er fährt fort, skizziert die Geschichte ihres Ausreißens, kommt dabei auf ihre Begleiter bei diesem Ereignis zu sprechen, stellt dazu eine Frage (11: *vous étiez quoi*) und schließt sofort eine skizzierte Antwort an, die unvollständig bleibt (*vous étiez:/*). Dieses spezifische Frageformat kennt man aus dem Unterricht: Der Lehrer formuliert den Beginn einer Antwort und lässt diese durch die Schüler vervollständigen. In unserem Beispiel erhält JL auf seine Frage keine Antwort, es entsteht eine Pause (12). Dann schlägt er selbst in fragender Form eine Antwort vor (13), die diesmal von Léa ratifiziert wird (14). JL stellt erneut eine Frage (15–16), woraufhin L nach einer Pause (17) beginnt, die Geschichte ihres Ausreißens zu erzählen (18). Es kommt zu einer Überlappung, als nach einem abgeschlossenen Segment (19: *ça s'est fait dans la s'maine*) und einer leise gesprochenen Ergänzung (*°comme ça/°*), die das Ende von Ls Beitrags anzeigt, JL zu sprechen beginnt (21), während L gleichzeitig mit einer Ergänzung eine Fortsetzung ankündigt. Im Anschluss an Ls Bericht stellt JL eine neue Frage (23), mit der er zwei alternative Antworten formuliert; als eine Reaktion ausbleibt (24), schlägt er eine neue mögliche Antwort vor, auf die wiederum eine Pause folgt (26). Erst nach einem weiteren Vorschlag (27) setzt L nach einer Pause zu einer ausführlicheren Antwort an (29).

In diesem Ausschnitt sehen wir also, wie die Sprecher (vor allem JL und L) sich im Gespräch abwechseln und wie sie an ganz bestimmten Stellen einen Sprecherwechsel vollziehen oder auch nicht. JL verwendet verschiedene Verfahren, um das Wort gezielt an L zu übergeben (z.B. Nennung ihres Vornamens oder Verwendung der zweiten Person). Er eröffnet ihr auch verschiedene Möglichkeiten zu antworten, die sie nutzt oder nicht, die aber jedenfalls deutlich zu erkennen sind. Der Sprecherwechsel macht also sichtbar, dass die Teilnehmer die Entwicklung der aktuellen Äußerung aufmerksam beobachten, um den richtigen Moment für die Wortübernahme zu erkennen.

4.2 Der Mechanismus (*machinery*) des Sprecherwechsels

Die Abfolge und die Momente des Sprecherwechsels im Alltagsgespräch sind in keiner Weise vorab festgelegt. Dennoch stimmen die Interaktanten ihre Redebeiträge so aufeinander ab, dass sie sowohl längere Schweigephasen als auch gleichzeitiges Sprechen weitestgehend vermeiden. Ausgehend von der detaillierten Transkription von Gesprächen beschreiben Sacks/Schegloff/Jefferson (1974) ein Zusammenspiel von Verfahren, mit denen die Gesprächsteilnehmer sowohl die Verteilung des Rederechts organisieren als auch sich gegenseitig anzeigen, wie sie dies tun (eine zusammenfassende Darstellung des Modells gibt Müller 2008).

Das System des Sprecherwechsels beinhaltet zwei Komponenten: Die eine betrifft die Konstruktion der Redebeiträge bzw. *turns* (der Terminus wird auch in deutschen konversationsanalytischen Arbeiten allgemein benutzt), die andere die Verteilung des Rederechts.

4.2.1 Die Konstruktion der Redebeiträge

Die erste Komponente bezieht sich darauf, dass der *turn* keine vorab definierte Einheit ist. Die Teilnehmer stellen ihn her, indem sie im Verlauf seiner Produktion am möglichen Ende einer ‚*turn*-Konstruktionseinheit' (*turn constructional unit, TCU*; ‚Beitragskonstruktionseinheit' nach Deppermann 1999: 58) mit entsprechenden Indikatoren anzeigen, ob der *turn* potenziell vollständig ist oder fortgeführt wird. Während der *turn* entsteht, analysieren die Gesprächspartner ihn zugleich, um die Punkte auszumachen, an denen sie das Wort ergreifen können – die sogenannten redeübergaberelevanten Stellen (*transition relevance places, TRP*) – und richten ihr eigenes Verhalten danach aus. M.a.W.: Sie orientieren sich auf die Momente, in denen der *turn* potenziell abgeschlossen ist und ein Sprecherwechsel stattfinden kann (vgl. Mondada 1999, 2000a, Relieu 1999).

Diese Orientierung der Interaktanten ist besonders gut an den Stellen im sequenziellen Ablauf zu beobachten, an denen die Gesprächsteilnehmer das Wort ergreifen. Hier ist nicht nur erkennbar, wie sie den Redebeitrag *online*, also im laufenden Prozess, rezipieren, sondern auch, wie sie seinen weiteren Verlauf voraussehen bzw. vorwegnehmen. Diese situierte Interpretation wird in den beiden folgenden Beispielen an der Platzierung der Interventionen des Hörers während eines Redebeitrags deutlich:

Beispiel 2 (Corpus Mondada/radio suisse romande, phone in)

```
1   R       .h je vous ai pas parlé de l'influen:ce/ de l'
2           entoura:ge/ des choses\ .h [parce   que   ma   fi]lle/&
3   V ->                               [j'ai bien compris/ .h]
4   R       &ma fille elle a . elle vit/ . euh un d- un dans un: .
5           dans une atmosphère/ c'est-à-dire toute la journée
6           dans une école/
```

In dieser *phone-in*-Radiosendung versucht der Moderator V in Z. 3 an einer Stelle, die er als *TRP* identifiziert, das Wort zu übernehmen: Er beginnt seinen Beitrag am Ende einer Einheit in Rs *turn*, die durch fallende Intonation, die syntaktische Form und den Inhalt als vollständig gekennzeichnet ist; nach den Regeln des Sprecherwechsels handelt es sich also um eine übergaberelevante Stelle. Gleichzeitig macht R durch hörbares Einatmen (2: *.h*) deutlich, dass sein *turn* noch nicht beendet ist, und kündigt so eine Fortsetzung an, deren Beginn er zunächst überlappend äußert und anschließend wiederholt.

In der Form des *turns* wird also seine Abgeschlossenheit oder Unvollständigkeit erkennbar. Anfang und Ende der einzelnen Segmente sowie die *TRPs* sind durch Syntax, Intonation, Pausen oder auch durch vokale Mittel wie *tsk* oder Einatmen (*.h*; s.o. Beispiel 1, Z. 5–6) markiert; dies lässt sowohl eine Übergabe als auch nachträgliche Erweiterungen des *turns* zu. Auf diese Weise können im Verlauf der Einheitenproduktion in dynamischer Weise und in interaktiven Aushandlungsprozessen mehr oder weniger lange oder komplexe *turns* gebildet werden.

Kurze Zeit später versucht V erneut, das Wort zu übernehmen:

Beispiel 3 (Corpus Mondada/radio suisse romande, phone in)

```
1 R       et il était plus luxueux/ plus
2         propr[e/ et plus intellectu[el/ que
2 V ->         [.h                   [mais n'est-ce pas
3         un manque de: confiance profond en[vers son enfant/
4 R                                          [non c'était vraiment
5         un un un manque de confiance dans l'entourage/ . même
6         pas sur mon enfant\
```

R formuliert hier eine Aufzählung von drei Elementen. Das Format der Liste, bestehend aus einer Reihe (üblicherweise drei) zusammenhängender Elemente, ermöglicht dem Zuhörer, ihr Ende – und damit die nächste übergaberelevante Stelle – vor dem letzten Element zu antizipieren. Genau das tut V hier: Am Ende des zweiten Elements zeigt er mit hörbarem Einatmen an, dass er das Wort übernehmen will, und beginnt seinen Beitrag kurz vor dem Ende des dritten Elements. R, der nach diesem Element eine Fortsetzung projiziert, hält inne und überlässt ihm das Wort. Der folgende Sprecherwechsel zeigt, wie R seinerseits das Ende der laufenden Einheit antizipiert: Er beginnt seine Antwort unmittelbar nach dem Äußerungsteil *mais n'est-ce pas un manque: de confiance profond*, der an dieser Stelle pragmatisch vollständig ist, und behandelt damit das Ende von Vs Äußerung als für das Verständnis nicht notwendig.

Die Überlappungen sind also kein Fehler im Mechanismus des Sprecherwechsels, sie zeigen vielmehr, dass dieser glatt funktioniert und es den Teilnehmern erlaubt, die Entwicklung des entstehenden *turns* zu verfolgen, seine mögliche Vollständigkeit zu antizipieren und entsprechend zu intervenieren.

4.2.2 Die Verteilung des Rederechts

Die zweite Komponente im Modell der Sprecherwechselorganisation, die Verteilung des Rederechts (*turn-allocational component*), beschreiben Sacks, Schegloff und Jefferson als rekurrente Abfolge von drei aufeinander folgenden Optionen: An jeder übergaberelevanten Stelle kann der aktuelle Sprecher den nächsten Sprecher auswählen, indem er ihn z.B. direkt anspricht, ihm eine Frage stellt usw. Tut er dies nicht, kann ein anderer sich selbst als nächsten Sprecher auswählen; in Gesprächen mit mehr als zwei Teilnehmern erhält normalerweise derjenige den *turn*, der als erster anfängt zu sprechen. Wenn niemand sich selbst auswählt, kann der aktuelle Sprecher fortfahren. Diese Optionen sind an allen übergaberelevanten Stellen gegeben. In dem zu Beginn dieses Kapitels zitierten Gesprächsausschnitt (Bsp. 1) verwendet Jean-Luc verschiedene Verfahren, um Léa als nächste Sprecherin auszuwählen: Er nennt sie beim Vornamen; er spricht sie in der zweiten Person an (*vous*); er stellt ihr Fragen und setzt damit als nächsten Zug einen Redebeitrag von ihr relevant. Ein weiteres gängiges Verfahren ist die sogenannte *tag question* – im Französischen häufig ein angehängtes, meist mit steigender Intonation gesprochenes *hein/* (vgl. Beispiel 1, Z. 2 oben in Kap. 1) oder *n'est-ce pas/*, im Deutschen z.B. *ne/* oder *nich/* –, mit der an die Aufmerksamkeit des Gesprächspartners appelliert bzw. eine Reaktion angefordert wird.

Mit dem Konzept des *turn taking* lassen sich die Geordnetheit und die Synchronisierung des Sprecherwechsels ebenso wie die damit verbundenen Rechte und Pflichten detailliert beschreiben. Die hier beschriebenen Mechanismen der Interaktionsorganisation gelten für Gespräche ganz allgemein; in bestimmten sozialen Kontexten können sie in spezifischer Weise abgewandelt sein.[1]

---

[1] Im breiteren Feld der Interaktionsforschung beschäftigen sich viele Untersuchungen mit spezifischen Formen des Sprecherwechsels in verschiedenen Sprachen und Kulturen, in denen zum Teil andere Konventionen gelten als im Amerikanischen, an dem die Sprecherwechsel-Systematik entwickelt wurde. Z.B. kann die Toleranz für Schweigephasen erheblich variieren (vgl. Tiittula 1987 zum Finnischen), ebenso wie die Toleranz gegenüber Überlappungen. Vgl. zu dieser Problematik Kerbrat-Orecchioni, die ausgehend vom Französischen einen Blick auf andere Sprachen wirft (1990: Kap. 3) und auch einen Zusammenhang zu Höflichkeitsnormen herstellt (1994: Kap. 1.2).

4.3 Sprecherwechsel im Alltagsgespräch und in institutioneller Interaktion

Die Organisation des Sprecherwechsels im Alltagsgespräch wurde häufig der in institutionellen oder professionellen Kontexten gegenübergestellt. So weisen bereits Sacks/Schegloff/Jefferson (1974) darauf hin, dass die Ablauforganisation des alltäglichen Gesprächs ohne vorab festgelegte Verteilung des Rederechts nicht für alle Arten von Interaktionen gilt. In manchen Kontexten (wie vor Gericht oder in der Schule) ist beispielsweise das Rederecht vorgegeben und zwischen den Beteiligten asymmetrisch verteilt. Dies zeigt sich auch in dem folgenden Ausschnitt aus einer Besprechung zwischen Medizinern:

Beispiel 4 (Corpus Mondada/téléchirurgie, tc26038)

```
 1 SEF   donc la question qui se pose devant ce kyste séreux/ puisque
 2        a priori il ne va pas dégénérer/ pensez-vous qu'il y a\ .
 3        compte tenu de sa taille/ et de l'âge de la patiente/ une
 4        indication chirurgicale/ et en quoi doit-elle consister\
 5 MAI   bon je vais donner la parole donc très brièvement à monsieur
 6        pageot/ ensuite à monsieur tanner/ et ensuite éventuellement
 7        à monsi:eur dumont/
 8        (4s)
 9 MAI   mon[sieur pageot/
10 PAG       [xxx        oui\ en ce qui concerne donc la réponse à
11        votre question je vais être très bref/
```

In diesem Gespräch ist eine Arbeitsteilung zwischen den beiden ersten Sprechern zu beobachten: Dr. Séford stellt eine Frage, ohne diese an eine bestimmte Person zu richten. Sein Kollege Dr. Maire, der für diese Sitzung die Rolle des Moderators übernommen hat, trifft eine Regelung für den nachfolgenden Sprecherwechsel, indem er die Personen, die sich zu der Frage äußern sollen, aufzählt und eine Reihenfolge festlegt. Mit dieser Liste leistet er zugleich eine Hierarchisierung der Redebeiträge: Er nennt einen ersten Sprecher (den er dann in Z. 9 aufruft), einen zweiten und schließlich einen weiteren für einen fakultativen Redebeitrag (6: *éventuellement*). Hier wird der Sprecherwechsel nicht lokal Zug um Zug ausgehandelt, sondern vom Moderator im Voraus organisiert.

In manchen Kontexten kann also das Format des Sprecherwechsels in spezifischer Weise definiert sein. In der folgenden Unterrichtssituation werden die Regeln des *turn taking* ausdrücklich zum Thema gemacht:

Beispiel 5 (Corpus Mondada/réunion de travail, fcp15064e)

```
(Die Schüler sollen auf Bildern dargestellte Gegenstände benennen.)
 1  E   levez la main avant de dire quelque chose/ et moi
 2      je vous demande/ . de parler\
 3  T   monsieur/
 4  R   [la chaussette
 5  U   [la chaussette
 6  T   monsieur/
 7  E   mais vous faites exprès ou bien/
 8  O   hé
 9  M   [monsieur
10  N   [xxxx
11  E   on LEve la main/ d'abord/ pis après je dis QUI parle\
12  O   voilà\
13  E   voilà\
14  L   monsieur/ oh ça va pas:/
15  E   alors leo/
```

```
16  L  les chaussettes
17  E  les chaussettes/ là y en a deux\ LES chaussettes
```

Der Lehrer (E) formuliert hier das ‚klassische' Prinzip der Rederechtszuweisung im Unterricht, nach dem er die Wortmeldungen entgegennimmt und das Rederecht erteilt (1–2). Während der Schüler T sich meldet, um das Wort zu erhalten (3, 6), wählen andere sich selbst aus (4, 5), woraufhin E erneut explizit die Regeln formuliert (11). L meldet sich (14) und wird aufgerufen (15). Er gibt eine Antwort, die zuvor bereits formuliert, deren Form aber nicht als angemessen anerkannt wurde. Diesmal ratifiziert E sie (17).

In beiden Beispielen ist also eine Asymmetrie der Teilnehmer im Hinblick auf das Rederecht erkennbar: In diesen Kontexten sind die allgemeinen Regeln des Sprecherwechsels außer Kraft gesetzt, einer Person kommt das Recht auf die Zuweisung des *turns* zu. Der Kontext spielt im Zusammenhang mit solchen spezifischen Formen des Sprecherwechsels eine Rolle. Das bedeutet jedoch nicht, dass äußere Kontextfaktoren wie beispielsweise der institutionelle Status der Teilnehmer diese Form vorab determinieren. Vielmehr ist zu untersuchen, wie ein solcher Status in der Interaktion relevant gesetzt wird und sich im Verhalten und in entsprechenden sequenziellen Formen erkennbar manifestiert (Schegloff 1991, Relieu/Brock 1995, Mondada 1998, Quéré 1990, Widmer 1990) oder wie die Teilnehmer durch ihr Verhalten Asymmetrie lokal herstellen (vgl. Drew/Heritage 1992: 47–53). In institutioneller Kommunikation kann es geradezu notwendig sein, typische Verhaltensweisen des Alltagsgesprächs außer Kraft zu setzen. Spezifische Formen des Sprecherwechsels können z.B. darin bestehen, dass im Arzt-Patient-Gespräch der Arzt das Rederecht zuweist und so die thematische Entwicklung des Gesprächs bestimmt (vgl. Beispiel 9 in Kap. 8.5.2) oder dass in einem Interview nur der Journalist Fragen stellt und dass der Interviewte übergaberelevante Stellen nicht nutzt, sondern nur auf deutlich markierte Fragen bzw. Rederechtszuweisungen reagiert (Relieu/Brock 1995, de Fornel 1986). Solche spezifischen Formen der Interaktionsorganisation wie die Verteilung des Rederechts tragen also ganz erheblich zur Konstitution, Aufrechterhaltung und Gestaltung institutioneller Kontexte bei (vgl. Drew/Heritage 1992).

4.4 Der *turn* als gemeinsame Hervorbringung

4.4.1 Die Aktivitäten der Zuhörer

Die Konstruktion eines *turns* ist grundsätzlich das Ergebnis einer kollektiven Arbeit. Ein *turn* wird nie von seinem Sprecher allein hervorgebracht, sondern er wird immer vom Verhalten der Gesprächspartner mitgestaltet. Diese können sich ganz unterschiedlich positionieren: als designierter nächster Sprecher, der *seinen turn* abwartet, als potenzieller nächster Sprecher, der sich darauf vorbereitet, das Wort zu ergreifen, oder als Zuhörer, der keine Anstalten macht, den *turn* zu übernehmen, aber sein Verständnis oder seine Aufmerksamkeit mehr oder weniger deutlich zum Ausdruck bringt. Diese Haltungen tragen zur spezifischen Gestaltung des *turns* bei. Insofern ist die Unterscheidung zwischen ,Sprecher' und ,Zuhörer' aus konversationsanalytischer Sicht problematisch; bei den Gesprächsteilnehmern, die gerade nicht sprechen, handelt es sich eher um aktuelle ,Mitwirker' (Dausendschön-Gay/Krafft 2000: 19), die aktiv beteiligt sind.

So machen Überlappungen deutlich, dass die Teilnehmer sich methodisch und systematisch auf das Ende der *turns* und die *TRPs* ausrichten, gegebenenfalls auch um das Rederecht konkurrieren, wenn der aktuelle Sprecher es behalten will und ein anderer signalisiert, dass er es übernehmen möchte (Mondada 1998, 2000a). Die daraus resultierenden Phänomene können die Interaktanten unterschiedlich interpretieren und bewerten. Dabei kann es auch kontextuelle und/oder kulturelle Unterschiede geben: So können bestimmte Formen der Überlappung in bestimmten Kontexten oder im Zusammenhang mit bestimmten Typen konversationeller Aktivitäten (etwa in Konfliktsituationen) als unzulässige und unhöfliche Unterbrechung gelten, während sie in anderen einfach als schnelle und unauffällige *turn*-Übernahme behandelt werden.[2]

Die Teilnehmer richten ihre Aufmerksamkeit nicht nur auf das Ende der Äußerung, sondern sie begleiten den gesamten *turn* mit kurzen sprachlichen oder gestischen Segmenten, mit denen sie Zuhören, Aufmerksamkeit oder Bewertungen anzeigen. Diese Elemente sind nicht nur in spezifischer Weise dem entstehenden *turn* angepasst, sondern der aktuelle Sprecher reagiert auch darauf, und dadurch gestalten sie die entstehende Äußerung reflexiv mit. Sie haben bestimmte sequenzielle Positionierungen und können unterschiedlich kategorisiert werden (Schegloff 1982, Goodwin 1981, de Fornel 1990, de Gaulmyn 1987). In interaktionslinguistischen Arbeiten wird die Spezifik und Verschiedenartigkeit dieser Ressourcen häufig dadurch verwischt, dass sie alle unter die Bezeichnung ,Feedback-Signale' oder *backchannels* subsumiert werden.[3] Diese Begriffe werden aus der Sicht der KA im engeren Sinne kritisiert, weil sie die vieldiskutierte Frage aufwerfen, ob *backchannels turns* sind oder nicht. Aus konversationsanalytischer Perspektive haben *turns* keine bestimmte, vorab zu definierende Größe; die analytische Frage ist vielmehr, was sie in einer bestimmten sequenziellen Umgebung interaktiv leisten. So kann beispielsweise ein ,hm hm', das parallel zum aktuellen *turn* oder auch an einer übergaberelevanten Stelle geäußert wird, einfach Zuhören zum Ausdruck bringen (vgl. etwa Z. 12 oder Z. 19 im Beispiel in Kap. 1); der Sprecher interpretiert es als *continuer* und setzt seinen *turn* fort. Es kann aber auch (möglicherweise als Reaktion auf eine Frage) Zustimmung zum Ausdruck

---

[2]   Der Begriff der ,Unterbrechung' und seine deskriptive Relevanz ist Gegenstand zahlreicher Diskussionen und Untersuchungen; vgl. in der Konversationsanalyse die grundlegenden Beiträge von Jefferson (2004 [1975]) und Schegloff (2000). Während die Konversationsanalyse die methodische und systematische Dimension von Unterbrechungen hervorhebt, hat diese Problematik im breiteren Feld der Analyse mündlicher Interaktion häufig zu allgemeineren kulturspezifischen Beobachtungen geführt, die manchmal auch in die Nähe von Stereotypen geraten.

[3]   Vgl. z.B. Settekorn (1977) in einem rhetorischen, Laforest (1992) in einem soziolinguistischen Ansatz.

bringen, auf die der Gesprächspartner im nächsten *turn* eingeht, und damit ungeachtet seiner ‚Größe' einen eigenen Gesprächszug bilden.

Im Zusammenhang mit der interaktiven Produktion des *turns* spielen auch Gestik und Blickrichtung eine Rolle: Zum einen kann ein Zuhörer beispielsweise sein Verständnis eines Handlungssegments, seine Übereinstimung mit dem Sprecher etc. auch durch eine entsprechende respondierende Geste (*geste en retour*, de Fornel 1990) zum Ausdruck bringen, die damit ebenfalls den Status eines *turns* hat. Zum anderen kann die *turn*-Übernahme nicht nur mit Hilfe vokaler oder verbaler Ressourcen am Beginn des *turns* vollzogen werden, sondern auch durch Gesten, die die *turn*-Übernahme nicht nur anzeigen (Schegloff 1984), sondern oft antizipieren (Streeck/Hartge 1992, Mondada 2007d). Schließlich zeigt Goodwin (1981), wie die Interaktanten sich bei fehlendem Blickkontakt verhalten, z.B. den Beginn des *turns* hinauszögern, um abzuwarten oder sogar zu provozieren, dass der Zuhörer sie ansieht und damit seine Aufmerksamkeit signalisiert.

4.4.2 Kollektive Äußerungsproduktion

Die interaktive Koordinierung der Beteiligten wird in besonderer Weise deutlich, wenn Konstruktionseinheiten von zwei Sprechern gemeinsam produziert werden. Solche Fälle von *joint productions* oder *collaborative utterances* hat schon Sacks (1992) beschrieben.[4] Zum Französischen liegt eine umfassende Untersuchung von Jeanneret (1999, vgl. auch 2001) zu *coénonciations* vor (vgl. schon Gülich 1986a zum *achèvement interactif*, Müller 1995 zu *complémentations syntaxiques*). Das Verfahren besteht darin, dass eine Einheit von einem Teilnehmer begonnen und von einem anderen beendet wird:

Beispiel 6 (Jeanneret 1999: 185)

```
1   A   je crois que les formes génétiques de la maladie sont rares
2   B   mais elles existent
3   A   mais elles existent
```

Beispiel 7 (Corpus Mondada/conversation entre amis, oeb95ne)

```
1   C   mais à dix-huit ans ils lui ont dit euh=
2   B   =qu'il devait choisir/=
3   C   =qu'il devait choisir\
```

Beispiel 8 (Corpus Mondada/conversation entre amis, oeb95ne)

```
1   B   il faut faire une prolongation/ il faut payer des
2       des des [taxes/
3   C           [des tonnes/ mhm mhm
```

---

[4] Vgl. z.B. in Sacks (1992) in Band I die Vorlesungen II/3, III/7, IV/2. März und VI/4 sowie in Band II die Vorlesung I/5. Siehe auch Lerner (1991) zu *collaborative completions*; zum Spanischen: Diaz et al. (1996) zu *formulaciones colectivas*, Mondada (1999) zu *accomplissement collectif de descriptions*.

Beispiel 9 (Corpus Mondada/conversation entre amis, oeb95ne)

```
1   C   parce que lui:: il pense pas: euh .
2       ouais [il pense pas
3   B         [aller tr- plus plus euh devoir émigrer
4       à l'étranger [pour xxx travail hein
5   C.                [non non j'pense pas non
```

Wie die Beispiele zeigen, gibt es typische Muster von ersten Zügen, die eine Vervollständigung im zweiten Zug begünstigen. Dazu gehören beispielsweise Aufzählungen, bestimmte Formen der Subordination wie die Struktur ‚wenn p, dann q‘, die Projektion eines Gegensatzes mit *mais* (Beispiel 9) oder eines Relativsatzes (Beispiel 10). Die Koproduktion kann auf verschiedene Weisen zeitlich koordiniert sein: Der zweite Sprecher kann unmittelbar anschließen (Beispiel 9) oder nach einer Pause bzw. nach mehr oder weniger langen Verzögerungen, die u.U. mit der Suche nach einem Wort zusammenhängen (Beispiele 10, 11, 12). Es kann auch zu einer Überlappung mit der Äußerung des ersten Sprechers kommen (Beispiel 11). Je nach ihrer Platzierung kann die Aktivität als Vorwegnahme oder – bei Verzögerung (Beispiel 10) – als Wiederholung oder Bestätigung interpretiert werden (Müller 1995, Mondada 1999). Die Sequenz kann einen dritten Zug aufweisen, in dem der erste Sprecher die Vervollständigung ratifiziert (z.B. durch Wiederholung wie in Beispiel 9 oder 10).

Vollständigkeit oder Unvollständigkeit ist keine Eigenschaft des *turns*, sondern eine Hervorbringung der Teilnehmer: Wie schon Sacks (1992, I: 144; vgl. Jeanneret 1999: 187) bemerkt, kann der erste Sprecher den *turn* als vollständig kennzeichnen und der zweite ihn trotzdem durch Hinzufügen eines Teils rückwirkend als unvollständig behandeln. Die Vervollständigung kann auch als Hilfe angesichts einer manifestierten oder vermuteten Schwierigkeit des ersten Sprechers präsentiert oder interpretiert werden und sich damit einer Reparatur annähern; solche Fälle kommen in der Kommunikation zwischen Erst- und Fremdsprache-Sprechern häufig vor (vgl. Gülich 1986a).

Die Koproduktion von Äußerungen kann zu vielfältigen praktischen Zwecken genutzt werden: Die Teilnehmer können damit Zustimmung oder Empathie zum Ausdruck bringen, auf geteiltes Wissen, Zugehörigkeit oder auch Nichtzugehörigkeit verweisen; sie kann zur Konstitution bestimmter Rollen und zur gemeinsamen oder auch konkurrierenden Entwicklung eines Themas beitragen (Mondada 1995, 1999) usw.

4.5 Praktische Einheiten des Gesprächs und ‚Interaktionsgrammatik‘

Die Art und Weise, wie die Teilnehmer den *turn* hervorbringen, d.h. wie sie interaktiv zu seiner allmählichen Herausbildung beitragen, macht deutlich, dass sie sich auf *turn*-Konstruktionseinheiten orientieren, also eine Vorstellung davon haben, dass sie geordnet bestimmte Einheiten produzieren. Dieses Konzept wird derzeit in der Forschung wieder aufgenommen und neu diskutiert (siehe vor allem Ochs/Schegloff/Thompson 1996, am Beispiel des Deutschen: Selting 1995, 1996).

Die Frage der relevanten Gesprächseinheiten hat insbesondere auf dem Gebiet der Erforschung gesprochener Sprache lebhafte Diskussionen hervorgerufen. Diese decken sich einerseits mit den aktuellen Debatten in der Linguistik über die spezifischen Einheiten gesprochener Sprache, in der z.B. über *idea units* (Chafe 1994), *périodes* (Berrendonner/Reichler-Béguelin 1989), *paragraphes* (Morel 1997) usw. diskutiert wird, andererseits beziehen sie sich innerhalb der KA auf den Status der Einheit *turn* und die Frage nach den kleinsten Gesprächseinheiten (vgl. die verschiedenen Ansätze zur Frage der Einheiten in der KA und anderen theoretischen Rahmen in Berthoud/Mondada 2000).

Aus konversationsanalytischer Perspektive schlägt Selting (1995) den Begriff ‚potentieller Satz' vor, der syntaktisch, prosodisch und interaktiv als emische Einheit gekennzeichnet ist, d.h. als Einheit, die für die Teilnehmer selbst relevant ist. Für das Konzept der ‚*turn*-Konstruktionseinheiten' ist gerade diese Perspektive interessant (Schegloff 1996, Selting 1996): Es geht darum, welche Einheiten durch die Koordinierungsaktivitäten der Teilnehmer – Segmentierung des *turns* durch Rezeptionssignale und Ratifizierungen oder Bewertungen des Zuhörers, Platzierung von Überlappungen bei der *turn*-Übernahme, Antizipationen bei der interaktiven Vervollständigung des *turns* (Mondada 2000a) – beobachtbar werden. Diese Einheiten werden auch bei der Koordinierung von sprachlichen Äußerungen, Gestik und Bewegung genutzt.[5] Ein anderer Zugang zum Problem des Satzes besteht darin, ihn im ethnomethodologischen Sinne „neu zu bestimmen" (Relieu 1993), d.h. ihn als eine Teilnehmer-Kategorie zu behandeln (und nicht als vorab definierte grammatische Kategorie): Die Teilnehmer können sich auf diese Kategorie beziehen, um ein praktisches Problem zu lösen, beispielsweise um die Redezeit zu ‚bemessen', die dem aktuellen Sprecher zugestanden wird (Mondada 2000a). An solchen Phänomenen wird deutlich, dass die Teilnehmer sich bei der endogenen lokalen Organisation des Sprecherwechsels an Einheiten orientieren und auf verschiedene Ressourcen von grammatischen bis hin zu gestischen zurückgreifen, um sich dies anzuzeigen.

Auf dieser Grundlage lassen sich zwei Feststellungen treffen. Zum einen werden diese Einheiten aus der Perspektive der Teilnehmer definiert; sie decken sich also nicht unbedingt mit denen des Linguisten, sondern regen im Gegenteil dazu an, die grammatischen Kategorien neu zu bestimmen. Sie emergieren in der Entstehung des *turns*, abhängig von den sequenziellen Implikationsbeziehungen zwischen den *turns* und im Hinblick auf die praktischen Zwecke der Interaktion. Diese Sichtweise auf Einheiten wirft zum anderen die Frage auf, wie von diesen ausgehend wiederum die sprachlichen Ressourcen konzipiert werden können. Die sprachlichen Ressourcen werden für die praktischen Zwecke der Interaktionsorganisation indexikalisch genutzt – oder radikaler formuliert: Sie werden für die Interaktionsorganisation und durch sie gestaltet; sie passen sich den konversationellen Zügen nicht nur an, sondern werden durch diese geformt. In dieser Weise ist eine

---

[5] So zeigt Relieu (1999) bei zwei Personen (einer Ausbilderin und einem Sehbehinderten in einem Fortbewegungskurs), die einen Flur entlanggehen, dass ein Hindernis auf dem Weg mit einer Störung im Sprechen korrespondiert, Sprechen und Gehen also sehr präzise aufeinander abgestimmt sind.

‚Interaktionsgrammatik' (Mondada 1998, 1999) vorstellbar, die die Grammatik als eine Gesamtheit von (nicht nur sprachlichen, sondern auch multimodalen) Ressourcen versteht, welche durch ihren Gebrauch gebildet werden und sich durch Wiederholung und ihre interaktive Behandlung als ‚vorgeformt' stabilisieren, normieren und grammatikalisieren können. Die Analyse des Sprecherwechsels gibt uns also die Chance, unser Verständnis von Sprache radikal zu überdenken.

Aufgaben zu Kapitel 4

– Beschreiben Sie den Ausschnitt aus der Fernseh-Talkshow, die Sie aufgenommen und transkribiert haben (1. Aufgabe zu Kap. 3), detailliert unter dem Aspekt des *turn taking*: Wo sind übergaberelevante Stellen? Woran sind sie erkennbar? Wie gestaltet sich der Sprecherwechsel? (Alternativ können Sie auch das Arbeitstranskript I *Une dame sort de l'hôpital*) bearbeiten oder – als Beispiel für ein Gespräch mit mehr als zwei Teilnehmern – *Handkäse mit Musik* in Furchner 2006 (S. 115 ff.) oder ein Transkript aus dem CLAPI-Corpus, http://clapi.univ-lyon2.fr.)
– Welche Techniken gibt es, um das Wort an einen bestimmten Gesprächspartner zu übergeben? Fallen Ihnen neben den in diesem Kapitel genannten noch weitere ein – welche Verfahren beobachten Sie in anderen in diesem Buch zitierten Gesprächsausschnitten oder auch in Gesprächen in Ihrem Alltag?
– Vergleichen Sie die Verwendung von Rückmeldesignalen in dem Alltagsgespräch in Kapitel 1 (Beispiel 2) und in dem Ausschnitt aus einem Vorstellungsgespräch im Anhang (Arbeitstranskript II). Diskutieren Sie, ob bzw. inwieweit an diesen Stellen ein Sprecherwechsel stattfindet.
– Beobachten Sie einen Fall von professioneller Interaktion (etwa eine Unterrichtssituation, eine Prüfung, eine Gerichtsverhandlung o.Ä.) und beschreiben Sie detailliert die hier geltenden Regeln des Sprecherwechsels. Diskutieren Sie die Unterschiede zu den Regeln, die in Alltagskommunikation gelten.
– Analysieren Sie das Beispiel 1 in Kapitel 3.2.1 unter den Aspekten Redeübernahme, Überlappung, Unterbrechung.

5. Grundformen der sequenziellen Organisation

Der Begriff ‚Sequenzialität' verweist auf eine grundlegende Eigenschaft von Gesprächen. Entsprechend ihrem Entstehungsprozess haben Gespräche eine emergente zeitliche Struktur, d.h. sie bestehen aus einer zeitlichen Abfolge von Äußerungen, die sowohl methodisch geordnet als auch den jeweiligen Interaktionsverläufen angepasst sind und deren geordnetes Nacheinander von den Teilnehmern lokal Zug um Zug hergestellt wird (s. Kap. 4). Diese sequenzielle Ordnung bildet die Grundlage, auf der die Interaktanten ihre Beiträge gestalten und die ihrer Gesprächspartner verstehen.

Die Sequenzialität ist also zentral für das Verständnis der Interaktion: Sie ermöglicht es dem Forscher, die Bedeutung oder Funktion einer Äußerung zu rekonstruieren, die die Interaktanten ihr an dieser Stelle zuschreiben. Entsprechend liegt in der Beachtung der Sequenzialität eines der grundlegenden Prinzipien der Konversationsanalyse (vgl. Kap. 2.3).

Im Folgenden stellen wir die wichtigsten Charakteristika und Formen dieser sequenziellen Ordnung dar (5.1). Eine Grundform bzw. Minimalform sequenzieller Relation ist die ‚Paarsequenz' (5.2). Anhand der unterschiedlichen Anschlussoptionen, die der Eröffnungsteil einer solchen Paarsequenz bieten kann, wird herausgearbeitet, welche Präferenzstrukturen für die Teilnehmer im Gespräch maßgebend sind (5.3). Abschließend werden verschiedene Formen der Expansion von (Paar-)Sequenzen beschrieben (5.4).

5.1 Der Begriff der Sequenzialität

Sequenzialität erschließt sich über die Beobachtung, dass die Teilnehmer sich im Gespräch ständig fragen, was als Nächstes kommt (*what's next?*, Schegloff/Sacks 1973)[1] und welche Bedeutung oder Funktion eine Äußerung an einer bestimmten Stelle hat (*why that now?*, Schegloff/Sacks 1973: 299).

Daraus ergibt sich ein wichtiges sequenzielles Prinzip, nämlich das der lokalen Kohärenz. Es besagt, dass Äußerungen sich normalerweise auf das beziehen, was ihnen im Gespräch unmittelbar vorausgeht. Wenn dieses Prinzip an einer Stelle im Gespräch nicht gelten, d.h. ein Beitrag nicht entsprechend der zeitlich-linearen Abfolge verstanden werden soll, verwenden die Gesprächsteilnehmer systematisch bestimmte Verfahren, um sequenzielle Diskontinuität zu markieren, z.B. Ausdrücke wie *d'ailleurs* oder metadiskursive Äußerungen wie *à propos* oder *justement* oder *pour en revenir à ce dont nous parlions*. Bei eingeschobenen Nebenbemerkungen, die nichts mit dem thematischen Austausch zu tun haben (wie etwa *passe-moi le sel* in einem Tischgespräch), wird der Einschub z.B. durch eine besondere Prosodie markiert (vgl. Krafft/Dausendschön-Gay 1996).

---

[1] Mit dieser Problematik setzt sich neuerdings Hausendorf (2007a) auseinander.

Die zeitliche Strukturiertheit des Gesprächs ist aber nicht einfach als lineares Nacheinander von *turns* zu verstehen. Die Verbindungen zwischen den einzelnen Äußerungen sind
komplexer; sie entfalten sich sowohl prospektiv als auch retrospektiv. Jede Äußerung
schließt zum einen in einer bestimmten Weise an den vorhergehenden *turn* an und macht
damit deutlich, wie dieser von den Teilnehmern verstanden, interpretiert und behandelt
wird (s.o. Kap. 4). Zum anderen wirkt sie sich auf den nachfolgenden *turn* aus, indem sie
normative Erwartungen aufbaut und Bedingungen für adäquate Anschlüsse schafft (Heritage 1984: 242–264):

Beispiel 1 (Corpus Mondada/conversation téléphonique, dre-c2)

```
1   K   ça va/
2   L   bien et toi karin
3   K   bien/ tu- (.) j't'ai réveillée/
4   L   non non j'viens d'rentrer des commissions/
```

Ks Äußerung in Z. 1 projiziert eine bestimmte normative Erwartung hinsichtlich eines angemessenen Anschlusses. Ls folgende Äußerung (2: *bien*) entspricht dieser Erwartung: Sie
zeigt, dass L den ersten *turn* als (rituelle) Frage nach ihrem Befinden versteht und darauf
antwortet. Der zweite Teil ihrer Äußerung (*et toi karin*) produziert seinerseits Zwänge für
das Folgende, auf die K wiederum im nächsten *turn* entsprechend reagiert (3: *bien/*). K setzt
dann zu einer Fortsetzung an (*tu-*), bricht diese Konstruktionseinheit aber vorerst ab und
fügt eine neue Vorfrage ein, auf die im nächsten *turn* eine Antwort mit einem *account* erfolgt.

Wenn ein Anschluss den mit dem vorgängigen *turn* projizierten Erwartungen nicht entspricht oder ein Missverständnis hinsichtlich der Art des *turns* erkennen lässt, können die
Teilnehmer auf das Verfahren der Reparatur (vgl. Kap. 6) zurückgreifen, um die wechselseitige Verständigung wiederherzustellen.

Diese Sichtweise auf die Sequenzialität hat zahlreiche Konsequenzen. So macht sie verständlich, wie die Konstruktion eines *turns*, seine Vollständigkeit, seine charakteristische
‚Gestalt' im zeitlichen Verlauf emergieren, wie sie interaktiv definiert werden, aber auch
nachträglich umdefiniert werden können. So lässt sich zeigen, wie Verstehen im Gespräch
intersubjektiv hergestellt wird, indem die Teilnehmer mit der Art und Weise, wie sie an einen *turn* anschließen, ihr Verständnis dieses *turns* dem Gesprächspartner zugänglich machen. Dieses wird damit auch für den Gesprächsforscher erkennbar (Schegloff/Sacks 1973).

Die normativen Erwartungen oder die Bedingungen für strukturell adäquate Anschlüsse,
die eine Äußerung für die Fortsetzung etabliert, werden als ‚konditionelle Relevanz' (*con-
ditional relevance*) bzw. sequenzielle Implikationen (*sequential implicativeness*) bezeichnet. Die konditionelle Relevanz, die mit einem Beitrag etabliert wird, ist je nach Äuße-
rungstyp unterschiedlich stark und lässt unterschiedlich weite Handlungsoptionen zu. So
eröffnet beispielsweise der Kommentar *je vais lui dire un petit bonjour après* aus dem Beispiel in Kapitel 1 (Z. 6), den Yves an seine Gesprächspartnerin richtet, als er einer vorbei-
gehenden Bekannten zuwinkt, ein breites Spektrum relevanter Anschlusshandlungen: eine
Frage nach der Identität der Passantin (wie Anne sie in diesem Ausschnitt stellt), das Erzählen der neuesten Geschichten über diese Person oder auch gar keine weitere Behandlung
und die Fortsetzung des Gesprächs mit einer gänzlich anderen Aktivität. Andere Äuße-

rungstypen hingegen setzen deutlicher eine bestimmte Anschlusshandlung relevant: Eine Frage macht eine Antwort erwartbar (*c'est qUI/ – c'est francesca*), ein Gruß einen Gegengruß (*salut – salut*), ein Vorschlag eine Annahme oder Ablehnung etc.

5.2 Paarsequenzen

Äußerungspaare, bei denen der erste Zug eine so starke konditionelle Relevanz etabliert, dass nur ein bestimmter Typ von Äußerung eine erwartbare, relevante und adäquate Folgehandlung darstellt, nennt man ‚Paarsequenzen‘ (*adjacency pairs*, Schegloff/Sacks 1973). Paarsequenzen bestehen aus zwei *turns*, die normalerweise direkt aufeinander folgen (*adjacent positioning*), von verschiedenen Sprechern produziert werden und zueinander in der Relation eines geordneten ersten und zweiten Teils einer Paarsequenz (*first pair part* und *second pair part*) stehen.

Die konditionelle Relevanz verleiht der Sequenzialität große Bedeutung: Die erkennbare Realisierung eines ersten Teils einer Paarsequenz etabliert die normative Erwartung, dass im nächsten *turn* der entsprechende zweite Teil der Paarsequenz produziert wird. Der zweite Teil, genauer: der direkt auf den ersten Teil einer Paarsequenz folgende Beitrag wird also vor dem Hintergrund dieser etablierten konditionellen Relevanz betrachtet, d.h. im Hinblick darauf, wie er an den ersten Teil anschließt. Damit wird auch die eventuelle Nichteinlösung einer konditionellen Relevanz, das Ausbleiben des zweiten Teils einer Paarsequenz, analytisch fassbar. Das ist im folgenden Ausschnitt, der bereits in Kapitel 4 zitiert wurde, der Fall:

Beispiel 2 (Corpus Mondada/médias, TV, 2003)

```
 8 JL  vous avez fugué euh y a pas si
 9     longtemps que ça\ le vingt-et-un mars dernier/ .h euh à
10     quatre/ (0.3) en compagnie de trois adolescents de votre âge/
11     vous étiez quoi\ vous étiez:/
12     (0.7)
13 JL  trois filles et un garçon/=
14 L   =°ouais°
```

Auf JLs Frage in Z. 11 folgt Schweigen (Z. 12); in der Pause, die im Anschluss an seinen *turn* entsteht, manifestiert sich das Ausbleiben einer Antwort. Während bei mehreren verschiedenen Möglichkeiten das Ausbleiben einer bestimmten Reaktion in der Regel schwierig zu definieren ist, lässt sich das Ausbleiben eines Zuges, der durch den ersten Teil einer Paarsequenz konditionell relevant gesetzt wurde, als ‚Abwesenheit‘ beschreiben:

> „By conditional relevance of one item on another we mean: given the first, the second is expectable; upon its occurence it can be seen to be a second item to the first; upon its nonoccurence it can be seen to be officially absent – all this provided by the occurence of the first item.“ (Schegloff 1972: 388–389)

Auch wenn der erste Teil einer Paarsequenz relativ starke normative Erwartungen aufbaut, bedeutet das nicht, dass die Gesprächsteilnehmer *gezwungen* sind, diese zu erfüllen. Sie verfügen über methodische Verfahren, um mit solchen Erwartungen umzugehen, sie entweder außer Kraft zu setzen oder den erwarteten zweiten Teil der Paarsequenz sequenziell zu verzögern. So können zweite Sprecher etwa die etablierte konditionelle Relevanz umkehren (beispielsweise indem sie auf *tut mir leid* antworten mit *nein ICH muss mich entschuldigen*) oder eine neue konditionelle Relevanz schaffen (z.B. indem sie auf eine Frage mit einer Gegenfrage reagieren).

Paarsequenzen und das Prinzip der konditionellen Relevanz bilden eine wichtige strukturelle Ressource für die Organisation von Gesprächen; ihr Muster liegt vielen komplexen Sequenzen zugrunde (s.u. Kap. 5.4.1).

5.3 Präferenzstrukturen

Manche Paarsequenzen bieten systematisch zwei alternative Optionen für den zweiten Teil: So wird z.B. eine Einladung oder ein Vorschlag entweder angenommen oder abgelehnt, eine Bitte erfüllt oder zurückgewiesen etc. Untersucht man nun die Realisierung solcher zweiter Paarsequenz-Teile in Alltagsgesprächen, so zeigt sich, dass diese Alternativen strukturell nicht äquivalent sind.

Zur Beschreibung solcher Optionen und der unterschiedlichen Gesprächsverläufe, die daraus resultieren, hat Sacks den Begriff der ‚Präferenz‘ eingeführt.[2] Dieser Begriff ist nicht in einem psychologischen, sondern in einem strukturellen Sinne zu verstehen: Er verweist auf eine geordnete Abfolge von Möglichkeiten, auf beobachtbares kommunikatives Verhalten. Die präferierte Form ist unmarkiert: Sie schließt unmittelbar an den vorherigen *turn* an, erfolgt in der Regel kurz und einfach und enthält häufig vorgeformte Elemente. Die dispräferierte Form dagegen ist markiert, z.B. durch Verzögerungselemente, Pausen, Vorankündigungen, Hinauszögern des zweiten Teils der Paarsequenz, auch durch Erklärungen, Entschuldigungen usw. Die beiden folgenden Beispiele machen den Unterschied zwischen diesen Formen deutlich:

Beispiel 3 (de Fornel 1988: 113)

```
1   A    dis-moi tu penses à moi demain pour les documents?
2   B -> oui oui oui
```

Beispiel 4 (de Fornel 1988: 113)

```
1   A    euh:: ouais je voulais savoir euh . on fait quelque chose euh
2        c't après-m' euh tu peux sortir ou pas?
```

---

[2]   Das Konzept wird in den *Lectures* (Sacks 1992) häufig behandelt (s. insbes. den Eintrag *preference* in den Indices zu Teil I und II). Es wurde von Sacks/Schegloff (1979), dann von Pomerantz (1978, 1984), Schegloff (1988b) und Bilmes (1988) aufgegriffen und zum Teil kontrovers diskutiert. Für das Französische vgl. Bonu (1995).

```
3   B -> euh c't après-m' j'ai:: je dois rejoindre déjà des copains et
4     -> puis ce soir je pense que je vais chez véronique parce que
5     -> ((souffle)) oh elle fait un dîner très très restreint tu vois
6     -> juste avec des amis intimes ((souffle)) voilà
```

Während in Beispiel 3 die positive Antwort prompt und eindeutig am Beginn des *turns* erfolgt (*oui oui oui*), wird die negative Antwort in Beispiel 4 zunächst verzögert (*euh c't après-m' j'ai::*) und dann mit Hilfe von Erklärungen gegeben (*je dois rejoindre déjà des copains* und *je vais chez véronique*), ohne dass die eigentliche Ablehnung explizit formuliert würde (vgl. de Fornel 1988).

Die Teilnehmer gestalten den zweiten Paarsequenz-Teil also systematisch unterschiedlich je nachdem, ob es sich um die präferierte oder die dispräferierte Alternative handelt – oder zutreffender gesagt: Sie stellen ihre Antwort durch die Gestaltung als präferiert oder dispräferiert dar.

Dabei ist die präferierte Option nicht immer Zustimmung. Interaktanten zeigen zwar generell eine *preference for agreement and contiguity* (Sacks 1973), d.h. für Übereinstimmung (*alignment*) mit dem Anliegen des ersten Paarsequenz-Teils. Bei Komplimenten beispielsweise ist jedoch die präferierte Antwort eine Zurückweisung oder Minimierung. Ähnlich gibt es in der Eröffnungsphase von Vorstellungsgesprächen eine Präferenz dafür, dass der Bewerber das Angebot, Fragen über den potenziellen Arbeitsplatz zu stellen, ablehnt (Bonu 1995). In Alltagsgesprächen beobachten Schegloff/Jefferson/Sacks (1977) im Zusammenhang mit Reparaturen eine *preference for self-correction*, die beispielsweise für Unterrichtskommunikation nicht gilt. Dies unterstreicht, dass Präferenz eine Frage der sequenziellen Strukturierung und nicht der individuellen Entscheidung ist.

Präferenzstrukturen werden von Gesprächsteilnehmern als Ressource für die Bewältigung kommunikativer Aufgaben verwendet. Schegloff (1988a) zeigt dies z.B. im Zusammenhang mit dem Überbringen schlechter Nachrichten: Allein dadurch, wie der Überbringer der Nachricht auf den ersten Versuch des Empfängers reagiert, die Nachricht zu erraten – wie schnell er ihn zurückweist – lenkt er den Empfänger in die richtige ‚Richtung‘ und bringt ihn so dazu, die Nachricht mehr oder weniger selbst zu erraten. Dieser ‚Mechanismus‘ basiert auf dem Konzept der Präferenzstruktur.

5.4 Sequenzerweiterungen

Paarsequenzen bilden oft die Grundstruktur für sehr komplexe Handlungsabläufe in Gesprächen. Selbst längere Gesprächsabschnitte wie z.B. die interaktive Erklärung des Begriffs *date* in dem Gesprächsausschnitt in Kapitel 1 lassen sich manchmal strukturell auf *eine* zugrundeliegende Paarsequenz zurückführen, die an verschiedenen Stellen expandiert wird.

Paarsequenzen können prinzipiell an drei Stellen erweitert werden (Schegloff 2006): zwischen dem ersten und dem zweiten Teil der Paarsequenz (*insert-expansion*), nach dem zweiten Paarsequenz-Teil (*post-expansion*) oder auch vor dem ersten Paarsequenz-Teil (*pre-expansion*).

5.4.1   Einschubsequenzen und nachträgliche Erweiterung

Einschub-Expansionen stellen eine Ressource dar, um auf die mit dem ersten Teil einer Paarsequenz etablierte konditionelle Relevanz zu reagieren und den erwartbaren zweiten Teil vorübergehend aufzuschieben. Ein typisches Beispiel für eine solche Einschubsequenz gibt der folgende kurze Ausschnitt:

Beispiel 5: Saint-Valentin (Aufnahme und Transkription von Karola Pitsch)

```
1   Ma   et pou:r euh la saint-valentin alors\ (.)
2        tu vas rien faire/
3   Fr   c'est quand/ c'est samedi/
4   Ma   hmhm/
5   Fr   ben je sais pas tro:p j'ai rien de prévu
```

Mit ihrer Frage in Z. 1–2 produziert Ma den ersten Teil einer Frage-Antwort-Paarsequenz. Fr schließt nicht sofort mit dem konditionell relevanten zweiten Teil an, sondern initiiert zunächst eine neue Paarsequenz mit einer Rückfrage (3: *c'est quand/ c'est samedi/*) und zeigt damit an, dass es noch Klärungsbedarf gibt, bevor die etablierte konditionelle Relevanz eingelöst werden kann. Anschließend wird zunächst diese eingeschobene Frage bearbeitet (4), bevor Fr auf der Grundlage der erhaltenen Information eine Antwort auf die Ausgangsfrage gibt und damit den zweiten Zug der ersten Paarsequenz produziert (5).

Die Erweiterung der Basis-Paarsequenz besteht hier also wiederum aus einer Paarsequenz. So verhält es sich auch im folgenden Telefonat zwischen Véronique und ihrer Mutter:

Beispiel 6: Jardinage (Aufnahme und Transkription von Karola Pitsch)

```
1   V    tiens be:n parlant du jardinAge/
2        quand est-ce qu'il faut que je mette mes dAlias\
3        (.)
4   M    .h O:h be:n pas t-
5   ->   i:- <(f) ils sont pas gelés/>
6        (0.3)
7   V    .h nO::n\
```

Auf Vs Frage (2) beginnt M zunächst eine Antwort (4) und behandelt damit die Beantwortung der Frage als relevante nächste Aktivität, bevor sie abbricht und eine andere Frage einschiebt (5). Dasselbe Phänomen war in Beispiel 1, Z. 3 zu beobachten (s.o. Kap. 5.1).

Mit solchen Einschubsequenzen reagieren z.B. Telefonisten beim Notruf der Polizei oder der Feuerwehr systematisch auf Anfragen der Art ‚Schicken Sie einen Rettungswagen nach XY', um die notwendigen Informationen für die Entscheidung zu erhalten, ob ein Bereitschaftsteam ausgesandt wird oder nicht.[3] Einschubsequenzen sind auch typische Verfahren, um mit Verständnis- oder Hörproblemen umzugehen, die im Gespräch auftreten (vgl. Kap. 6).

Paarsequenzen können aber nicht nur zwischen dem ersten und dem zweiten Teil erweitert werden, sondern auch nachträglich. Betrachten wir die Fortsetzung des oben zitierten Ausschnitts:

Beispiel 7 (= Fortsetzung von Beispiel 6)

```
 5   M       i:- <((f)) ils sont pas gelés/>
 6           (0.3)
 7   V       .h nO::n\
 8           (.)
 9   M ->    t'es sÛr/
10   V       Ah nonno:n\
11   M       =Ah bon\ .
12       ->  des citrouilles ont gelé/ les dalias ont pas gelé\
13           (0.5)
14   M       <((p)) hihi[hi>
15   V                  [euh ouAIs/ mais c'était pas au même endroit\
16   M       =A:h bon\
[...]
31   M       mois d'avril/ il dit papa\
```

Wie in den Beispielen 5 und 6 bezieht sich auch hier Ms Frage in Z. 9 retrospektiv auf die vorangehende Äußerung. Im Unterschied zu den obigen Beispielen wird hier jedoch die vorausgehende Paarsequenz konversationell bearbeitet, die prinzipiell vollständig und abgeschlossen ist, da nach der Realisierung des zweiten Teils keine ‚offenen' konditionellen Relevanzen mehr bestehen. Ms Frage *t'es sÛr/* (9) etabliert prospektiv wiederum eine konditionelle Relevanz für die Folgehandlung, eröffnet also eine neue Paarsequenz. Diese wird mit Vs Antwort in Z. 9 (*Ah non=no:n*) strukturell abgeschlossen. Im nächsten Zug wird diese Sequenz wiederum expandiert, und zwar durch Ms *Ah bon* (11). Anders als bei der vorangehenden Expansion wird hier (und ebenso in Z. 16) lediglich *ein turn* zur Sequenz hinzugefügt, der keine nächste Äußerung relevant setzt; Schegloff (2006) spricht von einem *sequence closing third*, einem die Sequenz beendenden dritten *turn*, bzw. von einer *minimal post-expansion*.

Expansionen von Paarsequenz-Strukturen können also selbst wieder die Basis für Expansionen bilden. In Beispiel 7 wird die betrachtete Sequenz durch eine weitere Paarsequenz (12/15) nachträglich expandiert, diese wiederum erweitert (16), und im anschließenden (nicht zitierten) Ausschnitt folgen weitere Expansionen der Expansionen, bis M schließlich in Z. 31 Vs ursprüngliche Frage (vgl. Bsp. 6, Z. 2) beantwortet und damit die erste, grundlegende Paarsequenz strukturell vervollständigt. Die sequenzielle Organisation dieser gesamten komplexen Sequenz lässt sich also strukturell auf eine Basis-Paarsequenz zurückführen, die an verschiedenen Stellen und auf verschiedene Arten erweitert wird. Hier wird zudem deutlich, dass die konditionelle Relevanz, die mit einem ersten Paarsequenzteil

---

[3]   Whalen/Zimmerman/Whalen (1988: 343) sprechen in diesem Zusammenhang von „interrogative series of question-answer pairs that intervene between the request and its response".

etabliert wird, auch über einen längeren Gesprächszeitraum hinweg bestehen bleibt und für die Gesprächsteilnehmer eine Rolle spielt.

5.4.2 Prä-Sequenzen

Neben Einschubsequenzen und nachträglichen Expansionen kann eine Paarsequenz auch strukturell erweitert werden, bevor sie überhaupt materiell existiert, d.h. vor der Äußerung ihres ersten Teils. Solche Prä-Sequenzen nutzen die Teilnehmer systematisch als eine Methode, um die Produktion eines dispräferierten zweiten Teils der Basis-Sequenz prospektiv zu vermeiden, indem sie z.B. im Voraus abklären, ob auf ein Angebot, eine Frage, eine Einladung etc. eine positive oder eine negative Reaktion zu erwarten ist. Dieses Phänomen wird im folgenden Ausschnitt deutlich:

Beispiel 8 (de Fornel 1986: 31)

```
 1   A -> tu fais cours demain?
 2   B -> ah bien sûr je fais cours toute la journée et le
 3        soir le soir mes parents sont là
 4   A    ah bon be ils sont tout le temps là alors
 5   B    ((rires)) mais c'est exceptionnel
 6   A    ah oui effectivement [bon
 7   B                         [parce qu'il y a une fête
 8   A    ah:: bon ben alors tant pis:: alors
 9   B -> vous vouliez venir demain?
10   A    oui non mais enfin s'il y a une fête tant pis ce sera pour
11        une prochaine fois oui y a une fête alors c'est ta fête?
```

Die Teilnehmer behandeln As Frage in Z. 1 nicht als reine Informationsfrage, sondern vielmehr als Vorphase im Hinblick auf eine Selbsteinladung für den folgenden Tag.[4] Nachdem Bs Ausführungen deutlich machen, dass er keine Zeit hat, formuliert A ihren Vorschlag, am nächsten Tag zu Besuch zu kommen, letztlich nicht, lässt ihn aber anklingen (8: *bon ben alors tant pis::*), so dass der Gesprächspartner ihn erraten und formulieren kann (9: *vous vouliez venir demain?*; vgl. de Fornel 1986).

Prä-Sequenzen dienen also dazu festzustellen, ob die Bedingungen für eine präferierte Antwort erfüllt sind, und gegebenenfalls die Formulierung des betreffenden ersten Sequenzteils (und einer dispräferierten Antwort darauf) zu vermeiden. So gibt es z.B. Vorlaufsequenzen zu Fragen, Einladungen usw. (Terasaki 1976, Schegloff 1980). Je nachdem, zu welcher Reaktion die Prä-Sequenz führt, wird die Basis-Paarsequenz ausgeführt oder eben nicht. De Fornel (1986) zeigt die Ähnlichkeit solcher Sequenzen mit der Ankündigung von bzw. der Frage nach Neuigkeiten (s.u. Kap. 8), die retrospektiv eher als Prä-Sequenzen denn als thematische Initiativen erscheinen können.

---

[4] Zu Beginn des Gesprächs hatte A ihren Anruf folgendermaßen begründet: *je vous téléphone pour savoir si des fois vous êtes chez vous demain.*

Eine besondere Form von Prä-Sequenzen stellen die sog. *PrePre* dar, die *Preliminaries to Preliminaries* (Schegloff 1980). Sie haben häufig die Form einer metadiskursiven Äußerung (wie z.B. ,j'ai une question') und kündigen eine bestimmte Handlung an, anschließend folgt aber zunächst etwas anderes als die projizierte Handlung (z.B. Ausführungen, die die Frage vorbereiten). Es handelt es sich hierbei also um eine Handlungsankündigung (*action projection*), jedoch mit dem Unterschied, dass zwischen Projektion und Ausführung der Handlung weitere Aktivitäten eingeschoben werden; diese werden durch das *PrePre* als die projizierte Handlung vorbereitend dargestellt und interpretiert.

> „They serve to exempt what directly follows them from being treated as ,produced in its own right'. They make room for, and mark, what follows them as ,preliminary'. What is involved here is then a second-order prefiguring. The work of ,prefacing' can be seen to be a full-fledged action in its own right, and not a derivative auxiliary practice; it can itself be prefaced, or prefigured."
> (Schegloff 1980: 115)

Solche Verfahren können an jeder Stelle im Gespräch vorkommen; typisch sind sie für den Beginn von Gesprächen (z.B. zur Begründung eines Telefonanrufs) oder in Beratungsgesprächen. Der folgende Ausschnitt aus einer Rundfunksendung, in der Zuhörer anrufen und dem Gartenexperten *Michel le Jardinier* Fragen stellen, illustriert das Verfahren:

Beispiel 9: Le saule (Radio France Inter, MLJ-03-01, 1982)

```
 1  A   -> eu:hm (.) j'ai: je voulais vous poser cette question/ j'ai
 2         un trÈs beau sAUle da:ns mon jardin/
 3  MLJ    OUi:/
 4  A      mai:s qui pousse euh terriblement/ il a maintenant un peu
 5         plus de vingt Ans/
 6  MLJ    Ah oui/ xxx ça pousse rapidement un saule\ oui/
 7  A      et alors j'ai pEUr qu'il arrive presqu'à toucher les fils
 8         électriques/
 9  MLJ    OUi\
10  A   -> et je voulais savoir si je pouvai:s .h sa:ns que:: ça le
11         fasse euh: mourir/
12  MLJ    oui bien sûr
13  A      couper la tête\
14  MLJ    alors écoutez madame\ le saule a une croissance tellement
15         rapide et il est tellement vigoureux dans sa- de part
16         natU:re/ qu'il y a pas de problèmes
```

Die Anruferin kündigt in Zeile 1 mit *je voulais vous poser cette question/* eine bestimmte Handlung an. Was dann folgt, ist jedoch keine Frage – diese realisiert sie erst in Zeile 10–13 (*je voulais savoir si ...*) –, vielmehr liefert sie zunächst eine detaillierte Beschreibung des Objekts und der Umstände, auf die sich die Frage bezieht (1–8). Das *PrePre* ermöglicht also dem Gesprächspartner, die längere Beschreibung einzuordnen und den ersten Zug der Basis-Paarsequenz zu erkennen, wenn er geäußert wird.

Insbesondere in Gesprächen mit mehr als zwei Teilnehmern, in denen es potenziell Konkurrenz um den *turn* gibt, spielen Prä-Sequenzen auch eine Rolle bei der Verteilung des Rederechts. Die Gesprächsteilnehmer können sich damit z.B. als *first starter* das Recht auf den nächsten *turn* sichern, ohne bereits inhaltlich einen Beitrag leisten zu müssen.

Die hier beschriebenen Grundformen der sequenziellen Organisation stehen also in vielfältiger Beziehung zu den zentralen Untersuchungsgegenständen der Konversationsanalyse. Wir werden bei der Darstellung der Reparaturen (Kap. 6) und der Eröffnung und Beendigung von Gesprächen (Kap. 7) wiederum Präferenzstrukturen finden und uns bei den Analysen zur thematischen Organisation (Kap. 8) auch mit Prä- und Einschub-Sequenzen beschäftigen.

Aufgaben zu Kapitel 5

– Erläutern Sie die Begriffe ‚konditionelle Relevanz‘ und ‚Paarsequenz‘ am Beispiel des Arbeitstranskripts I (*Une dame sort de l'hôpital*) und ziehen Sie zum Vergleich Beispiel 6 aus Kapitel 4.3 heran. Gibt es in diesen Ausschnitten Beispiele für Prä-Sequenzen?
– Paarsequenzen und Prä-Sequenzen werden häufig formelhaft realisiert. Nennen Sie typische Beispiele aus dem Französischen und berücksichtigen Sie dabei auch andere Bereiche als Alltagskommunikation, z.B. wissenschaftliche Kommunikation, öffentliche Diskussionen etc.
– Erklären Sie das Prinzip der lokalen Kohärenz: Was bedeutet es; woran ist es beobachtbar? Erläutern Sie anhand von Beispiel 1 in Kapitel 3.2.1, wie die Gesprächsteilnehmer mit diesem Prinzip umgehen.
– Es wird häufig behauptet, dass die präferierte Reaktion auf ein Kompliment eine Zurückweisung oder Minimierung ist (s.o. Kap. 5.3; vgl. z.B. Kerbrat-Orecchioni 1994, Kap. 5). Beobachten und beschreiben Sie detailliert, wie Menschen in Ihrem eigenen Umfeld auf Komplimente reagieren. Welche Präferenzstrukturen können Sie erkennen? Gibt es eventuell Unterschiede in verschiedenen sozialen Kontexten, Altersgruppen o.ä.?

6. Reparaturen (*repair*)

Zu den Grundformen der sequenziellen Organisation, die in der Konversationsanalyse schon früh als ‚Methoden‘ der Kommunikationsteilnehmer untersucht worden sind, gehören auch die Verfahren, mit denen im Gesprächsverlauf auftretende Störungen bearbeitet bzw. ‚repariert‘ werden. Ähnlich wie die Systematik des Sprecherwechsels sind die Reparaturen in einem grundlegenden Artikel dargestellt worden, an dem Sacks noch mitgearbeitet hatte (Schegloff/Jefferson/Sacks 1977), nachdem er zuvor verschiedentlich in seinen Vorlesungen auf das Thema eingegangen war.

Reparaturen finden sich in nahezu jedem Gespräch; sie gelten allgemein in der Linguistik als eins der charakteristischen Phänomene spontan gesprochener Sprache (vgl. z.B. Schwitalla 1997: Kap. 6.3 für das Deutsche, Koch/Oesterreicher 1990: Kap. 4 für romanische Sprachen). Der Begriff Reparatur bezieht sich auf alle möglichen Arten von Störungen im Produktions- ebenso wie im Verstehensprozess:

> „Jedes System und jeder Umstand, die bei der Produktion und Rezeption von Rede beteiligt sind
> – Artikulation, Gedächtnis, Sequenzierung, Syntax, Gehör, Geräusche der Umgebung – können
> versagen. Das Zusammenfügen der regelgeleiteten Aspekte der Produktion und Analyse von Rede
> kann misslingen. Kurz, der Austausch von Rede ist inneren und äußeren Störungen ausgesetzt, die
> jederzeit auftreten können." (Schegloff 1979: 269, übersetzt von Streeck 1983: 85)

Zur Bearbeitung dieser Störungen besitzt die Sprache einen „selbstkorrigierenden Mechanismus für die Organisation des Sprachgebrauchs in der sozialen Interaktion" (Schegloff/Jefferson/Sacks 1977: 381, s. Streeck 1983: 85). Dieser Mechanismus ist z.B. an Verzögerungen, Versprechern, Präzisierungen, Abbrüchen und Neustarts, Konstruktionswechseln, Wiederholungen, der Vervollständigung unvollständiger Äußerungen usw. beobachtbar.

Dass das konversationsanalytische Interesse bei der Untersuchung solcher Phänomene sich auf andere Aspekte richtet als diejenigen, die in linguistischen Arbeiten zur gesprochenen Sprache oder in psycholinguistischen Forschungen im Vordergrund stehen, hat wesentlich mit dem Prinzip der sequenziellen Organisation zu tun, das im vorigen Kapitel dargestellt wurde. Aus Sicht der KA steht nicht der Fehler oder der Versprecher im Zentrum der Aufmerksamkeit, sondern es geht um die gesamte Sequenz der konversationellen Bearbeitung einer Störung: das Auftreten einer sprachlichen Form, deren anschließende Identifikation als ‚Störung‘ oder ‚Problem‘, die eigentliche ‚Reparatur‘ und schließlich ihre Ratifizierung. Beispiele dafür sind in den vorangegangenen Kapiteln schon mehrfach vorgekommen, etwa in dem ersten Gesprächsausschnitt in Kapitel 1 die Serie von Reparaturen bei der Kategorisierung einer Person als Amerikanerin oder Engländerin (auch in Beispiel 2 in Kap. 4 werden mehrere Reparaturen aneinander gereiht).

Im Folgenden geben wir zunächst anhand von kurzen Transkriptausschnitten einen Überblick über die Systematik der Reparaturverfahren (6.1), bevor wir ausführlicher auf die Einbettung von Reparaturen in den Gesprächsverlauf (vor allem in exolingualer Interaktion) eingehen (6.2). Anschließend wird ein auf dem Konzept der Reparatur aufbauender linguistischer Ansatz vorgestellt, in dem die konversationelle Formulierungsarbeit im Mittelpunkt steht (6.3). Da Reparaturen zu den häufig und intensiv behandelten Themen der KA gehören, gehen wir abschließend kurz auf neuere Forschungsentwicklungen in diesem Bereich ein (6.4).

6.1 Die strukturellen Grundtypen der Reparatur

In ihrem Basisaufsatz zu Reparaturen entwickeln Schegloff/Jefferson/Sacks (1977) die Systematik der Reparaturverfahren am Beispiel der Korrektur (*correction*). Allerdings stellen die Autoren gleich klar, dass ihre Beobachtungen an konversationellen Daten einen weiten Begriff erfordern (Schegloff/Jefferson/Sacks 1977: 362), der sich nicht auf ‚falsche' Formen und ihre Ersetzung durch ‚richtige' beschränkt:

> „The term ‚correction' is commonly understood to refer to the replacement of an ‚error' or ‚mistake' by what is ‚correct'. The phenomena we are addressing, however, are neither contingent upon error, nor limited to replacement." (Schegloff/Jefferson/Sacks 1977: 363)

Das Phänomen, das die Autoren beschreiben, umfasst alle möglichen Verfahren, mit denen die Teilnehmer ein problematisches Element in der Interaktion identifizieren und bearbeiten. In Gesprächen werden auch Elemente bearbeitet, die nicht ‚falsch' sind; umgekehrt findet man auch ‚Fehler', die nicht korrigiert werden (ebd.). Es geht also grundsätzlich nicht um Elemente, die ‚reparaturbedürftig' *sind*, sondern um solche, die die Teilnehmer als ‚reparaturbedürftig' *behandeln*. Daher ziehen die Autoren dem Begriff der ‚Korrektur' (*correction*) den der ‚Reparatur' (*repair*) vor,[1] der sich auch allgemein durchgesetzt hat (im Deutschen: Reparatur, vgl. z.B. Streeck 1983, Selting 1987; im Französischen: *réparation*, vgl. z.B. de Fornel/Marandin 1997, Gajo/Mondada 2000).

Die Systematik der Reparaturen soll zunächst an einem kurzen Beispiel aus einem Kontext verdeutlicht werden, in dem Korrekturen geradezu erwartbar sind, nämlich einer Unterrichtssituation:

Beispiel 1 (Gajo/Mondada 2000: 137)
```
(Die Lehrerin E lässt den Schüler J ein Bild beschreiben)
1   J   il a mis la ch- chemise (.) sur la porte
2   E   contre la porte/ mhm mhm\ (0.5) la chemise/ c'est
3       vraiment une chemise ça/
4   J   non une chemise de euh
5       (0.7)
6   J   de nuit/ (.) de pyja- avec le pyjama
7   E   bravo la veste de pyjama hein la veste de pyjama
8       d'accord/ oui:\ (.) et pis/
```

Im ersten *turn* leitet der Schüler J eine Reparatur ein, indem er bei der Form *ch-* zögert, und führt sie dann sofort selbst durch (*chemise*). Den folgenden Äußerungsteil *sur la porte* be-

---

[1] Sacks verwendet in den *Lectures* (1992) durchgehend den Begriff *repair*, ebenso Schegloff (1979), Drew (1997); vgl. aber *correction* bei Jefferson (1974, 1983).

handelt J selbst nicht als problematisch, aber die Lehrerin E repariert ihn mit *contre la porte/* (2), bevor sie Js Äußerung bestätigt. Nach einer Pause initiiert sie eine weitere Reparatur, indem sie *la chemise* wieder aufnimmt und hervorhebt und J dann eine Frage dazu stellt (2–3). J führt die Reparatur daraufhin selbst aus (4): Zunächst nimmt er den Begriff *chemise* auf und fügt eine Präposition an, womit er eine komplexere Struktur projiziert; mit anschließendem Zögern (*euh*) deutet er jedoch ein Problem an. Diesmal interveniert E nicht sofort (in der Pause (5) führt sie keine Fremdreparatur aus), sondern gibt J Gelegenheit, die gesuchte Form selbst zu finden. J vervollständigt zunächst das Syntagma (4–6: *chemise de euh [...] de nuit*), das er dann mit einem neuen Begriff nochmals korrigiert: *pyjama*. E gibt zunächst eine positive Bewertung (7), korrigiert dann ihrerseits erneut: *la veste de pyjama*. Sie appelliert mit *hein* an die Aufmerksamkeit des Gesprächspartners, wiederholt dann das korrigierende Element und gibt abschließend mit *d'accord/* eine positive Bewertung, wobei die steigende Intonation eine Bestätigung anfordert (8).

Mit Blick auf die sequenzielle Organisation lassen sich vor allem in diesem zuletzt beschriebenen Fall die konstitutiven Elemente einer Reparatur-Sequenz deutlich erkennen:

Konstitutive Elemente	**Entsprechende Ausdrücke aus Beispiel 1**
die *Störungsquelle* (*trouble source*) bzw. das reparaturbedürftige Element (*repairable*)	J: *il a mis la ch- chemise (.) sur la porte*
die *Initiierung* der Reparatur, welche die Störungsquelle nachträglich als solche definiert	E: *c'est vraiment une chemise ça/*
die *Durchführung* der Reparatur mit Hilfe eines anderen Ausdrucks (erfolgt hier zweimal)	J: *non une chemise de euh (0.5) de nuit/ (.) de pyja- avec le pyjama*
die *Ratifizierung* oder Bewertung der Reparatur	E: *bravo [...] d'accord/ oui:*

Diese schematische Darstellung macht die Grundstruktur deutlich, gibt aber nicht die Komplexität des Transkriptbeispiels wieder, denn zum einen geht die Reparatur in Z. 4–8 in mehreren Schritten vor sich, zum anderen sind, wie wir gesehen haben, in diese Grundstruktur weitere Reparaturen eingebettet.

An der Reparatursequenz sind beide Sprecher beteiligt. Sowohl die Initiierung als auch die Reparatur selbst kann entweder von dem Teilnehmer ausgeführt werden, der die ,Störungsquelle' produziert hat, oder vom Gesprächspartner. Man unterscheidet also einerseits zwischen Selbst- und Fremdinitiierung und andererseits zwischen Selbst- und Fremdreparatur. Unter Berücksichtigung sowohl der sequenziellen Organisation als auch der Interaktivität ergeben sich demnach vier strukturelle Grundtypen von Reparaturen:

1. selbstinitiierte Selbstreparatur,
2. fremdinitiierte Selbstreparatur,
3. selbstinitiierte Fremdreparatur,
4. fremdinitiierte Fremdreparatur.

In unserem Beispiel ist Js Korrektur *ch- chemise* in Z. 1 eine selbstinitiierte Selbstreparatur. In Z. 2/3 handelt es sich um eine fremdinitiierte Selbstreparatur, denn E behandelt Js Äuße-

rung durch die Wiederaufnahme und Hervorhebung des betreffenden Elements als bearbei-
tungsbedürftig und initiiert damit die Reparatur, die sie J jedoch selbst durchführen lässt.
Ihre Korrektur von Js Formulierung *sur la porte* durch *contre la porte* in Z. 2 ist hingegen
eine Fremdreparatur, und da nicht J, der das problematische Element produziert hat, sondern E die Initiative dazu ergreift, handelt es sich um eine fremdinitiierte Fremdreparatur.
Der Fall in Z. 4–7 schließlich kann als selbstinitiierte Fremdreparatur gesehen werden,
wenn man Js mehrmaliges Ansetzen bei der Produktion des Ausdrucks *le pyjama* als Manifestation eines Problems und damit als Initiierung einer Reparatur versteht, woraufhin E
den Ausdruck durch *la veste de pyjama* vervollständigt.[2] Die Sequenz lässt sich auch als
Aufeinanderfolge von zwei Reparaturschritten analysieren: J manifestiert ein Produktions-
problem, das er schließlich selbst löst (selbstinitiierte Selbstreparatur); E ratifiziert seine
Lösung zunächst und repariert sie anschließend (fremdinitiierte Fremdreparatur).

Unter dem Aspekt der sequenziellen Organisation gibt es für Initiierung und Reparatur
eine geordnete Reihe von Positionen: Ein problematisches Element kann innerhalb dessel-
ben *turns*, in dem es auftritt, identifiziert und repariert werden (das ist dann zwangsläufig
eine selbstinitiierte Selbstreparatur); es kann im selben *turn* identifiziert und im nächsten
vom Gesprächspartner repariert werden (selbstinitiierte Fremdreparatur); es kann im nächsten *turn* vom Gesprächspartner identifiziert und repariert werden (fremdinitiierte Fremdreparatur) oder es kann im nächsten *turn* vom Gesprächspartner identifiziert und im dritten
turn vom Sprecher selbst repariert werden (fremdinitiierte Selbstreparatur). Hinsichtlich der
sequenziellen Positionierung zeigen Schegloffs Untersuchungen insbesondere, dass es eine
Präferenz für die schnellstmögliche Reparatur einer Störung gibt – an der nächsten möglichen Stelle im selben *turn*. Demzufolge hat der Sprecher, der die Störung produziert hat, als
erster die Gelegenheit zur Reparatur. Die zweite Position ist der folgende *turn* (*next turn
repair initiator, NTRI*): Dort kann eine Reparatur mit verschiedenen Verfahren vom Gesprächspartner initiiert werden. Die letzte Gelegenheit für eine lokale und unaufwändige
Reparatur ist der dritte *turn* (Schegloff 1992a). Wenn zu einem späteren Zeitpunkt im Gespräch ein zurückliegendes Element repariert werden soll, muss wesentlich mehr konversationeller Aufwand getrieben werden. Ein Grund für die ‚Präferenz für Selbstkorrektur‘ (so
der Titel von Schegloff/Jefferson/Sacks 1977) liegt also darin, dass diese die erste sich bie-
tende Möglichkeit zur Behebung des Problems darstellt (vgl. die Pause in Beispiel 1, Z. 5).

Wenn hier Begriffe wie ‚Störungsquelle‘ oder ‚reparaturbedürftig‘ gebraucht werden, so
wird damit, wie eingangs schon gesagt, nicht auf objektive Eigenschaften Bezug genommen, die eine sprachliche Form aufweist oder nicht, sondern auf Aktivitäten der Interak-

---

[2]   Wenn man die Initiierung nicht auf den Sprecher bezieht, der die Störungsquelle produziert, sondern auf denjenigen, der die Reparatur ausführt, kommt man zu einer etwas anderen Typologie:
Die Korrektur von *sur la porte* durch *contre la porte* wäre dann eine selbstinitiierte Fremdkorrektur, weil ja E die Inititative zum Korrigieren ergreift. Dagegen wäre die Vervollständigung von
pyjama zu *la veste de pyjama* als fremdinitiierte Fremdkorrektur anzusehen, wenn man sie darauf
zurückführt, dass J in seiner Äußerung Unsicherheit zu erkennen gibt. Zu dieser Auffassung der
Korrektursystematik vgl. Gülich/Kotschi (1987: 229).

tionsteilnehmer, die in einem bestimmten Kontext eine bestimmte Form als reparaturbedürftig definieren, z.B. weil sie sie nicht einordnen können oder nicht verstehen. Ein solcher Fall ist im folgenden Beispiel gegeben:

Beispiel 2 (Corpus Mondada/conversation téléphonique, Bach-c1)

```
 1  B   elle est allée à l'hôpital avec son mari/ ils étaient
 2      les deux dans le même hôpital
 3  T   oui
 4  B   xxx là-bas
 5  F   mais/ . tu sais [  son mari/  ] son mari/ [ . ] son mari/ . &
 6  B                   [et alors . xxx continu-] [oui]
 7  F   &son mari ça a fait un accident TErrible
 8  B   on parle du même mari/ . le mari à madame romy thibourg/
 9  F   no::n\
10  B   alors le mari à qui
11  F   de sabine/
12  B   de sabine/ ah ouais\
```

F schaltet sich in den Austausch von Neuigkeiten zwischen B und T (1–4) ein, nimmt die
Referenzform *son mari* auf (5) und bringt ihrerseits eine neue Information ein (7). B behandelt diese Bezugnahme, die von F als unproblematisch eingeführt wurde, mit seinen anschließenden Rückfragen (8, 10) und einer eigenen Präzisierung (8) als potenziell mehrdeu-
tig. Der daran anschließende Austausch, in dem F ihre Bezugnahme präzisiert (9, 11), zeigt,
dass zwei unterschiedliche Referenten im Spiel sind. Die Reparatur-Sequenz dient hier also
dazu, ein Referenzproblem zu beheben.

6.2 Reparaturen im Gesprächsverlauf: *exposed* vs. *embedded corrections*

Reparaturen unterscheiden sich auch hinsichtlich des konversationellen Aufwands, mit dem
sie verbunden sind, und der (z.T. daraus resultierenden) Art ihrer Einbettung in den Gesprächsverlauf. Manche Reparaturen werden im Gesprächsfluss schnell und unauffällig
durchgeführt. Versprecher beispielsweise werden oft nur angezeigt durch einen Abbruch
und die (häufig betonte) Wiederaufnahme eines bereits produzierten Segments, in der das
betreffende Element direkt korrigiert wird; ähnlich werden kurze Wortsuchprozesse z.B.
nur durch eine minimale Verzögerung signalisiert, auf die direkt die Äußerung des gesuchten Elements erfolgt. Von dieser Art sind die Selbstkorrekturen von J in Beispiel 1 (1: *la
ch- chemise*; 4–6: *une chemise de euh [...] de nuit/*; 6: *de pyja- avec le pyjama*), ebenso die
Fremdkorrektur von *sur la porte* zu *contre la porte* (1–2).

Störungen können aber auch zu komplexen Bearbeitungen führen. Das folgende Beispiel stammt aus einem Gespräch zwischen einer französischen (An) und zwei deutschen
Studierenden (Be und Ch), das in deutscher Sprache geführt wird. Während in Beispiel 2
das Problem in der Identifizierung einer Person bestand, geht es in diesem Fall um eine
‚problematische‘ sprachliche Form:

Beispiel 3: Système universitaire II (Corpus Bielefeld/Kontaktsituationen)

```
(An spricht über ihre Tätigkeit an einer Schule, mit der sie neben ihrem
Studium Geld verdient)
 1  An:  also ich hab diese arbeit/ . und das ist ein arbeit . extra für
 2       studenten\ . das heißt normalerweise .. äh: . ist unsere .
 3       arbeitszeit . eh sehr .. gruppiert/ oder . kann man das sagen .
 4       also . in einer . engeren . zeit in einem en- engeren zeitraum\
 5  Ch:  mhm/
 6  Be:  mein- was meinst du jetzt die tägliche arbeitszeit wie: äh
 7  An:  NEE . äh: . mein-
 8       (1)
 9  Ch:  das [was du an der uni machst\
10  An:      [meine-
11  An:  nee mein ARbeitsZEIT/ . in der woche
12       (1)
13  Ch:  ja
14  Be:  ja
15  An:  s ist nicht so: . äh . [dispersé
16  Be:                        [montag dienstag .. ach
17       die ist nicht verTEILT auf alle TAge sondern
18  An:  JA
19  Be:  du mußt vielleicht nur am montag arbeiten [und am donnerstag
20  An:                                            [ja genau
21  Be:  arbeiten und am freitag oder so
22  An:  ja . ge[nau,
23  Be:         [mhm/
24       (1)
25  An:  das is für st- eh für die studenten ganz praktisch\ weil ich- . ich
26       zum beispiel . habe ein vollstelle . und arbeite . in einem .
27       gymnasium
```

An diesem Ausschnitt ist deutlich zu erkennen, was von den Beteiligten als ‚Störungsquel-le' behandelt wird und was nicht: Eine Form, die aus normativer Perspektive als ein Arti-kelfehler von An erscheint (1: *ein arbeit*), wird nicht behandelt; offensichtlich gefährdet sie die Verständigung nicht. Bei den Erläuterungen zu ihrer Arbeitszeit (Z. 2 ff.) hingegen sig-nalisiert An ein Problem: Sie zögert mehrfach, äußert dann das Wort *gruppiert/* mit fragen-der Intonation, relativiert diese Wahl sofort durch *oder*, ohne dass ein alternativer Ausdruck folgt, und signalisiert dann die Behandlungsbedürftigkeit explizit durch die metadiskursive Frage *kann man das sagen* (3). Sie wartet allerdings keine Antwort ab, sondern unternimmt selbst einen Reparaturversuch (*also in einer . engeren . zeit*), den sie sofort noch einmal korrigiert (*in einem en- engeren zeitraum*). Daraufhin stellt Be eine Nachfrage (6: *was meinst du jetzt*) und macht einen Vorschlag für eine Fremdreparatur (*die tägliche arbeitszeit wie äh*), den An aber mit einem betonten *NEE* zurückweist. Auch Ch beteiligt sich mit ei-nem Vorschlag zur Behebung der Störung (*das was du an der uni machst*). An weist diesen aber ebenfalls zurück und setzt mit dem Versuch einer Selbstreparatur noch einmal neu an: *mein ARbeitsZEIT/ . in der woche* (11). Während beide Gesprächspartner dies durch *ja* rati-fizieren, rekurriert An nun auf ihre Erstsprache: *s ist nicht so: . äh . dispersé* (15). Be setzt parallel mit *montag dienstag* an, signalisiert dann mit *ach*, dass er jetzt verstanden hat, was gemeint ist, und formuliert eine Beschreibung (17–21: *die ist nicht verTEILT auf alle Tage sondern* usw.), die An zweimal mit *ja genau* bestätigt.

Die Struktur dieser Reparatursequenz ist dadurch charakterisiert, dass einzelne Schritte mehrfach durchlaufen werden:

1. Manifestation eines Problems der Fremdsprache-Sprecherin (FS) An durch Verzögerungen und metadiskursive Kommentierung (= Selbstinitiierung),
2. Definition des Problems durch die FS, Formulierungsversuche für den gesuchten Begriff (= Selbstreparatur),
3. Lösungsversuche der Erstsprache-Sprecher (ES) (= Fremdreparatur) und ihre Zurückweisung durch die FS,
4. erneuter Lösungsversuch der FS mit Rekurs auf ihre Erstsprache Französisch (= Selbstreparatur),
5. Lösungsvorschlag durch einen ES (= Fremdreparatur),
6. Ratifizierung der Lösung durch die FS,
7. Wiederaufnahme der Hauptaktivität.

Durch die interaktive Bearbeitung und Lösung des Problems sind die Voraussetzungen für die Fortsetzung des Gesprächs geschaffen: In Z. 25 nimmt An das Thema aus Z. 1 (*ein arbeit . extra für studenten*) wieder auf und führt es weiter aus (*für die studenten ganz praktisch* usw.). Die Reparatursequenz stellt im Gesprächsverlauf eine Nebensequenz dar (Jefferson 1972): Die Themenentwicklung (vgl. dazu Kap. 8) wird vorübergehend unterbrochen, weil die Verständigung gestört ist; erst mit der Behebung der Störung und der Sicherstellung der Verständigung kann die Rückkehr zur Hauptsequenz erfolgen.

Jefferson (1983) hat am Beispiel von Fremdkorrekturen die Integration bzw. die Situierung von Reparatursequenzen im Gesprächsverlauf untersucht und unterscheidet zwischen *embedded correction* (integrierter oder eingebetteter Korrektur) und *exposed correction* (herausgestellter Korrektur). Während in Beispiel 1 die meisten Korrekturen in andere Aktivitäten eingebettet waren, handelt es sich im Fall von Beispiel 3 um eine herausgestellte Reparatur. Auch in Beispiel 2 wird die Hauptaktivität (Austausch von Neuigkeiten über gemeinsame Bekannte) kurzfristig suspendiert, um ein sich abzeichnendes Verständnisproblem zu beheben. Die unaufwändige Art und Weise, in der der thematische Austausch in die Reparatursequenz übergeht und anschließend wieder aufgenommen wird, macht deutlich, dass die Reparatur dem inhaltlichen Austausch untergeordnet ist. Dies ist zwar auch in dem komplexeren Beispiel 3 der Fall, aber hier tritt die gemeinsame Suche nach dem passenden Ausdruck für das, was An sagen will, vorübergehend in den Vordergrund.

Reparatursequenzen sind, wie bereits erwähnt, nicht charakteristisch für einen bestimmten Interaktionstyp, sondern sie kommen in jeder beliebigen Interaktion vor und können sich potenziell auf jede Art von Problem beziehen. In bestimmten Kontexten wie Unterrichtssituationen (wie in Beispiel 2 oben) oder allgemeiner in Lernsituationen spielen sie jedoch eine besondere Rolle und haben auch bestimmte Formen. In Gesprächen zwischen Erst- und Fremdsprache-Sprechern kann die Analyse des interaktiven Umgangs mit (Sprach-)Problemen und Reparaturen Aufschluss darüber geben, wie die Teilnehmer die Gesprächssituation insgesamt und die dafür relevanten Kategorien (Mondada 1999) definieren, ob sie beispielsweise parallel zum thematischen Austausch auch ein Lehr-/Lernanliegen verfolgen[3] und ob ihre Situationsdefinitionen in dieser Hinsicht konvergent sind (vgl. Dausendschön-Gay 1988, 1995, Furchner 2006).

Solche Kontexte wirken sich auch auf die von Schegloff/Sacks/Jefferson (1977) beschriebene Präferenz für Selbstreparaturen aus, die in Interaktionen normalerweise in Kraft ist: Im Allgemeinen geben die Gesprächspartner zunächst Gelegenheit zu Selbstinitiierung und Selbstreparatur, bevor sie eine Reparatur des Problems (fremd-)initiieren oder durchführen. In Lernkontexten wird diese Präferenz jedoch aufgehoben:

> „[...] les situations pédagogiques suspendent la préférence pour l'auto-correction: en effet dans ces situations c'est l'hétéro-correction qui est privilégiée, voire qui est systématique." (Gajo/ Mondada 2000: 140)[4]

Die Lernenden werden auf diese Weise als Mitglieder mit eingeschränkter Kompetenz kategorisiert (Schegloff/Sacks/Jefferson 1977: 381), dies wird aber als ein Mittel zur Sozialisierung („vehicle for socialization", ebd.) in Lehr-/Lern-Situationen in der Regel von den Beteiligten akzeptiert.

6.3 Konversationelle Formulierungsarbeit

In den bisher zitierten Gesprächsausschnitten wurden häufig mehrere Reparaturen aneinandergereiht, so dass komplexe Reparatursequenzen entstanden. Anlass dafür können Wortsuchprozesse sein, wie oben in Beispiel 3 oder im ersten Gesprächsausschnitt in Kapitel 1 (*anglaise américaine*). Diese Beispiele zeigen, dass eine konversationsanalytische Beschreibung von Reparaturverfahren auch einen Zugang zu Textproduktions- oder Formulierungsprozessen bieten kann. Damit wird der Untersuchungsgegenstand noch einmal erweitert und zugleich mit im engeren Sinne linguistischen (hauptsächlich textlinguistischen) Fragestellungen in Verbindung gebracht. Diese Forschungsrichtung wird am Beispiel des Französischen in den Arbeiten von Gülich/Kotschi (1987, 1995, 1996) zu Formulierungsaktivitäten, insbesondere zu Reformulierungen verfolgt (für eine zusammenfassende Darstellung vgl. Gülich 2008).

---

[3] In solchen Fällen liegt eine doppelte Aufmerksamkeitsausrichtung vor: auf den Inhalt und auf die sprachliche Korrektheit (‚Bifokalisierung', vgl. Bange 1992b, 2005); es gibt einen *contrat didactique*, d.h. eine (explizite oder implizite) Vereinbarung, das Gespräch auch zu Lehr- und Lernzwecken zu nutzen (vgl. z.B. de Pietro/Matthey/Py 1989, Py 1989, Krafft/Dausendschön-Gay 1993a). Dabei kann die Aufmerksamkeit sich zeitweise völlig auf die Sprache verlagern und zu längeren Sequenzen der Behandlung sprachlicher Fragen führen (vgl. z.B. Furchner 2006: 174 ff.).

[4] Vgl. auch Apfelbaum (1993) zur Modifizierung der Präferenz in Tandem-Gesprächen, Furchner (2006: 197 f.) zu Präferenzstrukturen im Zusammenhang mit der Situationsdefinition, insbesondere einem parallel zum thematischen Austausch bestehenden ‚didaktischen Vertrag'.

Die Zusammenhänge zwischen Reparaturen und (Re-)Formulierungsaktivitäten sollen hier noch einmal an einem längeren Beispiel herausgearbeitet werden, in dem sie einen besonderen Stellenwert haben. Es handelt sich um eine konversationelle Schreibinteraktion, d.h. ein Gespräch, in dem die Gesprächspartner gemeinsam einen schriftlichen Text verfassen und sich darüber verständigen, was sie schreiben und wie es sie formulieren wollen.[5] Diese ‚methodisch interessante Konstellation‘ erlaubt es, mit besonderer Deutlichkeit Formulierungsprozesse und Verfahren der gemeinsamen Hervorbringung zu beobachten, die in konversationellen Interaktionen generell vorkommen (Dausendschön-Gay/Krafft 2000: 19).

Der Ausschnitt stammt aus einem Gespräch zwischen zwei Geschwistern: Charles (C), der einige Jahre zuvor das Gymnasium verlassen hat, trägt sich mit dem Gedanken, als ‚candidat libre‘ extern das Abitur abzulegen. Seine Schwester Andrée (A) hilft ihm, einen Brief zu formulieren, um entsprechende Informationen einzuholen.

Beispiel 4: Lettre au rectorat (Corpus Bielefeld/Schreibinteraktionen)

```
 1 A:  xxxx .. pour le bac f septE/ ... euh::\ . qu'est-ce-qu- .
 2     attends\
 3 C:  mais: . <((relit à voix basse)) combien d'œuvres DOIs-j' travailler
 4     pour un bac f sept/ et comMENt faut-il constituer> . ((très bas))
 5     mhm c'est bon/ ça .. au jury\ . Mhm\ . eh:> <((plus fort)) faut-il
 6     passer par le cnED\> .. demande euh xxxx
 7 A:  faut-il nécessairemen:t/ .. ((claquement de langue)) euh:::\
 8     s'inscrirE .. au cned/ (6s) point d'interrogation:/
 9 C:  <((fort)) bon prEmièrement pour^eh pour avoir la listE\ pour qu'
10     ça soit EUx . qui définissent la liste de:s^œuvres à travailler>
11     . et qui à p- à partir de là/ . euh: t'envoient des:- des COURS/
12     .. euh: (en)fin des devOIRs . sur- sur ces œuvres-là
13 A:  mh
14 C:  pour ta préparation\ . j'CROIs qu'c'est possib(le) ça\
15     (1)
16 A:  <((hésitant)) OUI// non mais ça c'est euh:: j- . (en)fin c'est
17     c' que j't'avai:s [c'est le:- les::- les papiers qu' j'avais &
18 C:                    [((joue avec un briquet))
19 A:  &euh: . que le cned m'avait envoyés:/ là au début de l'année/
20 C:  . mhm
21 A:  (en)fin en septEMbre [ou:]           AOUT(E)\>
22 C:                       [ouais\ ouais\]          mh
```

Zu Beginn des Ausschnitts nimmt A nach einer kurzen Unterbrechung der Aufnahme das Gespräch mit einer erneuten Thematisierung des zuvor schon besprochenen *bac f septE* wieder auf. Nach mehreren Verzögerungen setzt sie zu einer Frage an, die sie aber sogleich abbricht (2: *attends*). C liest nun seinen bereits geschriebenen Text vor (3–4), unterbricht dies durch leise geäußerte Bewertung (5). Nach einem Zögern fährt er mit lauterer

---

5   Zu konversationellen Schreibinteraktionen an französischen Daten gibt es eine ganze Reihe von Untersuchungen aus Forschungsprojekten, z.T. auch Forschungskooperationen aus Bielefeld und Lyon (vgl. z.B. Dausendschön-Gay/Gülich/Krafft 1992, Krafft/Dausendschön-Gay 1999). Einen guten Einblick in diese Forschungen vermitteln die Sammelbände von Bouchard/Mondada (2005) und de Gaulmyn/Bouchard/Rabatel (2001).

Stimme fort (5–6): *faut-Il passer par le cnED*; sein anschließender Kommentar ist nur teilweise verständlich (*demande euh xxxx* könnte ein Ansatz zu einer Aufforderung sein). Darauf reformuliert A seine Äußerung mit einer Ergänzung (7–8: *faut-il nécessairemen:t/* ..
((claquement de langue)) euh:::\ s'inscrirE .. *au cned/*); die Pausen und das mitgesprochene
Satzzeichen am Schluss deuten darauf hin, dass sie C den Text diktiert. Dann führt C einen
neuen thematischen Aspekt ein; der Einschnitt ist deutlich markiert durch ein Gliederungssignal (*bon*) und eine Vorausstrukturierung (*prEmièrement*) (vgl. dazu unten Kap. 8.5). Die
sequenzielle Organisation dieses neuen Aspekts ist durch zahlreiche Störungen gekennzeichnet (Verzögerungen und Wortwiederholungen, Vervollständigungen in Z. 9/10). Dabei
zeigt sich in zunehmendem Maße die Schwierigkeit, Dokumente, die C sich schicken lassen
möchte, zu benennen: Die erste Äußerung *pour qu' ça soit EUx . qui définissent la liste
de:s^œuvres à travailler* (10) ergänzt C selbst gleich anschließend, wobei er zweimal ansetzt und auch vor der Verbform und bei der Wahl der Bezeichnung zögert (11: *euh:
t'envoient des:- des COURS/*). Darauf folgen wieder Verzögerungselemente, die eine
Selbstkorrektur vorbereiten: Eingeleitet durch ein unvollständig realisiertes *(en)fin* folgt mit
Betonung eine neue Bezeichnung: *euh: (en)fin des devOIRs . sur- sur ces œuvres-là* (12). A
bestätigt (13), C führt seine Äußerung zu Ende und signalisiert die Redeübergabe durch fallende Intonation (14). Auch der nun folgende Beitrag von A ist durch zahlreiche Verzögerungen, Abbrüche, Neuansätze und Selbstkorrekturen gekennzeichnet (16). Nach dem Abbruch folgt ein Ansatz zu einer Selbstkorrektur, wieder durch ein verschliffenes *(en)fin*
eingeleitet: *(en)fin c'est c(e) que j' t'avai:s* (15–16). Ein erneuter Abbruch und Neuansatz
signalisiert einen Wortsuchprozess bei der Wahl des Nomens: *c'est le:- les::- les papiers
qu'j'avais* (17). Es folgt ein Konstruktionswechsel: *euh: . que le cned m'avait envoyes/*
(19). Dieser Relativsatz wird dann durch eine Zeitangabe ergänzt (*là au début de l'année/*),
die in zwei Schritten präzisiert bzw. korrigiert wird. Auch hier wird die erste Korrektur
durch *(en)fin* eingeleitet, die zweite durch ein gedehntes *ou:*, dem das betonte Korrektur-
element folgt: *(en)fin en septEMbre ou: AOUT(E)* (21).
     Der Formulierungsprozess geht also bei beiden Gesprächsteilnehmern teilweise sto-
ckend vor sich. Dies äußert sich zum einen in Reparaturen (Verzögerungen, Abbrüchen,
Neustarts, Konstruktionswechseln), zum anderen in Vervollständigungen und Reformulierungen. Alle diese Phänomene, die in linguistischen Arbeiten verschiedener Provenienz unter verschiedenen Aspekten als typisch für spontan gesprochene Sprache behandelt worden
sind, lassen sich als Spuren der Formulierungsarbeit im Produktionsprozess interpretieren
(Gülich/Kotschi 1996);[6] sie werden durch die Situation des gemeinsamen Schreibens besonders deutlich sichtbar.
     Zu dieser Formulierungsarbeit tragen neben dem aktuellen Sprecher auch die jeweiligen
Gesprächspartner bzw. die aktuellen ‚Mitwirker' bei (Dausendschön-Gay/Krafft 2000: 19),

---

[6]   Blanche-Benveniste et al. (1990: 25–29) zeigen die verschiedenen Schritte bei der Produktion ei-
     ner Äußerung aus grammatischer Sicht auf, indem sie das Zusammenwirken der syntagmatischen
     und der paradigmatischen Achse durch eine besondere Transkriptionsweise verdeutlichen; vgl.
     dazu die ausführlichere Analyse des Gesprächs *Lettre au rectorat* in Gülich/Kotschi (1996).

z.B. durch Bestätigungen an den Stellen, wo jeweils ein Formulierungsschub als abgeschlossen gelten kann. Vor allem aber manifestiert sich der interaktive Charakter darin, dass „aktuelle Sprecher ihre Äußerungen fortlaufend mit Verarbeitungshinweisen verschiedener Art versehen und damit eine Feinsteuerung der Verarbeitungstätigkeit anbieten" (ebd.: 21). In der detaillierten Analyse einer Frage-Antwort-Sequenz aus einem Interview arbeiten Dausendschön-Gay/Krafft die „Inszenierung des Hervorbringungsprozesses" der Antwort heraus und zeigen, wie dabei verbale und prosodische Mittel zusammenwirken: Die Sprecherin gibt mit prosodischen und syntaktischen Mitteln Hinweise darauf, wie vollständig oder unvollständig, ergänzungs- und erklärungsbedürftig ihre Äußerung jeweils ist, so dass ihr Gesprächspartner die Formulierungsarbeit im Prozess verfolgen kann. Dabei erweisen sich die „Unfertigkeitsmarkierungen" als „das entscheidende Formulierungsverfahren, mit dem der Verfertigungsgang dargestellt wird; die Kategorie ,fertig' ist nur sinnvoll auf dem Hintergrund der vorangehenden ,Unfertigkeit'" (ebd.: 32). In ähnlicher Weise beschreiben die Autoren Verfahren des Monitoring, mit denen Äußerungen als ,ungültig' markiert (wie bei Korrekturen) oder ausdrücklich als gültig ausgewiesen werden, als „online-Hilfe für den Hörer" (ebd.: 32–45).

Die sequenziellen und interaktiven Prinzipien der konversationsanalytischen Beschreibung von Reparaturverfahren sind auch auf Formulierungsaktivitäten anzuwenden. Auch bei Reformulierungen lassen sich Selbst- und Fremdbezug sowie Selbst- und Fremdinitiierung unterscheiden (vgl. Gülich/Kotschi 1987, 1996). Auf die dreigliedrige Struktur wird in den stärker linguistisch orientierten und in speziell auf die französische Sprache bezogenen Arbeiten zu Reformulierungen ausführlich eingegangen. Sie findet sich in durchaus unterschiedlichen Reformulierungssequenzen:

	Bezugsausdruck	**Reformulierungsindikator**	**Reformulierungsausdruck**
1	*qui à p- à partir de là/ . euh: t'envoient des:- des COURS/*	*euh: (en)fin*	*des devOIRs . sur- sur ces œuvres-là*
2	*au début de l'année/*	*(en)fin*	*en septEMbre*
3	*i' t'demande ton avis/*	*c't-à-dire*	*sur quoi tu préfères travailler*
4	*tu fais une brève introduction au texte/*	*bon\ par example euh::*	*si c'est un roman:/ tu expliques euh:: . à quel point en est [...] le récit:/*

Diese Struktur kann auf verschiedene Weise erweitert werden: Wenn der Reformulierungsausdruck wiederum zu einem neuen Bezugsausdruck für eine weitere Reformulierung wird oder wenn in eine Reformulierungsstruktur eine weitere eingebettet ist (z.B. eine Korrektur in eine Paraphrase), kann es zu sehr komplexen Reformulierungssequenzen kommen, die eine intensive Arbeit an der Formulierung dokumentieren.

Anhand der semantischen Beziehung zwischen Bezugsausdruck und Reformulierungsausdruck und der verschiedenen Indikatoren lassen sich bei gleicher Grundstruktur ver-

schiedene Typen von Formulierungsverfahren unterscheiden. Korrekturen werden als ein
Typ von Reformulierungen betrachtet, ebenso Paraphrasen und Rephrasierungen (ausführlich dazu Gülich/Kotschi 1996; für eine Weiterentwicklung der Typologie von Formulierungsverfahren siehe Kotschi 2001). Als Formulierungsverfahren wurden an französischen
Beispielen auch Verallgemeinerungen (Drescher 1992), Verfahren der Redebewertung und
-kommentierung (Gülich 1986b, Kotschi 1986) und Erklärungsverfahren (Gülich 1991) genauer beschrieben; Drescher (2000) beschreibt die *réduplication* als einen speziellen Typ
von Reformulierung. Allerdings erweist sich das für Reparaturphänomene konstitutive
Konzept der ‚Störung' *(trouble source)* in Bezug auf solche Formulierungsaktivitäten als
nur bedingt adäquat. Man müsste diesen Begriff zu weit fassen, wenn man auch z.B. expli-
zierende Paraphrasen oder Verallgemeinerungen als Bearbeitung einer Störung verstehen
wollte.

Speziell bei der Beschreibung der Reformulierungsindikatoren lassen sich Parallelen zur
Forschung über Diskursmarker herstellen (für eine Übersicht über die aktuelle Forschung
im Bereich der Romanistik vgl. Drescher/Frank-Job 2006); diese wiederum kann dadurch
gewinnen, dass Diskursmarker (z.B. *enfin*) nicht vom einzelnen Wort ausgehend, sondern
im Zusammenhang mit konversationellen Verfahren beschrieben werden (Gülich 2006).

Diese Arbeiten zeigen zum einen, dass die konversationsanalytischen Arbeiten zu Reparaturen einen weitreichenden Einfluss auf verschiedenste Untersuchungen dieser für die gesprochene Sprache als typisch erachteten Phänomene gehabt haben. Zum anderen lassen
sich Reparaturphänomene, wenn sie im Kontext der Forschung zu Formulierungsverfahren
untersucht werden, auch zu rhetorischen Verfahren in Beziehung setzen; damit ergeben sich
Anknüpfungsmöglichkeiten an die Gesprächsrhetorik (Kallmeyer 1996).

6.4 Ausblick: Neuere Forschungsentwicklungen

Die Beschäftigung mit Reparaturen im Rahmen der KA hat eine intensive und reichhaltige
Forschungstätigkeit begründet, die auch andere Bereiche der interaktionsorientierten Linguistik beeinflusst und angeregt hat. Aber auch die konversationsanalytische Forschung
selbst hat sich in diesem Bereich weiterentwickelt. Zwei Fragestellungen, die weiter bearbeitet worden sind und werden, sollen abschließend kurz skizziert werden.

Prosodische und multimodale Aspekte: Wie bei anderen konversationsanalytischen
Themen hat auch bei den Reparaturen die Einbeziehung prosodischer und multimodaler
Ressourcen zu neuen Erkenntnissen geführt. So hat Selting schon in frühen Arbeiten (z.B.
1987) an deutschen Beispielen gezeigt, dass bei bestimmten Verstehensproblemen die prosodische Struktur als typ-unterscheidendes Merkmal fungiert, während bei anderen Typen
die syntaktische Struktur diese Funktion erfüllt. Uhmann (1997) geht ebenfalls an deutschen Daten auf die Rolle der Intonation bei der Durchführung von Selbstreparaturen ein
und zeigt, dass es für die Differenzierung von Selbst- und Fremdinitiierung eine wichtige
Rolle spielt, ob es sich um eine eigene Intonationsphrase handelt oder nicht (Uhmann 1997:

Kap. 2, bes. 76 ff.). Couper-Kuhlen (1992) weist an englischen Beispielen auf die Rolle des Rhythmus hin. Eine präzise Abstimmung mit multimodalen Ressourcen arbeitet Egbert (1996) heraus: Sie zeigt, dass das deutsche ‚bitte‘ nicht nur ein besonderer Typ der Initiierung einer Reparatursequenz ist, sondern in Verbindung mit der Wiederaufnahme von Blickkontakt noch andere interaktive Aufgaben erfüllt, wie z.B. die wechselseitige Ausrichtung der Aufmerksamkeit.

Aus konversationsanalytischen Forschungen zum Französischen ist neben der bereits zitierten Arbeit von Dausendschön-Gay/Krafft (2000) sowie anderen Arbeiten dieser Autoren vor allem de Fornel (1990, 1992) zu nennen, der sich mit der Rolle der Gestik in Reparatursequenzen beschäftigt. Beispiele aus der Unterrichtskommunikation, und zwar aus bilingualem Unterricht, bearbeitet Pitsch (2006). Sie zeigt z.B. einen Fall, wo eine Geste, die der Lehrer als Ressource zur lokalen Bedeutungskonstitution verwendet, von den Schülern aufgenommen, ihre Rezeption aber vom Lehrer zurückgewiesen wird, was dann zu einer Reparatursequenz führt (Pitsch, im Druck). Wenn Reparaturen die Aufmerksamkeit von den Lernern auf die Formen lenken, die Gegenstand des Spracherwerbs sein sollen (Gajo/ Mondada 2000: 140), dann dürfte diese Wirkung durch multimodale ‚Gestalten‘ noch verstärkt werden.

Sprachspezifische und sprachvergleichende Aspekte: Unter der Leitung von Barbara Fox ist eine internationale Forschungskooperation *Cross-linguistic study of self-repair* in Gang gesetzt worden, die es sich zur Aufgabe gemacht hat, anhand von 14 typologisch unterschiedlichen Sprachen die Sprachspezifik von Reparaturverfahren und deren Beziehung zur Grammatik zu untersuchen. Hier werden systematisch sprachtypologische Merkmale einbezogen, und es werden auch quantitative Auswertungen vorgenommen. Beide Vorgehensweisen sind ein Novum in der Konversationsanalyse. Einen ersten Einblick in diese aktuellen Forschungen gibt Uhmann (2006) an deutschen Beispielen, deren Spezifik sie durch eine Kontrastierung mit Beispielen aus dem Englischen, Japanischen und Niederländischen herausstellt.[7]

Mit dieser Art vergleichender Forschung lässt sich besonders gut verdeutlichen, welche Rolle die jeweiligen Charakteristika der einzelsprachlichen Grammatik bei der Organisation der Interaktion spielen. So zeigen Fox/Hayashi/Jasperson (1996), dass in einer Sprache mit starken syntaktischen Restriktionen wie dem Deutschen oder dem Englischen andere Reparaturverfahren verwendet werden als in einer Sprache mit weniger festen syntaktischen Strukturen wie dem Japanischen. Im Japanischen ist der Teilsatz (*clause*) keine Einheit, die als Grundlage für die Wiederverwendung von repariertem sprachlichem Material dienen könnte, während dies im Englischen sehr häufig vorkommt. Japanisch als agglutinierende Sprache erlaubt wiederum Selbstkorrekturen bei gebundenen Morphemen, was im Englischen nicht der Fall ist.

Das Phänomen der Reparaturen vermag also zahlreiche interessante Probleme zu erhellen: Die Orientierung der Gesprächsteilnehmer auf die Organisation der Verständigung,

---

[7]   Siehe auch Fox/Maschler/Uhmann (demn.), die Englisch, Deutsch und Hebräisch vergleichen.

aber auch auf die Kontrolle des Produktionsprozesses führt zu einer Orientierung an grammatischen Einheiten, die für den *turn* und für die Sequenz konstitutiv sind. Dabei kommen
über die grundlegende Reparatur-Systematik hinaus auch sprachspezifische Besonderheiten
zur Geltung.

Aufgaben zu Kapitel 6

– Woraus ergeben sich die vier strukturellen Grundtypen von Reparaturen? Suchen Sie
  für jeden dieser Typen Beispiele in den in diesem Buch zitierten Gesprächsausschnitten
  und/oder in Ihrer eigenen Transkription aus der Fernseh-Talkshow und beschreiben Sie
  sie.
– Beschreiben Sie die verschiedenen Reparaturen in Beispiel 2 aus Kapitel 4.1.2: Um
  welche Art der Reparatur handelt es sich jeweils? Auf welche Art von Problem bezieht
  sich jeweils die Reparatur?
– Analysieren Sie im Arbeitstranskript III – einem Ausschnitt aus einer Fernsehsendung,
  in der ein Experte zu Schlafstörungen befragt wird – die Reformulierungsaktivitäten der
  beiden Gesprächspartner. Beschreiben Sie deren Struktur und Funktionen.
– Analysieren Sie in dem folgenden Gesprächsausschnitt zwischen einer Erst- und einer
  Fremdsprache-Sprecherin die Reparatursequenz in Z. 4 ff. und ihre Einbettung im Gesprächsverlauf im Hinblick auf die Situationsdefinition der Teilnehmerinnen (Ge-
  sprächsanliegen, Kategorien):

Des toutes petites lampes dans la ciel (Corpus Bielefeld/Kontaktsituationen)

```
((Irma versucht, Marlène „Konfirmandenunterricht" zu erklären))
 1  M:  c't'dire tu vas pas à l'école/ tu es:
 2  I:  OUI äh tu vas à l'école/ mais [c'est c'est:
 3  M:                               [c'est en plus de l'école\
 4  I:  = oui et c'est c'est pour: äh ön fo- ön fois/ . depuis un semaine\
 5      (2)
 6  M:  une f[ois/
 7  I:       [un fois/ par semaine/
 8  M:  = <((bas)) par semaine d'accord\> .h
 9  I:  ähm [et
10  M:      [combien de temps une fois par semaine
```

7. Eröffnung und Beendigung von Gesprächen

Ebenso grundlegend wie die in den vorangegangenen Kapiteln gezeigte schrittweise Organisation des Gesprächs sind seine interaktive Eröffnung und Beendigung, die es zu einem zeitlich begrenzten und räumlich situierten Ereignis machen. Die Eröffnung des Gesprächs wird dadurch praktisch vollzogen, dass die Teilnehmer ihre Aufmerksamkeit wechselseitig aufeinander und auf ein gemeinsames Objekt richten und in eine gemeinsame Handlung eintreten. Sie ist der Moment, in dem die Beteiligten miteinander in Kontakt treten, sich wechselseitig identifizieren, ihre Aktivitäten koordinieren und sich über die Art der bevorstehenden Interaktion verständigen. Auch die Beendigung des Gesprächs ist eine koordinierte Aktivität der Teilnehmer, die zudem eng mit dem Gesprächseinstieg verbunden ist.

Um diese beiden Phasen geht es in diesem Kapitel. Anhand eines vollständigen Gesprächs (7.1) beschreiben wir exemplarisch die Verfahren, mit denen die Teilnehmer in geordneter Weise ins Gespräch einsteigen (7.2) und es wieder beenden (7.3).

7.1 Ein Telefongespräch als Beispiel

Durch die Analyse eines Telefongesprächs sollen die grundlegenden Züge von Gesprächseröffnungen und -beendigungen im Gesamtzusammenhang herausgearbeitet werden. Für die Wahl dieses Datentyps sprechen zwei Gründe: Zum einen basieren die grundlegenden konversationsanalytischen Arbeiten zu diesem Thema auf Telefongesprächen, Schegloffs Dissertation über Eröffnungen (1967; vgl. auch Schegloff 1972, 1986) ebenso wie der Referenzartikel über Beendigungen von Schegloff und Sacks (1973). Zum anderen lassen sich beim Telefongespräch, da es sich um eine technisch vermittelte Interaktion handelt, sowohl der Moment der Kontaktaufnahme (Klingeln und Abheben) als auch das Ende (Auflegen) eindeutig bestimmen. Überdies sind bei diesem Interaktionstyp keine visuellen Aspekte zu berücksichtigen (Schegloff 1986: 112), da die Teilnehmer selbst das Ereignis ausschließlich auf der Basis akustischer Ressourcen organisieren. Während es bei *face-to-face*-Interaktion angesichts der Bedeutung multimodaler Ressourcen ohnehin naheliegt, Eröffnungen anhand von Videodaten zu untersuchen (Mondada/Schmitt, demn.), wird dies heute auch bei Telefongesprächen getan; es ist besonders bei Gesprächen mit dem Mobiltelefon (vgl. Relieu 2002, 2006) oder in einem Call-Center (vgl. Mondada 2007c) sinnvoll.

Bei dem im Folgenden analysierten Beispiel handelt es sich um die Tonaufnahme eines Telefongesprächs: Benoît (B) ruft Véronique (V) an, um eine Verabredung abzusagen.

Beispiel 1: j'y vais pas (Aufnahme und Transkription von Karola Pitsch)

```
1   ((sonnerie))
2   V    A:Llô/
3   B    allô véronique/
4   V    ou:i/
5   B    c'e:st benoît là
6   V    .h SAlu:t
```

```
 7  B   salut
 8      (.)
 9  B   .hh c'était pour vous dire euh si demain vous allez
10      à la répétition/ eu[h (.) ou]bliez-moi/ j'y vais pAs\
11  V              [e- oui/ ]
12  V   mais qu'est-ce qui t'arrive/
13  B   .h be:n c'e:st que demain/ ça dure qu'Une heure/
14  V   .h OUa[is:/
15  B        [cette assemblée générale/ ben ça m'embête un peu
16      d'aller à dourdans pour une heure/ puis (je faisais-)
17      je sais pas si eu:h marie-hélène pourra m'emmener après
18      (.)
19  V   .h ah oui puisqu'elle risquerait faire l'assemblée génerAle
20  B   ben OUi/ (j'suis-) j'y vais pas enfin\ je sais pas\
21  V   Okay\
22  B   donc j'y vais pAs\
23  V   .h très bien\ on t'oubliera alo[rs\
24  B                                  [d'Accord\
25  V   Okay: ça MArche .h [est-ce que] tu vas par contre à la
26  B                      [xxx        ]
27      répète:: c'est le dimanche d'après qu'il y a
28      répète/ je crois\
29  B   QUAnd ça/
30  V   .h c'est pas le dimanche la semaine d'après qu'on a une répète/
31  B   oh alors ça: c'est une trés bonne questio:n
32  V   .h tu regarderas sur ton planning\ enfin de toute façon en
33      théorie [on t'ammène pas] le dimanche
34  B           [(j'y vais euh) ]
35  B   j'y vais si c'est marie-hélène qui m'emmenera/
36  V   OUi
37      (1.0)
38  B   .h VOIlà\
39  V   okay ça mArche\ bon ben écoute/ on t'oublie demain
40      alors\
41  B   d'Accord\
42  V   Alle:z (.) sal[ut\ bon] dimanche
43  B                 [salut  ]
44      ((raccrochent))
```

7.2 Die Eröffnung (*opening*)

7.2.1 Der sequenzielle Ablauf der Eröffnung

In der Gesprächseröffnung geht es darum, dass die Beteiligten gemeinsam ihren ‚Einstieg'
in die Interaktion organisieren, eine neue Beziehung herstellen oder eine frühere wieder
aufnehmen, ihre Aktivitäten koordinieren und den Typ der folgenden Interaktion sowie die
Modalitäten dafür aushandeln (Schegloff 1979: 25). Die ersten Momente eines Gesprächs –
the first five seconds, so der Titel von Scheloffs Dissertation über *conversational openings*
(1967) – sind für die folgende Interaktion entscheidend. Daher ist es wichtig, die Alltagsmethodologie, die die Teilnehmer beim Eröffnen von Gesprächen praktizieren, eingehender
zu untersuchen.[1]

---

[1]   Eine umfassende Untersuchung an französischen und deutschen Telefongesprächen hat Schmale
      mit seiner (unveröffentlichten) Thèse de doctorat vorgelegt, in der er auch systematisch auf tele-

Schegloff (1972, 1986) hat u.a. herausgearbeitet, dass Gesprächseröffnungen systematisch aus einer Reihe verschiedener aufeinander folgender Sequenztypen bestehen. Diese Phasen lassen sich auch im obigen Beispiel ausmachen:

1. Die **Summons/Answer-Sequenz**: Sie markiert den Moment der Kontaktaufnahme und stellt die wechselseitige Verfügbarkeit der Teilnehmer her. Sie hat die Form einer Paarsequenz, bestehend aus einem *Summons* (auch *attention-getting device*), hier: dem Klingeln des Telefons (Z. 1, vorher hat der Anrufer abgehoben und eine bestimmte Nummer gewählt), und der Antwort des Angerufenen – hier: Abheben und *A:Llo/* (2).
2. Die **wechselseitige Identifikation**: Diese Sequenz ist im obigen Beispiel in drei *turns* realisiert. Der Anrufer überprüft die vermutete Identität seiner Gesprächspartnerin (3: *allô véronique*); diese bestätigt durch *ou:i/* (4), gibt aber nicht zu erkennen, ob auch sie ihren Gesprächspartner erkannt hat, woraufhin der Anrufer sich selbst identifiziert: *c'est benoît là* (5). Häufig genügt den Gesprächsteilnehmern die kurze Stimmprobe des vorangehenden *allô* zur Erkennung; es kann sich aber auch herausstellen, dass eine weitere Bearbeitung erforderlich ist.
3. Die **Begrüßung**: Auch sie wird als Paarsequenz realisiert, hier durch *SAlu:t* (6) – *salut* (7).
4. Die **‚wie geht's'-Sequenz**: Diese Phase tritt in Gesprächseröffnungen sehr häufig, aber nicht immer auf. In unserem Beispiel wird sie nicht realisiert. Sie besteht üblicherweise aus zwei Paarsequenzen; ein Beispiel findet sich oben in Kapitel 5.1: *ça va/ – bien* und *et toi karin – bien/*.
5. Die **Einführung des ersten Themas** (*first topic*) als Grund für den Anruf: Die prä-thematische Phase der Eröffnung wird durch den Übergang zum thematischen Austausch beendet. In Beispiel 1 ist dieser Übergang explizit durch *c'était pour vous dire* (9) markiert. Diese Stelle wird als *anchor position* (Schegloff 1986: 116) bezeichnet. Schegloff zeigt, dass die Teilnehmer Versuche, ein Thema *vor* dieser Position einzuführen, als verfrüht behandeln, auch wenn dies in Gesprächen aufgrund von Eile, Vertrautheit oder Erwartbarkeit des Anrufs häufig vorkommt (ebd.: 133 ff.; zur Themeneinführung siehe unten Kap. 8).

7.2.2 Mögliche Erweiterungen der Eröffnungsphase

Die einzelnen Elemente der Eröffnung sind sequenziell geordnet. So schafft die Identifikation erst die Bedingung für einen sinnvollen Austausch von Begrüßungen oder wechselseitigen Fragen nach dem Ergehen. Bestimmte Phasen können implizit realisiert (beispielsweise die wechselseitige Identifikation einfach anhand der Stimme) oder auch ausgelassen

---

fonspezifische Charakteristika eingeht (Schmale 1995). Das sehr reichhaltige Corpus privater und professioneller sowie institutioneller Telefongespräche (Aufnahmen und Transkriptionen) wurde in Schmale (2007) veröffentlicht.

werden (z.B. die ‚wie gehts'-Sequenz), andere können zu größeren eigenständigen Entwicklungen führen. In jeder Phase sind also Variationen und Expansionen möglich.

So kommt es z.b. vor, dass der Anrufer die Dauer des Telefonklingelns in der *Summons/Answer*-Sequenz thematisiert, d.h. bei auffällig kurzem oder langem Läuten die Gründe dafür erfragt und damit u.U. die Aktivitäten des Angerufenen zum Zeitpunkt des Anrufs zum Thema macht. Ein solcher Einstieg kann sich auf die Organisation des gesamten Gesprächs auswirken; z.b. kann das Telefonat sehr kurz gehalten werden (wenn es den Angerufenen in seiner aktuellen Beschäftigung stört), und/oder die Teilnehmer können das betreffende Thema in der Beendigungsphase wieder aufgreifen.

In der Sequenz der Identifikation selbst sind verschiedene Aufgaben zu lösen (Schegloff 1979). Hier wirken sich vor allem unterschiedliche Konventionen in verschiedenen Sprachen oder Kulturen aus. Die Phase verläuft zwangsläufig anders, wenn – wie in Deutschland üblich – der Angerufene sich mit Namen meldet, ebenso bei Anrufen in Institutionen oder Unternehmen (s.u. 7.2.3) oder bei durch neue Technologien vermittelten Gesprächen, etwa über Mobiltelefone, die oft den Namen oder die Nummer des Anrufers anzeigen. Doch auch in diesen Fällen ist die Identifizierung ein praktisches Problem, das in den ersten Redebeiträgen gelöst wird.

Die Identifikation muss nicht durch explizite Nennung des Namens oder bestimmter Kategorien erfolgen; sie kann stillschweigend ablaufen, entweder anhand der Stimme – bzw. in direkter Interaktion durch wechselseitiges visuelles Erkennen – oder durch eine Kategorisierung aufgrund des Interaktionsverhaltens insgesamt, wie in dem folgenden, von Widmer (1987: 200 ff.) analysierten Fall:

Beispiel 2 (Widmer 1987: 200–1)

```
 0     ((sonnerie))
 1  B  ((silence))
 2  A  c'est madame untel?
 3  B  oui!
 4  A  oui. elle est là ta maman?
 5  B  h, hé!
 6  A  madame untel n'est pas là?
 7  B  ouaih
 8  A  elle est pas là ta maman?
 9  C  allo?
10  A  bonsoir madame, c'est ...
11  C  bonjour
12  A  c'est madame A de X
```

In diesem Beginn eines Telefongesprächs identifiziert die Anruferin (A) ihre Gesprächspartnerin (B) trotz der bejahenden Antwort in Z. 3 nicht als *Madame Untel*, sondern als deren Kind (4). Es gibt verschiedene Hinweise darauf, wie diese Identifikation erfolgt. Mit der Referenz *ta maman* (4, 8) zeigt A an, dass sie B als Kind erkannt hat, da *enfant* und *maman* zum selben Kategorienset (Familie) gehören. Dies tut sie nicht nur anhand der Stimme – einer Kinderstimme, was in der Transkription nicht angezeigt ist –, sondern auch anhand des Gesprächsverhaltens: B hebt ab, sagt aber nichts (1), übernimmt also nicht den *turn*, der dem Angerufenen zukommt; auf As Frage in Z. 2 antwortet B nicht nur zustimmend, obwohl dies erkennbar unangemessen ist, sondern außerdem mit affirmativer Intonation, während Madame Untel in dieser Position *oui* mit fragender Intonation geäußert hätte

(Widmer 1987: 202). Diese Hinweise ermöglichen es A, B als Kind zu kategorisieren, d.h. als Gesprächspartner mit eingeschränkter interaktiver Kompetenz. In dieser Phase werden also neben der wechselseitigen Identifikation der Teilnehmer vielfältige Kategorisierungen vorgenommen, die sich auf den folgenden Gesprächsablauf auswirken. Ein eindrückliches Beispiel für eine ausgesprochen schwierige Identifikationsphase aufgrund einer Fehlkategorisierung bietet das Corpus von Schmale (2007, Bd. II, Nr. 44–46): Eine Anruferin fragt in zwei Gesprächen nacheinander die weibliche Person, die den Anruf beantwortet, vergeblich nach „le docteur Malin". Als sie schließlich beim dritten Versuch mit Herrn Doktor Malin verbunden wird, stellt sich heraus, dass sie ‚le docteur Malin' zu Unrecht als männlich kategorisiert hatte: ‚Der' Doktor Malin, den sie zu sprechen wünscht, ist in diesem Fall die Ehefrau, die bereits die ersten beiden Gespräche entgegengenommen hatte.

Nach der wechselseitigen Identifikation können die Teilnehmer in den Austausch von Begrüßungen und Fragen vom Typ ‚wie geht's?' eintreten; oft vollziehen sie ihr wechselseitiges (Wieder-)Erkennen aber auch *in* der Begrüßungssequenz. Das (Wieder-)Erkennen betrifft nicht nur die referenzielle Identifikation, sondern auch die wechselseitige soziale Anerkennung, die sich auf die Form der Anrede und den Austausch der Begrüßungen auswirkt (Conein 2005).

Während die Phase der Begrüßungen, die am stärksten ritualisierte Sequenz, sich für Expansionen und thematische Ausführungen weniger anbietet, ist die ‚wie geht's'-Sequenz dafür besonders geeignet. Schegloff unterscheidet verschiedene mögliche Antworten auf die Frage nach dem Ergehen mit sehr unterschiedlichen Konsequenzen für die nachfolgende Sequenz:

> „[...] answers appear to be organized into three sets, positive (‚terrific', ‚really good'), negative (‚awful', ‚terrible'), and neutral (‚fine', ‚O.K.'). [...] Answers of different types engender different sequential courses. ‚Neutral' responses are closure relevant. They take the tack that talk along those lines is not to be pursued ‚now'. [...] ‚Positive' and ‚negative' responses engender sequence expansion; they take up the opportunity to engage in talk on that topic." (Schegloff 1986: 129, mit Bezug auf Sacks 1975: 68–69)

Wird die Frage als routinemäßige interpretiert, erfolgt eine unmarkierte Antwort, die zu keiner weiteren Entwicklung führt. Wird sie dagegen als ‚echte' Frage nach der gesundheitlichen oder seelischen Verfassung interpretiert, kann sie zu einer markierten Antwort und zu beträchtlichen Expansionen führen (Sacks 1973). Die beiden folgenden Beispiele illustrieren diese unterschiedlichen Möglichkeiten:

Beispiel 3: ça va/ (Aufnahme und Transkription von Karola Pitsch)

```
1        ((sonnerie))
2   A    allô/
3   V    allô antOIne/
4   A    ouais/
5   V    salut c'est véro:
6   A -> ça va/
7   V -> oui: et toi/
8   A -> hmhm/ bien
9   V    t'es en train de manger/
```

Beispiel 4 (Corpus Mondada/conversation téléphonique, ant-C1)

```
(A et B parlent des biscuits que la première a reçus de la seconde)
1  A     quand j(e) serai bien j(e) vous demanderai la recette
2        hein madame eh:
3  B ->  oui vous allez mie- vous allez bien/
4  A ->  oui ça va\ ça va\ j'me réjouis d'arriver à demain\ .
5        oh:: j'me réjouis d'arri[ver à
6  B ->                          [qu'est-ce qu'y a demain/
7  A     à demain parce qu'on enlève les: les plâtres\ et on fait
8        lA les radios\ . et p(u)is i(ls) r(e)mettent des plâtres
9        mais: . peut-être que: le: dégagera le: un des bras\
```

In Beispiel 3 antwortet V auf ein erstes *ça va/* (6) positiv mit *oui:* und schließt dann den ersten Zug einer reziproken Paarsequenz an (7: *et toi/*), auf den ebenfalls eine unmarkierte positive Antwort erfolgt (8). Danach geht V mit einer Frage (9) zu etwas anderem über.

In Beispiel 4 gibt A eingebettet in eine indirekte Bitte einen Hinweis auf ihren problematischen Gesundheitszustand (1–2): *quand j(e) serai bien*. B schließt im nächsten *turn* an diesen Hinweis an, nicht an die Bitte. Ihre Frage (3) ersetzt in gewisser Weise den ‚wie geht's?'-Austausch, der zu Beginn des Gesprächs nicht stattgefunden hat. In diesem *turn* erfolgt eine Selbstreparatur (*vous allez mie- vous allez bien/*); die erste Formulierung zielt auf einen Vergleich zwischen vorher und jetzt (und damit auf eine mögliche Topikalisierung) ab, die zweite auf eine präferierte Antwort. A antwortet zunächst positiv; ihr anschließender, durch Wiederholung noch verstärkter Hinweis auf ein bevorstehendes Ereignis provoziert dann aber eine Nachfrage und führt zu einer Expansion des Themas. Eine solche ausführliche Behandlung des wechselseitigen Ergehens gehört nicht zu den präferierten Formaten in Eröffnungssequenzen. Dies wird auch daran deutlich, dass entsprechende Fragen zweimal gestellt werden können, einmal als Bestandteil der Eröffnungssequenz und im Verlauf des Gesprächs noch einmal als Thema. Die Teilnehmer folgen dieser Präferenzstruktur, wie der nachfolgende Ausschnitt deutlich macht:

Beispiel 5 (Corpus Mondada/conversation téléphonique, SUS-C1)

```
1   V   allô oui:
2   C   .h tchao viviane c'est colette
3   V   comment vas-tu:/
4   C   Bien:/ [hh
5   V          [bien\
6   C   et toi/
7       (0.5)
8   V   oah/ ouais\
9   C   <HHe HHe hh ((rit))>
10      (0.7)
11  C   [hhh]
12  V   [on va dire] bien\
13      (0.3)
14  C   hein//
15  V   on va dire Bien\ (.) c'est mieux
16  C   O:k[é\ .h
17  V      [hhhh
18  C   hé j'voulais te demander si: jeudi ça jouait toujours/
```

Die erste ‚wie geht's'-Sequenz (3–4) wird durch einen dritten Zug erweitert, mit dem V Cs Antwort ratifiziert (5). Auf Cs Gegenfrage (6: *et toi/*) folgt etwas, das ganz offensichtlich dispräferiert ist: Die Pause (7) verzögert Vs Antwort, die aus zwei Varianten von *oui* besteht (8). Darauf erfolgt ein kleines Lachen von C, das sich über eine erneute Pause verlängert. In Überlappung damit formuliert V eine neue Antwort, die wiederum als dispräferiert erkennbar ist: *on va dire Bien\ (.) c'est mieux* (15). Hier gibt V also auf die Frage nach dem Ergehen weder eine ,neutrale' Antwort, noch macht sie aus ihrem Befinden ein ,Thema'; sie deutet lediglich an, dass es ein Thema sein könnte.

7.2.3 Interaktionen im institutionellen Kontext

Die oben genannten Phasen, die der *anchor position* vorausgehen, werden entweder als Reihung organisiert (*serial organization*) – jeder *turn* enthält einen Sequenzteil, so dass eine Sequenz der anderen folgt, wie in Beispiel 1 – oder durch Verschränkung (*interlocking organization*), d.h. einige *turns* enthalten zwei oder drei Komponenten (Schegloff 1986: 130–133). Die zweite Organisationsform ist vor allem typisch für die Eröffnung institutioneller Gespräche, wie die folgenden Beispiele von Anrufen in einem Call-Center zeigen:

Beispiel 6 (Corpus Mondada/Call Centre, rec20)
```
1   ((sonnerie))
2   OP  ((nom de la société)) bonsoir/
3   AP  oui bonsoir c'est pour vous signaler qu'y a (( ?)) un ascenseur
4       qui est bloqué/ au vingt-siX/ avenue de la tête d'or/
5       (1.7)
6   AP  à Mélan\
```

Beispiel 7 (Corpus Mondada/Call Centre, rec121)
```
1   (sonnerie))
2   OP  ((nom du service)) bonjour/
3   AP  oui bonjour madame/ madame je suis bloquée là:
4       .h c'est euh hh c'est pas la première fois d'ailleurs/ euh
5       .hh euh j- est-ce qu'on peut/ vous pouvez m'envoyer quelqu'un/
```

Beispiel 8 (Zimmerman 1992)
```
1   ((ring))
2   D   Mid-City Emergency
3   C   um yeah (.) somebody jus' vandalized my car,
```

In den beiden ersten Beispielen folgt auf den *turn* des Telefonisten des Call-Centers, der aus Identifizierung und Begrüßung besteht, ein *turn*, in dem der Anrufer in kompakter Form einen Gegengruß und unmittelbar anschließend eine Begründung für den Anruf präsentiert. In manchen Fällen erfolgt überhaupt keine Begrüßung, wie in Beispiel 8; die Identifizierung ist dann die einzige Handlung, die vor der Begründung des Anrufs stattfindet (vgl. Zimmerman 1992).

Charakteristisch für institutionelle Anrufe ist ganz allgemein eine Reduktion der für Telefongespräche typischen Kernsequenz der Eröffnung (*core opening sequence*, Schegloff 1986). Diese Reduktion trägt wesentlich dazu bei, den institutionellen Charakter des Gesprächs herzustellen; sie dient dazu, den Grund des Anrufs und die Art der erbetenen Dienstleistung so früh wie möglich in der Eröffnung zu platzieren und damit in den Vordergrund zu stellen. In den von Schmale (2007, Bd. II) zusammengestellten Telefongesprächen aus professioneller und institutioneller Kommunikation lassen sich diese reduzierten Eröffnungssequenzen gut beobachten.

Der Anrufer identifiziert sich als ‚Klient' bereits durch das Format seines Anrufs, eine
auf eine Dienstleistung bezogene Anfrage. Seine Identität und seine Adresse werden später
behandelt, wenn es darum geht, die Ausführung der betreffenden Dienstleistung zu organisieren (Zimmerman 1992).

Die Identifizierung kann wiederum unterschiedlichen Zwecken dienen: So zeigt de
Gaulmyn (1994), dass Anrufe bei einem sozialen Notdienst sich in ihrem Verlauf deutlich
danach unterscheiden, ob der Anrufer sich als ein legitimer (Verwandter oder Professioneller) oder als ein nicht legitimierter Vermittler identifiziert, z.B. als ein (anonymer) Nachbar
(die Anrufer sind nur selten die Betroffenen selbst). Die Legitimität des Anrufs wird von
den Teilnehmern interaktiv hergestellt, und zwar vor allem in der Eröffnung: Die professionellen Anrufer (Sozialarbeiter, Mitarbeiter in sozialen Einrichtungen usw.) konstituieren
das Gespräch gleich in der Identifikationsphase als professionelles Gespräch zwischen verschiedenen Dienststellen (ein Beispiel dafür gibt das Arbeitstranskript I im Anhang), die
‚legitimen' Privatpersonen eröffnen es routiniert und nennen sehr schnell den Grund ihres
Anrufs; die anonymen Nachbarn dagegen begründen zunächst vor allem, dass sie zu Recht
anrufen bzw. legitimiert sind, für eine andere Person zu sprechen. Die soziale und zwischenmenschliche Beziehung, die sich in der Eröffnung und der Identifikationsphase konstituiert, prägt den Verlauf des gesamten nachfolgenden Gesprächs.

7.2.4 Eröffnung von *face-to-face*-Interaktionen: Die Bedeutung multimodaler Ressourcen

Die Literatur zu Eröffnungen bezieht sich vorwiegend auf telefonische Interaktionen; Eröffnungen in *face-to-face*-Interaktion wurden bisher wenig behandelt (vgl. Mondada/
Schmitt, demn.). Hier wird in der Eröffnung vor allem der Interaktionsraum konstituiert
(Mondada 2007a). Die Kontaktaufnahme der Teilnehmer geschieht in erster Linie visuell,
durch eine wechselseitige Ausrichtung der Körper und Blicke, bevor überhaupt ein *Summons/Answer*-Paar geäußert wird bzw. anstelle eines solchen. In diesem Fall spielen also
multimodale Ressourcen eine zentrale Rolle.

Der folgende Gesprächsausschnitt, in dem zwei Passantinnen (E und F) auf der Straße
ein Paar (A und B) nach dem Weg fragen, macht deutlich, wie Eröffnungen in *face-to-face*-
Interaktionen vor sich gehen (Mondada 2002):

Beispiel 9 (Corpus Montpellier, Etuves 9)

```
1        ((E et F marchent vers A et B))
2   E    euh::: pardon l'é- euh l'église saint-roch s'il
3        vous plaît\
4   A    euh:⊥:: alors/
              ⌐se retourne vers l'arrière--->
5        (2)
6   B    ah moi je suis pas# d'ici/ *alors*
                                    *hausse les épaules*
    im                       #image 1
```

```
7        *°je sais pas*  du tout°
         *se tourne et s'éloigne*
8   E    ah a[h
9   F       [ah#
    im            #image 2
10       *(1) ⊥ (1)*
         *B se positionne derrière sa femme*
         ->⌐A retourne vers E et F ----->
11  A    i me semble qu'i faut que #vous repart⌐iez par là
                                    ----->⌐pointe -->
    im                              #image 3
```

image 1
B regarde E et F

image 2
B se déplace vers la gauche

image 3
B se positionne derrière A

Wie bei Dienstleistungsgesprächen wird auch hier der Grund für die Kontaktaufnahme sehr schnell genannt, nämlich sofort im Anschluss an die einleitende Entschuldigungsformel *pardon* (2). Aber die Interaktion beginnt schon früher: damit, dass E und F ihre Körper auf A und B ausrichten und auf sie zugehen und dass sie von A und B als zukünftige Gesprächspartnerinnen wahrgenommen und anerkannt werden und nicht einfach als Passantinnen in der Menge. Diese visuelle Kenntnisnahme funktioniert nicht nur wie eine Paarsequenz mit *Summons* und *Answer*, sondern sie geht auch mit einer Kategorisierung der Teilnehmer einher: als ‚Passanten', eventuell als ‚Touristen' und nicht beispielsweise als ‚Bettler' oder ‚Straßenhändler'. Die frühe Formulierung des Anliegens unterstützt diese kategoriale Einordnung: E stellt sich durch ihre Frage und das gesuchte Objekt als Touristin dar, die sich nicht auskennt. Die unterschiedlichen Reaktionen auf ihre Frage lassen ebenfalls kategoriale Einordnungen und ihre Relevanz erkennen: Während A beginnt zu antworten (4), thematisiert B seine Nichtzugehörigkeit zur für die Aktivität relevanten Kategorie (6–7: *ah moi je suis pas d'ici alors je sais pas du tout*). Entsprechend zieht er sich aus dem unmittelbaren Interaktionsraum zurück: Er wendet sich ab und stellt sich hinter A, überlässt damit ihr als für diese Aktivität relevanter Gesprächspartnerin den Raum. A fährt daraufhin mit ihrer Antwort fort (11).

In der Eröffnung direkter Interaktionen stellen sich also dieselben praktischen Probleme wie in Telefongesprächen; jedoch nutzen die Teilnehmer für ihre Organisation zusätzlich multimodale Ressourcen wie Gesten, Blicke, Körperhaltung und Bewegungen.

7.3 Die Beendigung (*closing*)

Ebenso wie die Eröffnung wird auch die Beendigung des Gesprächs von den Teilnehmern gemeinsam hervorgebracht. Dabei haben die Interaktanten folgendes Problem zu lösen: Wie kommen sie, wenn ein Gespräch erst einmal in Gang ist, gemeinsam und gleichzeitig zu einem Ende? Oder anders formuliert (Schegloff/Sacks 1973: 294–295): Wie lösen sie das praktische Problem, gemeinsam an einen Punkt in der Interaktion zu gelangen, an dem a) keine neuen Themen mehr eingeführt werden und b) der Mechanismus des Sprecherwechsels außer Kraft gesetzt ist, ohne dass dies als einseitiges Schweigen oder Abbruch der Interaktion verstanden wird? Betrachten wir dazu exemplarisch das Ende des oben wiedergegebenen Telefongesprächs:

Beispiel 10 (= Ende von Beispiel 1, 37–44)

```
37      (1.0)
38   B  .h VOIlà\
39   V  okay ça mArche\ bon ben écoute/ on t'oublie demain
40      alors\
41   B  d'Accord\
42   V  Alle:z (.) sal[ut\ bon] dimanche
43   B             [salut  ]
44   ((raccrochent))
```

In Zeile 37 sind die Teilnehmer im Gespräch an einem Einschnitt angelangt: Bs Anliegen, das er als Grund des Anrufs genannt hat, wurde behandelt, ein davon abgeleitetes zweites Thema ebenfalls. Alle zuvor eröffneten Sequenzen sind beendet und es bestehen keine konditionellen Relevanzen, die eine nächste Aktivität strukturell erwartbar machen würden. Die Teilnehmer organisieren nun in drei Schritten gemeinsam ihren Ausstieg aus dem Gespräch:

– Der erste Schritt besteht in einer ,**Vorbeendigung**' (*possible pre-closing*), die B in Zeile 38 durch *VOIlà* einleitet. Diese Art von Äußerung (ein *turn*, der nur aus einer Diskurspartikel mit fallender Intonation besteht) an dieser sequenziellen Stelle (am erkennbaren Ende eines Themas) füllt den Rederaum, ohne etwas zum vorherigen Thema beizutragen oder ein neues einzuführen. Damit wird zum einen die Möglichkeit eröffnet, eine Beendigungssequenz zu initiieren. Zum anderen wird dem Gesprächspartner ein *free turn* übergeben; er kann an dieser Stelle entweder ein neues Thema einführen oder die Aktivität des *pre-closing* bestätigen. Im letzteren Fall wird aus dem potenziellen und vorläufigen ein tatsächliches *pre-closing*, weil die Interaktion sich nun zunehmend auf die Gesprächsbeendigung ausrichtet. In Zeile 39 bestätigt V eben dies durch *okay ça mArche*.

– In einem zweiten Schritt fasst V das **Gesprächsergebnis** zusammen (39–40: *on t'oublie demain alors*), ebenfalls mit fallender Intonation und eingeleitet durch Diskurspartikeln (*bon ben écoute*), die in Beendigungssequenzen regelmäßig vorkommen. Dies wird von B durch *d'Accord* bestätigt. Auch hier ist also eine gemeinsame Orientierung der Teilnehmer auf das Gesprächsende sichtbar.

– Der dritte Schritt besteht aus einem **abschließenden Austausch** (*terminal exchange*), d.h. einer Paarsequenz von Abschiedsformeln (42–43: *salut* – *salut*), worauf die Teilnehmer den aktuellen Kontakt beenden, indem sie auflegen (in direkter Interaktion würden sie sich voneinander abwenden und entfernen).

Diese Verfahren der Gesprächsbeendigung und ihren methodischen Charakter haben Schegloff und Sacks (1973) unter dem Titel *Opening up Closing* herausgearbeitet. Konstitutive Bestandteile einer Beendigungssequenz sind die Initiierung der Beendigung (z.B. durch routinisierte Formeln wie ‚tout va bien finir par s'arranger‘ oder ‚on peut rien y changer‘) und der abschließende Austausch, die beide üblicherweise als Paarsequenzen organisiert sind. Dazwischen können verschiedenste Komponenten eingefügt werden, wie der zweite Schritt in unserem Beispiel gezeigt hat. Hier finden sich neben dem Rückbezug auf Inhalte des Gesprächs (häufig den Grund des Anrufs) auch Verabredungen (z.B. Termin für den nächsten Kontakt) oder Bezugnahmen auf den Gesprächstyp (z.B. Beratung, Auskunft). Auf diese Weise wird ein direkter Zusammenhang von der Beendigung zur Eröffnung sowie zum thematischen Austausch hergestellt.

Bei jedem dieser Schritte handeln die Gesprächspartner lokal Zug um Zug aus, ob sie in Richtung der Beendigung oder einer Wiedereröffnung verfahren. So kann auch nach der Vorbeendigung und sogar nach dem abschließenden Austausch die Beendigung des Kontakts noch ausgesetzt und ein neues Thema eingeführt werden:

Beispiel 11 (André-Larochebouvy 1984)

```
 1  A      bon on se téléphone hein/ à bientôt monique
 2  B      d'accord et merci [pour le:
 3  A                        [mais non j't'en prie/ au revoir/
 4  B  ->  au revoir/ attends attends dis tu sais pour hélène/
 5  A      n- non non/ quoi/
 6  B      ben elle est enceinte tiens/
 7  A      no::n mais mais elle a elle a [passé
 8  B                                    [elle a passé l'âge ben
 9         oui huh elle est marrante cella-là non/
10  A      ça faut dire: faut dire: . bon tu m'tiendras au courant
11         hein/ ah:ah hein/ au revoir
12  B      d'accord ahahah au revoir
```

Nach einer Vorbeendigung (1–3) und einem abschließenden Austausch (3–4: *au revoir/ – au revoir/*) kündigt B in Zeile 4 mit der verdoppelten Partikel *attends* ein neues Thema an und ‚blockiert‘ damit die definitive Beendigung. Auf seine anschließende Frage *dis tu sais pour hélène/* reagiert A mit einer Topikalisierung und lädt ihn so zur Entwicklung des Themas ein (s.u. Kap. 8). Nach der Bearbeitung des Themas wird erneut eine Vorbeendigung eingeleitet (10–11), die diesmal zu einem endgültigen abschließenden Austausch führt.

Die Teilnehmer rekurrieren also auf systematische ‚Methoden‘, um zwei Momente zu organisieren, die für die Definition des Gesprächs als solches grundlegend sind: die Kontaktaufnahme, mit der sie den geordneten Eintritt in eine gemeinsame Aktivität vollziehen, und die koordinierte Beendigung dieser Aktivität. Diese beiden Momente begrenzen das Gespräch und machen es als ein strukturiertes und abgeschlossenes Ereignis erkennbar. Dabei sind Eröffnung und Beendigung mehr als nur ein ritueller Rahmen; sie erweisen sich vielmehr als thematisch und strukturell eng mit der dazwischen stattfindenden Interaktion verbundene Bestandteile des Gesprächs.

Aufgaben zu Kapitel 7

– Analysieren Sie die Eröffnungsphasen im Arbeitstranskript I (im Anhang) und in Beispiel 1 aus Kapitel 4 im Hinblick auf die von Schegloff beschriebenen Sequenzen/Phasen. Lassen sich Besonderheiten beobachten?
– Beschreiben Sie detailliert die interaktive Beendigung des Gesprächs im Arbeitstranskript I: Wo genau beginnt sie und aus welchen Elementen besteht sie?
– Vergleichen Sie auf der Grundlage eigener Erfahrungen oder Befragungen oder entsprechender Materialsammlungen (z.B. Schmale 2007) die Unterschiede zwischen Eröffnungssequenzen von Telefongesprächen in verschiedenen sprachlichen, kulturellen, professionellen/institutionellen Kontexten.
– Beobachten und beschreiben Sie detailliert Situationen der Kontaktaufnahme an einem Ort, wo viele Menschen zusammenkommen, und beachten Sie dabei auch, was alles passiert, bevor überhaupt das erste Wort gesprochen wird. Welche körperlichen, gestischen, mimischen Aktivitäten gehen dem verbalen Austausch voraus?

8. Thematische Organisation

Im vorigen Kapitel haben wir mit der Eröffnung und Beendigung von Gesprächen bereits lokale Prozeduren betrachtet, die im Gespräch eine globale Reichweite haben. Mit der thematischen Organisation nehmen wir in diesem Kapitel (ebenso wie mit dem Erzählen im nächsten) ebenfalls Verfahren mit größerer Reichweite in den Blick.

Der Begriff ‚Thema‘ wurde in verschiedenen Bereichen der Linguistik in unterschiedlicher Weise definiert und behandelt. Die Konversationsanalyse befasst sich aber weniger mit den Themen selbst als vielmehr damit, wie die Interaktanten sie im Gespräch erzeugen, entwickeln und einordnen. ‚Thema‘ wird hier also in erster Linie als Kategorie der Teilnehmer behandelt, nicht als ein theoretisch definiertes Konzept. Die KA betont vor allem die interaktive, kollektive und dynamische Hervorbringung von Themen in enger Verbindung mit der sequenziellen Organisation des Gesprächs.

Es gibt bestimmte Positionen im Gespräch, die im Zusammenhang mit der Einführung von Themen eine besondere Rolle spielen (8.1). Weiterhin gibt es bestimmte Verfahren für die Einführung eines Themas (8.2). Themen können sich aber im Gespräch auch allmählich entwickeln und ineinander übergehen (8.3). Die konversationsanalytische Beschäftigung mit der thematischen Organisation des Gesprächs eröffnet auch einen neuen Zugang zu grammatischen Ressourcen; das zeigen wir am Beispiel der Links-Dislokation (8.4). Da die thematische Organisation eng mit der Strukturierung der Interaktion zusammenhängt, gehen wir im letzten Teil des Kapitels (8.5) ausführlicher auf Strukturierungsaktivitäten ein.

8.1 Positionierung von Themen

Themen können im Verlauf des gesamten Gesprächs eingeführt werden. Es gibt aber zwei Positionen, die für die Themenorganisation eine besondere Rolle spielen: das Ende der Eröffnungssequenz und die Vorbeendigungssequenz.

Das erste Thema (*first topic*) einer Interaktion hat nicht nur eine bestimmte Position, sondern auch einen besonderen Status. Es ist im Allgemeinen am Ende der vorthematischen Eröffnungssequenz platziert, in der ‚Ankerposition‘ (Schegloff 1986), d.h. nach dem rituellen Austausch in Form von Paarsequenzen (wechselseitige Identifizierung, Begrüßung, Fragen nach dem Ergehen; s.o. Kap. 7). Zwar können sich auch in der Eröffnungssequenz thematische Entwicklungen ergeben, jedoch schreiben die Interaktanten dem Thema, das nach der Eröffnung als erstes Gesprächsthema etabliert wird, einen besonderen Status zu. Diese Platzierung macht es zum Anlass des Gesprächs, zum wichtigsten Thema (Schegloff/Sacks 1973: 300–1). Daher vermeiden die Interaktanten es auch gelegentlich, ein Thema in dieser besonderen Position einzuführen, um ihm nicht dadurch zu große Bedeutung zu verleihen (Sacks 1992, II: 160, 165).

In der folgenden Eröffnungssequenz eines Telefongesprächs ist eine kurze thematische Entwicklung zu erkennen, die sich auf die Umstände des Anrufs bezieht (5–7) und die von den Teilnehmerinnen *nicht* als erstes Thema behandelt wird:

Beispiel 1 (Corpus Mondada/conversation téléphonique, bach-C3)

```
 1  S       oui allô/
 2  B       oui c'est béatrice °xx°
 3  S       c'est xxxx
 4  B       ça va/
 5  S       oui bien ça va bien/ écoute j'ai essayé de t'appeler
 6          tout alors pour t'laisser un message/ t'as: débranché
 7          ton répondeur/
 8  B       non mais il fonctionne plus\
 9  S  ->   ah bon\ . écoute/ . moi je propose que cet après-midi
10          on (n')aille pas à montreux parce que j'ai pas tout à
11          fait fini mon boulot/ [(mais qu'on aille)]
12  B                            [non (moi) ça m'arran]ge bien
```

Der Übergang zum ersten Thema wird hier deutlich markiert: S initiiert es erst nach dem Abschluss der vorthematischen Expansion (9: *ah bon*) mit dem Aufmerksamkeitssignal (*attention getting device*) *écoute/*, das hier zwischen zwei Pausen isoliert (und nicht wie in Z. 5 in den *turn* eingebettet) ist, und nach einer Links-Dislokation des Personalpronomens (*moi je propose*). Das erste Thema wird also als solches markiert, und sein besonderer Status wird gekennzeichnet.

Wie die Eröffnung des Gesprächs stellt auch die Beendigung eine privilegierte Position für die Einführung von Themen dar, allerdings hat dies andere Gründe. Für die Vorbeendigungssequenz, die der eigentlichen Beendigung vorausgeht (s.o. Kap. 7), ist nach Schegloff/Sacks (1973) charakteristisch, dass sie auf die erkennbare Beendigung eines Themas folgt, also keine Bedingungen für einen thematischen Anschluss gegeben sind. Damit eröffnet sie einen Raum für die Einführung eines beliebigen neuen Themas, das keinerlei Verbindung mit dem Vorhergehenden aufzuweisen braucht. Die globale Organisationsstruktur des Gesprächs stellt so eine letzte Gelegenheit bereit, um ein Thema einzuführen, für das sich vorher keine Anschlussmöglichkeit geboten hat.

Beispiel 2 (Corpus Mondada/conversation, par99/hal/4')

```
 1  J       cette année/ c'est A la porte de versailles/ ET à
 2          villepinte/ (.) [mais je sais plus/
 3  M                       [ah c'est de l'autre côté de paris/ (.) ça\
 4  J       ouais c'est vers [euh::] (.) roissy/ (.) euh j'sais pas où\
 5  M                        [ouais]
 6  M       oui (.) mh (.) mh
 7  ->      (3.5)
 8  J       <voilà\ tu peux donc aller voir/ et:: (.) j'ai entendu ce
 9          matin à la radio/ que: les équipements de salle de bains
10          étaient à villepinte\ (.) °les aménagents de salle de bains\°
11  ->      (3)
12  M ->>   ah tiens au fait/ je suis allée au théâtre jeudi/=
13  J       =ah bon/ (.) qu'est-ce que c'était/
```

Die Teilnehmer sprechen über ihs Ausbau ihres Badezimmers; in diesem Zusammenhang schlägt J den Besuch einer Baumesse vor. Als das Thema sich allmählich erschöpft, reformuliert er nach einer längeren Pause (7) mit zunehmend leiser Stimme seinen Vorschlag (8–10). Dabei benennt er das Thema zunächst mit *les équipements de salle de bains* und repariert dies dann durch *les aménagements de salle de bains* (10). Diese Positionierung der Benennung – nach dem Ende des vorherigen *turns*, abschließender Intonation und Pause – würde eine Wiederaufnahme favorisieren. In der anschließenden Pause (11) übernimmt jedoch keiner der Teilnehmer den *turn*, um das Thema wieder aufzugreifen. Nach einer langen Pause wechselt M das Thema (12) und bringt damit das Gespräch wieder in Gang: J reagiert sogleich mit einer Topikalisierung (13: =*ah bon/*), signalisiert damit Interesse und lädt seine Gesprächspartnerin dazu ein, das Thema im nächsten *turn* zu entfalten.

Das Beispiel zeigt, wie thematische Organisation und Sprecherwechsel zusammenfallen können. Die Organisation des Sprecherwechsels ist zwar grundsätzlich unabhängig vom Thema (Sacks/Schegloff/Jefferson 1974: 710), doch kann, wenn sich (wie in diesem Beispiel) das Gespräch erschöpft hat, ein Themenwechsel den Mechanismus des Sprecherwechsels wieder in Gang setzen (Maynard 1980) oder auch zur Beendigung des Gesprächs führen (Bergmann 1990: 211).

Die Interaktionsteilnehmer orientieren sich nicht nur auf die Platzierung eines Themas in der Gesamtinteraktion, sondern prüfen Äußerungen auch unter dem Aspekt, ob sie zum aktuellen Thema passen, d.h. sie betrachten jeden Gesprächsbeitrag im Hinblick auf die Frage *why that now?* (Schegloff/Sacks 1973: 299). Die sequenzielle Platzierung jeder sprachlichen Form hat eine Bedeutung für ihre praxeologische Interpretation. Dieses grundlegende Prinzip verkörpert sich besonders in der Orientierung der Interaktanten auf die Ordnung, Verteilung und Platzierung behandlungswürdiger Themen (*mentionables*) im Gespräch (ebd.: 300). Insofern sind thematische Störungen besonders aufschlussreich, wenn also z.B. jemand nach dem Grund für die Einführung eines bestimmten Themas fragt. Diese Gründe sind normalerweise im Kontext unproblematisch, d.h. nachvollziehbar und erklärbar (*accountable*); erfragt werden sie nur, wenn sie problematisch sind. Solche Fälle machen die Orientierung der Teilnehmer auf die sequenziellen thematischen Entwicklungen und die Anbindung an den Gesamtzusammenhang erkennbar.

Diese Orientierung bringen die Teilnehmer im folgenden Ausschnitt explizit zum Ausdruck. Es handelt sich um eine Diskussion zwischen Beratern eines großen französischen Unternehmens, die ein Seminar organisieren:

Beispiel 3 (Corpus Mondada/réunion de travail, TF31011)
```
 1  G  donc euh: on vous propose donc une thématique à voir
 2     donc euh par rapport à ce ce thème principal/ ça serait
 3     de voir la dynamique des parties prenantes/ . dans
 4     l'actionnariat\ . voir le rôle de cet actionnariat/
 5     . dans l'entreprise
 6  L  attends et ça a un lien avec le thème/ [qui xx
 7  H                                         [ce s(e)ra un
 8     lien oui oui\ on on on finit de balayer tous les
 9     thèmes/ et on va faire le: . la mayonnaise\
10     (4s)
11  G  oui\ alors y a un second euh un second sous-thème/
12     qui est/ jeu d'acteur et . et situations de blocage\
```

Die Interaktanten behandeln hier die Ausdrücke *thématique*, *thème*, *sous-thème* als allgemein verständliche Kategorien. An einer Stelle greift L in Gs Ausführungen ein (6: *attends*), um deren thematische Angemessenheit zu prüfen. Daraufhin formulieren L und H *ad hoc* mit Hilfe einer Metapher (9: *mayonnaise*) eine Alltagstheorie über Themen, ihre Positionierung, ihre Beziehungen zueinander, Hierarchien und Kontinuität. L und H manifestieren unterschiedliche Ansichten darüber, wann es sinnvoll oder sogar notwendig ist, einen thematischen Zusammenhang herzustellen: Für L ist dieser Moment hier erreicht, was es rechtfertigt, G zu unterbrechen, während H hier keinen entsprechenden Bedarf anzeigt.

Abgesehen von den beiden besonderen Positionen am Anfang und am Ende des Gesprächs können Themen in verschiedenen Momenten im Verlauf des Gesprächs eingeführt werden.[1] Dabei kann grundsätzlich unterschieden werden zwischen der markierten Einführung eines Themas, mit der der Anfang deutlich abgegrenzt wird (*bounded topic*), und seiner Entwicklung durch allmähliche thematische Verschiebung (*shaded topic*).

8.2 Verfahren der Einführung von Themen (*bounded topics*)

Die Initiative zur Einführung eines Themas kann von einem Interaktionsteilnehmer ausgehen, der sich als Interessent darstellt und seinen Partner auffordert, ein bestimmtes Thema zu entwickeln. Dies kann er entweder mit einer Frage des Typs ‚was gibt's Neues?' tun, ohne ein bestimmtes Thema vorzugeben, oder dadurch, dass er ein Thema benennt und z.B. seinen Kenntnisstand darüber darlegt. Letzteres kann eine Methode sein, um Informationen hervorzulocken – Pomerantz (1980) spricht von *fishing device*.

Solche Fragen führen natürlich nicht zwangsläufig zur ausführlichen Behandlung eines Themas. Der Gesprächspartner kann stattdessen eine kurze Antwort geben, sich also auf den zweiten Zug der Paarsequenz beschränken (und damit womöglich sogar eine Weigerung zum Ausdruck bringen, das Thema zu behandeln); kein Verfahren garantiert *per se* die erfolgreiche Durchsetzung einer thematischen Linie. Dennoch sind Frage-Antwort-Sequenzen ein Mittel, um den Gesprächspartner dazu zu bringen, ein Thema weiter auszuführen (vgl. vor allem Sacks 1992, I: 565). Wie oben in Kapitel 5 gezeigt wurde, können sich aus einer Paarsequenz durch Expansionen sehr ausführliche Themenbehandlungen entwickeln.

Ein Thema kann auch von demjenigen initiiert werden, der es ausführt bzw. ausführen will. Ein sehr gängiges Verfahren hierfür ist die Ankündigung einer Neuigkeit; damit schlägt der Sprecher zugleich das Thema vor, das er zu entwickeln beabsichtigt, wenn der Gesprächspartner Interesse signalisiert.

Beispiel 4 (Corpus Mondada/conversation, ub96/orw)

```
1  O  eh tu sais quoi/ .. on a rencont- tu connais jean noir/
2     qui était dans la classe de ma sœur/ . -fin en d:\
3  S  mhm mhm\
4  O  tu sais le grand moitié suisse/ .. [moitié ah non/ . &
5  S                                     [mhm
6  O  &entièrement suisse/ j'crois ou j'sais plus\
```

---

[1] Vgl. dazu ausführlich Button/Casey (1984, 1985); für Beispiele in französischer Sprache vgl. de Fornel (1986), Traverso (1996, 2005).

```
 7  S  ouais mais [j'vois qui c'est
 8  O             [en tout cas/ . tu sais il veut faire pilote/
 9     et puis euhm: . il a écrit des lettres partout/ et puis
10     . on l'voulait pas/ on l'voulait nulle part/ .. puis
11     mai'nant i'prend des cours privés de: de pilotage à à
12     l'aéroport là . près d'mulhouse/ . et puis sinon le
13     reste du temps i'travaille/ pa- . seulement par heure/
14     euh dans la euh . à novartis/ . tu sais à bâle/ .
15     et [euh i'fait des trucs avec les ordinateurs/ <et&
16  S     [mhm
17  O  &devine qui c'est son patron/ ((en riant))>
18  S  <müller ((bas))>
19     ((rires))
20  O  <non ((en riant))> non ALberto/
21     (2)
22  O  tu t'souviens de . alberto/
23  S  alberto/
24  O  il était un an en d'sous de nous/
25  S  mhm mhm
26  O  et après il a redoublé/ il était dans la classe de ma
27     sœur\ . tu sais/ le [grand là/ [qui s'croyait&
28  S                      [mhm mhm   [mhm mhm
29  O  &toujours cool:\ qui venait d'bâle/
30  S  mhm ouais ouais\ . mais i fait quoi lui/
31  O  LUI/ . il est euh . CHEF/ . de de chais pas k- quoi
```

Zu Beginn dieses Ausschnitts führt O mit der Frage *eh tu sais quoi/* ein neues Thema ein. Mit dieser mehr oder weniger vorgeformten Konstruktion wird das Thema noch nicht präzisiert, die Leerstelle wird erst nach der Antwort des Gesprächspartners gefüllt. In unserem Beispiel erfolgt darauf keine Reaktion: S ergreift in der folgenden Pause weder das Wort, noch ratifiziert sie diesen Einstieg. O fährt trotzdem fort und führt das Thema ein. Dabei unterbricht sie sich (1: *on a rencont-*), fragt zunächst nach, ob S eine bestimmte Person kennt, und nennt entsprechende Details (1–6). Erst als S zu erkennen gibt, dass sie weiß, um wen es geht (7), führt Odette die eigentliche Neuigkeit ein (8). Diese entwickelt sie dann, ohne dass eine thematische Ratifizierung von S erfolgt. In Z. 17 führt O eine weitere Person ein, wiederum mit einer Frage, in der die Argumentstelle leer bleibt (*devine qui c'est son patron/*). Diesmal reagiert S (18), offenbar mit einer scherzhaften Antwort (Lachen in Z. 19); O korrigiert diese (20), worauf wiederum keine Reaktion erfolgt (Pause in Z. 21). O liefert weitere Informationen über die betreffende Person, bis S explizit bestätigt und O mit einer Frage (30: *mais i fait quoi lui/*) auf das Thema zurückbringt, womit sie zum ersten Mal deutlich Interesse am Thema manifestiert. Damit ist Alberto als Thema etabliert, doppelt ratifiziert durch die Rechts-Dislokation in der Äußerung von S (30) und die Links-Dislokation in der von O (31).

In diesem Ausschnitt wird also das Thema – zunächst sehr offen – von der Person eingeführt, die es anschließend behandelt. Bevor sie es weiter ausführt, fordert sie von der Gesprächspartnerin eine thematische Ratifizierung ein. Außerdem prüft sie, ob die Identifizierung des Themas gesichert ist, und liefert bei Bedarf die notwendigen Details. Der Status des Themas als ‚bekannt' bzw. ‚wiedererkannt' oder als ‚behandlungswürdig' wird also von den Teilnehmern lokal hergestellt; davon hängt die Fortsetzung oder gegebenenfalls der Abbruch der Themenentwicklung ab. Mit den beschriebenen Verfahren werden Themen explizit eingeführt und so ihr Anfang deutlich vom vorherigen Gespräch abgegrenzt.

Auch nach hinten kann das Thema mehr oder weniger deutlich abgegrenzt sein, beispielsweise wenn es im Zusammenhang mit einem bestimmten Anliegen eingeführt wird, wie oben in Beispiel 1 (*moi je propose que...*) oder in Beispiel 5 aus Kap. 7 (*j'voulais te demander si ...*). Damit wird von vornherein ein ‚Ende' des Themas projiziert, nämlich wenn die angekündigte Handlung vollzogen oder das gewünschte Ergebnis erzielt ist.

8.3 Die allmähliche Entwicklung von Themen (*shaded topics*)

Häufig werden Themen im Gesprächsverlauf nicht so explizit eingeführt wie im vorigen Abschnitt beschrieben, sondern entwickeln sich eher durch allmähliche Verschiebung (*shaded topics*) entsprechend den Möglichkeiten, die der Gesprächsverlauf bietet. Diese Art der thematischen Organisation beruht weniger auf der Initiierung eines Themas als auf angemessenen Anschlüssen.

Im folgenden Ausschnitt sind zwei unterschiedliche Verfahren der thematischen Entwicklung zu beobachten:

Beispiel 5 (= Fortsetzung von Beispiel 2)

```
 1  M      ah tiens au fait/ je suis allée au théâtre jeudi/
 2  J      ah bon/ . [qu'est-ce que c'était/
 3  M               [ah c'était/        SU- PER/
 4  J      c'était quoi/
 5  M      panier de crabes
 6  J  ->  OH/ . oh ben/ [(des) paniers de crabes y en &
 7  P  ->>               [avec/
 8  J      [&a partout/ y a que ça partout ah ah
 9  M      [alors ÇA/ c'était vraiment/ . su- vraiment
10         super/
11  J  ->  tu as pas besoin d'aller au théâtre hein/ . tu
12         regardes la:: [la chambre des députés/
13  M                    [ah ouais/ bah ça . hein mhm
14  J     &le sénat/ [euh j'en passe et des meilleures hein
15  P  ->>           [c'était à quel endroit/
((10 lignes omises où est expliqué le lieu de la manifestation))
25  J      et alors [c'était
26  P  ->>          [et alors c'était avec qui/
27  M      euh y avait euh comment judith arnol euh:: .. ((continue))
```

An das von M eingeführte Thema *panier de crabes*[2] (1–5) knüpfen die beiden Gesprächspartner ganz unterschiedlich an: P initiiert eine Frage-Antwort-Sequenz, um einen Aspekt des Themas auszuführen (7, ebenso in 15, 26); J nimmt das Thema mit einer Links-Dislokation auf (6) und gibt ihm eine neue Wendung. Im Folgenden wird aber keiner der beiden Anschlüsse aufgenommen: M schließt an ihren eigenen Beitrag an und ignoriert die der anderen (11) (dieses Verfahren bezeichnet Sacks 1992, II: 349 als *skip connecting*).

---

[2]   Metaphorische Bezeichnung für eine Gruppe, in der Neid und Missgunst herrschen.

Die Besonderheit allmählicher thematischer Verschiebungen ist, dass sie im Übergang von einem Thema zum anderen sowohl Kontinuität als auch Veränderung herstellen (Sacks 1992, II: 352). Einige Verfahren hierfür wollen wir an einem längeren Ausschnitt aus einem Tischgespräch unter Freunden herausarbeiten.

Beispiel 6 (Corpus Mondada/conversation, par99/écrevisses)

```
 1  J        encore un peu de poisson/ peut-être alors\
 2  L        AH OUI
 3  C        moi ça va
 4  L        avec plaisir\ .. ça fait longtemps que je
 5           n'ai pas mangé de poisson\ .. ça fait du [BIEN
 6  J  ->                                            [c'est
 7           carrément uusia perunoita ja kalaa¹
 8  L        ((rit)) oui/ un peu/
 9  J        on retourne en finlande\
10  L        ouais\
11  C        je vous en prie/ allez-y/
12  L        au printemps/ comme ça\ . plutôt\
13  J        c'est fameux- c'est le: uusia peru- c'est
14           des pommes de terre nouvelles\ tu vois
15  C        ah bon/
16  L        les les toutes premières pommes de terre que tu:
17  C        et c'est un [plat qu'on mange avec du poisson
18  J                    [toutes petites
19  L        oui/ on mange avec du silli² par exemple\
20  C        ah bon/
21  L        oui\
22  C  ->    moi y a un truc que je dois manger en Finlande/
23           que j'ai pas encore goûté/ ce sont les
24           écrevisses\
25  J        [ah oui\ ah oui\
26  L        [ah oui\         tu pourrais goûter xxx chez euh
27           chez [ma tante à pyhäsalmi\
28  J  ->         [il y a il y a il y a
29  C        ouais
30  J        une fête/ où on mange des rapu³
31  C        oui\
32  L        oui\
33  J        <moi de toute façon qui ne mange
34           pas [d'écrevisses ((bas, rapide))>
35  L  ->        [traditionnellement/ [on prend un schnaps
36           de: de vodka⁴
37  C  ->                             [tu ne manges pas
38           d'écrevisses/
39  J        ça m'est interdit par ma religion\
40  C        A:H/ oui bien sûr . bien sûr\ .. xxxx de
41           fruits de mer/
```

¹Fisch mit neuen Kartoffeln; ²marinierter Hering; ³Krebse; ⁴finnischer Schnaps

Der Ausschnitt beginnt damit, dass die Teilnehmer nach einer langen Sequenz über das finnische Kino ihre Aufmerksamkeit wieder dem Essen zuwenden. Wie Bergmann (1990) gezeigt hat, stellt die jeweilige Äußerungssituation für die Teilnehmer ein Reservoir an Themen zur Verfügung. Auf Js Aufforderung, noch *un peu de poisson* zu nehmen (1), folgt – außer dass sie befolgt wird – auch ein verallgemeinernder Kommentar von L mit einer anaphorischen Wiederaufnahme des Ausdrucks *de poisson* (4–5), der damit ins Gespräch eingeführt wird. Daran schließt J an (6), wobei er nicht diese gängige Bezeichnung verwendet, sondern den finnischen Namen des Gerichts, den er mit einer definitorischen Gleichsetzung einführt (6–7: *c'est carrément uusia perunoita ja kalaa*). Mit der Reformulierung wird das aus der Situation emergierte Objekt zum Thema gemacht, es wird von der Situation abge-

löst und diskursiv bearbeitet. Mit anderen Worten: Die Reformulierung vollzieht den Übergang von einer zunächst zum Gespräch parallelen (auf das Essen bezogenen) Sequenz zu
einer Sequenz *im* Gespräch. Im Folgenden entwickelt sich ein Expertendiskurs über finnische Gastronomie und Kultur: J führt das Thema weiter (13–14), L schließt sich an (16–
19), indem sie Einzelheiten über die verwendeten Zutaten ergänzt und dabei ebenfalls einen
finnischen Ausdruck verwendet (19). C reagiert als Adressat dieses Diskurses (15, 20) und
reformuliert seinerseits nichtfachlich (17: *et c'est un plat qu'on mange avec du poisson*).

Auf dieser Grundlage führt C dann mit einem Verbindungsverfahren (*tying technique*)
ein anderes Thema ein (22: *moi y a un truc que je dois manger en Finlande/*): Mit der Pro-
form *truc* schließt er an das Vorhergehende an und eröffnet gleichzeitig eine Leerstelle, die
er dann mit einem neuen Thema besetzt (24: *ce sont les écrevisses*). Er nutzt *truc* hier also
als Ressource, um die Kategorie ,finnische Gerichte' zu konstruieren, die lokal mit den
Elementen *poisson, uusia perunoita ja kalaa, silli* und *écrevisses* gefüllt wird. Der Themenwechsel wird durch die Zugehörigkeit zu dieser Klasse ermöglicht, die im Verlauf der
Sequenz konstruiert wird. Er wird im Übrigen als solcher markiert durch den Beginn der
Äußerung: Links-Dislokation der ersten Person (*moi*) und indefinites Verb (*il y a*), gefolgt
von einem Nomen mit unbestimmtem Artikel (*un truc*). Die beiden Gesprächspartner topi-
kalisieren diese Einleitung (25, 26), wobei sie mit ihren – teilweise überlappenden – Anschlüssen zwei verschiedene thematische Linien vorschlagen: L schließt an Cs Thema an, J
hingegen schlägt ein neues Thema vor, was wiederum durch ein indefinites Verb und ein
Nomen mit unbestimmtem Artikel gekennzeichnet ist (28–30: *il y a une fête/ où on mange
des rapu*). Dabei nimmt er zwar den Ausdruck *écrevisses* aus Cs Äußerung auf, reformuliert ihn aber durch einen finnischen Begriff (*rapu*) und präsentiert seinen Beitrag so als
Neueinführung, nicht als Fortsetzung des von C eingeführten Themas.

Diese Einführung wird von beiden Gesprächspartnern topikalisiert (31–32). Wieder
schließen J und L parallel und teilweise überlappend an: J fokussiert seine eigenen Ernäh-
rungsvorlieben (33–34), L führt das Thema des Festes fort, das sie nicht anaphorisch, sondern durch ein Adverb am Beginn des *turns* aufnimmt (35: *traditionnellement*). Ihre Äußerung überlappt Js *turn* und wird ihrerseits von einer Äußerung Cs überlappt, der an J
anschließt (37–38); sie wird also von keinem der Gesprächspartner aufgenommen, sondern
diese führen das von J eingeführte Thema weiter.

In diesem Ausschnitt werden einige der Verfahren deutlich, die die Sprecher bei der
allmählichen Entwicklung von Themen verwenden:

– Beim Übergang von einem Thema zum nächsten nutzen die Teilnehmer die vorausge-
  henden Themen, um das nächste zu verankern, anzubinden oder zu projizieren. Mit Pro-
  formen oder Reformulierungen werden bereits in die Interaktion eingeführte sprachliche
  Ressourcen wiederverwendet.
– Wiederholte Versuche, dasselbe Thema einzuführen, zeigen, dass die Teilnehmer sich
  auf die angemessene Platzierung und die erkennbare Formulierung von Themen orientieren, d.h. ihnen ist präsent, welche Themen sie einführen wollen oder bereits versucht
  haben einzuführen. Sie bemühen sich, die sequenzielle Umgebung so zu gestalten, dass
  diese für eine (Wieder-)Einführung geeignet ist.

– Jede Themenformulierung lässt mehrere Entwicklungen zu, die sich manchmal gegenseitig ausschließen (Sacks 1992, I: 762). An konkurrierenden Anschlüssen lässt sich besonders gut untersuchen, wie die Interaktanten die Gelegenheiten zur Thematisierung interpretieren.

Die Ausschnitte machen auch deutlich, dass ein Thema, wenn es erst einmal ins Gespräch eingeführt ist, nicht mehr als Thema *eines* Teilnehmers gelten kann, sondern von allen Gesprächspartnern behandelt, angereichert oder auch modifiziert wird.

8.4 Thematische Organisation und grammatische Ressourcen

In den obigen Analysen wurde verschiedentlich auf die Funktion der Links-Dislokation im Zusammenhang mit der thematischen Organisation hingewiesen (vgl. die Beispiele 1, 4, 5). Dieses Konstruktionsmuster ist sehr häufig in grammatischen Untersuchungen (nicht nur zum Französischen) behandelt worden. Dabei wurden ihm ganz unterschiedliche und teilweise einander widersprechende Funktionen zugeschrieben, von der Emphase bis zur Herstellung von Übereinstimmung, von der Markierung von Uneinigkeit bis zum Kontrast, von der Hervorhebung des Themas bis zum Themenwechsel.[3] Die Beschreibung seiner Funktionen ist ein gutes Beispiel für die Neubetrachtung eines grammatischen Bereichs durch die Konversationsanalyse. Dabei muss zunächst die aus der Generativen Grammatik stammende Bezeichnung ‚Dislokation‘ in Frage gestellt werden, die auf einen Satz mit für die Schriftsprache typischer Standard-Wortfolge verweist (vgl. die Kritik von Schwitalla 1997: 76–77). Aber vor allem werden in einer konversationsanalytischen Vorgehensweise nicht einer bestimmten grammatischen Form Funktionen zugeschrieben, sondern die grammatische Form wird als eine Ressource unter anderen betrachtet, die für die Erfüllung konversationeller Aufgaben – hier: die Organisation der Themenentwicklung – nutzbar ist (vgl. Gülich 1982, de Fornel 1988, Mondada 1999, Pekarek Doehler 2001, Traverso 2005).

Dabei scheint die Leistung der Dislokation zunächst mit der Organisation des Sprecherwechsels verbunden zu sein (vgl. Duranti/Ochs 1979 am Beispiel des Italienischen): Die Links-Dislokation findet sich oft am Beginn von *turns*, die den vorhergehenden überlappen oder sogar unterbrechen (1979: 403–405). Duranti und Ochs interpretieren sie daher als Ressource für eine kompetitive *turn*-Übernahme, die in Bezug auf den vorgängigen *turn* eine thematische Verschiebung vornimmt, wie z.B. im folgenden Ausschnitt:

Beispiel 7 (Corpus Mondada 1995)

```
1   P   et vous faites d'ailleurs des propositions que je trouve
2       intéressantes/ comme uh: euh sur le pou:ce [pour
3   C                                              [sur le pouce/ oui
4       oui [ . c'est très joli/
5   P       [pour euh ... pour remplacer euh fast food\ i- voilà euh:
```

---

[3] Hier sei nur stellvertretend auf ein aktuelles Forschungsprojekt zum Französischen verwiesen, über das Pekarek Doehler/Müller (2006) informieren.

```
6       vraiment on pourrait faire l'économie de fast food/
7    B  moi je crois qu'il faut éliminer le fast food/ pas le mot
8       mais la chose/
9    P  ah éliminer la chose\ ah ben ça c'est BIEN\ alors ça:/
```

C und P wählen sich in Zeile 3 bzw. 9 beide selbst als nächste Sprecher aus und nehmen die Formulierung des vorherigen Sprechers in Form einer Dislokation auf (3: *sur le pouce*, 9: *éliminer la chose*). Auf diese Weise übernehmen sie den *turn*, in einem Fall (Z. 3) überlappend. Die Dislokation zeigt die Aufnahme, Herauslösung und diskursive Aneignung eines thematischen Elements aus dem vorgängigen *turn*. Dieses Konstruktionsmuster erweist sich also aus konversationanalytischer Perspektive als ein typisches Verfahren thematischer Wiederaufnahme von einem *turn* zum anderen (vgl. de Fornel 1988, Gülich 1982: 46 ff.).

Die Links-Dislokation kann auch in der Gestaltung dispräferierter *turns* eine Rolle spielen (s.o. Kap. 5; vgl. auch Pekarek Doehler 2001). Im Falle von Uneinigkeit mit dem vorgängigen *turn* kann sie eine Bearbeitung oder sogar eine Verschiebung des Themas bewirken. Im folgenden Beispiel ist sie im zweiten Teil des *turns* platziert:

Beispiel 8 (de Fornel 1988: 117)

```
1    A  d'accord bon je pense que et Albert tu veux je lui en parle alors?
2    B  oh ben oui mais Albert je crois qu'il a son cours d'anglais le::
3       non [et puis pff ((souffle)) bon
4    A       [ah bon
5    B  bon ben si tu veux
```

Im Gegensatz zu den Fällen, wo die Dislokation am Beginn des *turns* platziert ist und so das Thema des vorherigen *turns* aufnimmt und beibehält, sind solche Ausdrucksformen von Uneinigkeit besonders geeignet für einen Themenwechsel, da sie als Ankündigung von Neuigkeiten fungieren können.

Diese Funktionen der Dislokation machen die grundlegende Bedeutung der sequenziellen Platzierung einer sprachlichen Ressource deutlich, die für die praktischen Zwecke der Interaktion genutzt und dabei den Erfordernissen der Gesprächsorganisation angepasst wird. Sie zeigen auch, dass die thematische Organisation nie ein rein inhaltliches Problem ist, sondern dass sie sehr eng mit vielfältigen Fragen der Gesprächsorganisation zusammenhängt. Sie ist somit ein Bereich, in dem sich sprachliche, konversationelle und soziale Dimensionen überschneiden.

8.5 Strukturierungsaktivitäten

Die bisherigen Ausführungen haben gezeigt, dass die Teilnehmer bei der Einführung, Entwicklung und Beendigung von Themen auf verschiedene sprachliche bzw. kommunikative Verfahren rekurrieren. Zu diesen Verfahren gehören z.B. metadiskursive Kommentare zur Themenbehandlung (Bsp. 3), Diskurspartikeln wie *ah tiens au fait* (Bsp. 2 u. 5) oder *écoute* (Bsp. 1), vorgeformte Ausdrücke wie *eh tu sais quoi* (Bsp. 4) und grammatische Strukturen wie die Links-Dislokation (Bsp. 5, 7, 8). Die Teilnehmer geben sich damit mehr oder weniger deutlich zu erkennen, dass sie die Interaktion strukturieren. Diese Strukturierungsaktivitäten sind ein besonderes Mittel der sequenziellen Organisation (vgl. Kap. 5); sie spielen nicht nur bei der thematischen Organisation eine Rolle, sondern auch beim Sprecherwechsel (Kap. 4), der Eröffnung und Beendigung von Gesprächen (Kap. 7) und beim Erzählen (Kap. 9). Darum stellen wir sie hier ins Zentrum der Aufmerksamkeit.

8.5.1 Diskursmarker als grammatisches Mittel der Gesprächsstrukturierung

Soweit man sich in der Gesprochene-Sprache-Forschung für Phänomene der Gesprächsstrukturierung interessiert hat, wurde die Aufmerksamkeit meistens auf die Rolle der Diskursmarker gerichtet.[4] Diskursmarker gehören nicht zu den Kategorien der traditionellen Grammatik, sie sind überhaupt erst durch die Untersuchung von Daten aus der gesprochenen Sprache in den Blick geraten (vgl. dazu zusammenfassend Gülich 2006: 11–16) und gelten weithin als typisch für die gesprochene Sprache. Unter diesem Aspekt haben sie unter der Bezeichnung *phatèmes* sogar Eingang in eine Grammatik gefunden (Riegel/Pellat/ Rioul 1994: 36). Über diese sprachlichen Phänomene, die unter den verschiedensten Bezeichnungen behandelt worden sind, gibt es eine lebhafte Forschungstätigkeit, auch in Bezug auf das Französische und andere romanische Sprachen; einen neueren Überblick bieten Drescher/Frank-Job (2006).[5] Im vorliegenden Zusammenhang sind vor allem die ‚Gliederungssignale' (Gülich 1970) bzw. *marqueurs de la structuration de la conversation* (Auchlin 1981) von Interesse. Sprachliche Ausdrücke wie *alors*, *puis*, *bon*, *eh bien*, *tu sais/vous savez*, *tiens/tenez* oder auch *hein*, *quoi* treten im gesprochenen Französisch gehäuft auf. Ihre sequenzielle Positionierung am Beginn oder am Ende von *turns* oder *TCUs* legt einen Bezug zur Einheitenbildung und zur thematischen Organisation nahe: Mit Hilfe der Diskursmarker lassen sich Einheiten voneinander abgrenzen (vgl. Gülich 1970: Kap. 2.4; zum Deutschen vgl. Rath 1979, Schwitalla 1997: Kap. 5), d.h. im Laufe des Produktionsprozesses werden *ad hoc* ganz unterschiedlich komplexe Einheiten gebildet, und die Strukturierung in Einheiten wird durch Diskursmarker angezeigt. Die so entstehende Struktur lässt sich zur thematischen Organisation in Beziehung setzen. Die systematische Berücksichtigung der Diskursmarker im Zusammenhang mit der Themenentwicklung könnte also zur Verfeinerung der Analysen der oben behandelten Beispiele dienen, da Diskursmarker häufig thematische Veränderungen anzeigen und die verschiedenen Typen von Diskursmarkern in unterschiedlicher Beziehung zur Themenbehandlung stehen.

---

[4] Eine andere in diesem Zusammenhang intensiv diskutierte Problematik ist die der Einheitenbildung in der gesprochenen Sprache (vgl. Gülich 1999; s.o. Kap. 4.5). Richtungsweisend für das Französische sind hier die Arbeiten von Blanche-Benveniste und ihrer Gruppe GARS (Groupe Aixois de Recherche en Syntaxe).

[5] Vgl. die Angaben in Gülich/Mondada (2001: Abschn. 7.1) und Gülich (2006). Für umfassende Untersuchungen zum Französischen siehe z.B. Mosegaard Hansen (1998), für sprachübergreifende siehe Fernandez-Vest (1994) sowie die Arbeiten in Fischer (2006). Der Begriff ‚Diskursmarker' bzw. *marqueur discursif* hat sich vor allem im Anschluss an Schiffrin (1987) durchgesetzt.

Wenngleich dieser grammatische Ansatz zur Beschreibung der Gesprächsstrukturierung sich durchaus mit konversationsanalytischen Beschreibungen verbinden ließe, ist er aus Sicht der KA doch aus zwei Gründen kritisch zu betrachten: Zum einen bildet mit Diskursmarkern als Untersuchungsgegenstand eine vorgegebene grammatische Kategorie den Ausgangspunkt, denn auch wenn es sich nicht um eine traditionelle Kategorie handelt, sind Diskursmarker heutzutage doch als (mehr oder weniger einheitlich und genau) vordefiniert zu bezeichnen. Zum anderen wird durch die Konzentration auf Gliederungssignale oder Diskursmarker der Blick auf andere (verbale und prosodische) Phänomene verstellt, die ebenfalls als Mittel zur Strukturierung verwendet werden.

8.5.2 Strukturieren als konversationelle Aktivität

Eine konsequente Orientierung an der ‚Analyse-Mentalität' der KA (s. Kap. 2) legt eine andere Vorgehensweise nahe, nämlich von den Aktivitäten der Teilnehmer auszugehen – in diesem Fall: denjenigen Aktivitäten, die der Gesprächsstrukturierung gewidmet sind –, das Strukturieren der Interaktion also als eine Aufgabe aufzufassen, die die Gesprächspartner gemeinsam zu lösen haben (für eine ausführlichere methodologische Reflexion s. Gülich 2006).

Die Analyse von Gesprächen lässt eine große Vielfalt an Verfahren erkennen, mit denen die Teilnehmer Strukturierungsaufgaben lösen. In Gülich (1999) und Gülich/Mondada (2001) sind in der Analyse des Transkripts eines Referats, das eine französische Studentin nach Notizen in einem literaturwissenschaftlichen Seminar hält (*Le Salon*), folgende Verfahren herausgearbeitet worden:

–   neben Gliederungssignalen auch Techniken der Vorstrukturierung durch Aufzählungen mit *premièrement/deuxièmement* oder *d'une part/d'autre part* usw.,
–   metadiskursive Kommentare zur Strukturierung (wie auch oben in Beispiel 3: *donc euh: on vous propose donc une thématique à voir* usw.),
–   vorgeformte Ausdrücke (s.o. Bsp. 4),
–   prosodische Verfahren wie hörbares Einatmen, Pausen, steigende oder fallende Intonation oder Verzögerungen.[6]

Diese Zusammenstellung ist nicht als eine geschlossene Liste zu verstehen. Strukturierungsverfahren emergieren lokal aus der Situation; eine Zusammenstellung kann also immer nur für bestimmte Fälle gelten, auch wenn es typische sprachliche Elemente wie etwa die Diskursmarker und typische prosodische wie etwa die Pausen gibt. Wichtig ist vor al-

---

[6]   Der Einsatz prosodischer Mittel zur Konstitution von Einheiten im gesprochenen Französisch wird detailliert beschrieben von Morel (1997, für die Einheit *paragraphes*) und von Morel/Danon-Boileau (1998) in einer französischen ‚Intonationsgrammatik'. Vgl. ferner Simon (2002), Mertens (2006).

lem das Zusammenspiel der verschiedenen Verfahren einerseits und ihre Beziehung zur Themenentwicklung andererseits.

Das Zusammenwirken verbaler und prosodischer Strukturierungsverfahren ist an französischen Daten sehr differenziert von Krafft/Dausendschön-Gay (1996) am Beispiel eines Interviews und von Krafft (1997) am Beispiel einer juristischen Vorlesung herausgearbeitet worden.[7] Bei Videoaufnahmen können zusätzlich mimische, gestische und körperliche Ressourcen berücksichtigt werden (vgl. Kap. 10). So analysiert die Gruppe ICOR den Prozess der Grammatikalisierung des Imperativs *attends*, der heute als Diskurspartikel gebraucht wird, und berücksichtigt dabei nicht nur den diskursiven und sequenziellen, sondern auch den gestischen Kontext (Groupe ICOR 2007). Die multimodalen Ressourcen stellen verschiedene Aspekte einer kommunikativen Gestalt dar, die von den Interaktionsteilnehmern holistisch wahrgenommen wird (Dausendschön-Gay/Krafft 2002).

Auch die in diesem Kapitel behandelten Beispiele zeigen, dass die Gesprächsteilnehmer Strukturierungsaktivitäten in der Regel durch eine Kombination von prosodischen und verbalen Mitteln ausführen. So wurde oben in Abschnitt 8.1 an Beispiel 2 gezeigt, dass der Sprecher J in Zeile 10 seine Äußerung mit einer Reformulierung mit fallender Intonation und immer leiser werdender Stimme beendet. Es folgt eine Pause von 3 Sekunden; dann setzt M mit einer Abfolge von Diskursmarkern, die mit steigender Intonation gesprochen wird, neu an (13: *ah tiens au fait/*) und führt ein neues Thema ein. Für die Strukturierung ist also nicht ein bestimmtes sprachliches Element verantwortlich, sondern der Übergang von einem Thema zum anderen ist durch eine Abfolge von sprachlichen (Reformulierungsverfahren, Diskursmarker) und prosodischen Elementen (Intonationsverlauf, Pause, Lautstärke) mehrfach markiert (vgl. dazu auch die Übersichtstabelle in Gülich 1999: 40). In Beispiel 1 wird der Übergang ebenfalls mehrfach markiert; hier spielen der Abschluss der vorthematischen Sequenz durch *ah bon*, das durch Pausen hervorgehobene, mit steigender Intonation gesprochene Eröffnungssignal *écoute/* und die Links-Dislokation mit *moi je* eine wichtige Rolle. Dagegen ist ein Übergang innerhalb des Redebeitrags, wie der von J in Beispiel 5 *tu as pas besoin d'aller au théâtre hein/ . tu regardes la:: la chambre des députés* (11–12), weniger deutlich markiert.

Die Teilnehmer können also thematische Einschnitte und Übergänge durch ihre Strukturierungsaktivitäten mehr oder weniger deutlich kennzeichnen. Das hängt z.T. sicher mit der Verschiedenheit oder Nähe der Themen zusammen; so bleibt etwa in Beispiel 6 ‚Essen in Finnland' das übergeordnete Thema, während die Themen ‚Ausbau des Badezimmers' und ‚Theaterbesuch' in Beispiel 2 weiter voneinander entfernt zu sein scheinen. Allerdings sind thematische Nähe oder Entfernung keine objektiv gegebenen Kriterien; vielmehr stellen die Teilnehmer selbst durch ihre Strukturierungsaktivitäten, d.h. durch die Markierung der Einschnitte und Übergänge, Kontinuität oder Diskontinuität in der Themenentwicklung her (Gülich 1999: 33 f.).

---

[7] Für Untersuchungen an deutschen und englischen Daten siehe z.B. die Arbeiten von Couper-Kuhlen/Selting (1996).

Wenn an den behandelten Beispielen gezeigt wurde, dass Strukturierungsaktivitäten interaktiv und kooperativ ausgeführt werden, so heißt das nicht, dass es dabei keine Probleme gibt. Ein Beispiel für einen Strukturierungskonflikt bietet der folgende Ausschnitt aus einer professionellen Interaktion (genauer analysiert in Gülich 2006), in dem das Recht zur Gesprächsstrukturierung von beiden Partnern beansprucht wird. Es handelt sich um ein Erstgespräch zwischen einem Arzt (M) und einer Patientin (P). M stellt zu Beginn – offensichtlich nach einem vorgegebenen Schema der Anamnese-Erhebung – eine ganze Reihe von Fragen, z.B. zu früheren Krankheiten, regelmäßig eingenommenen Medikamenten usw. Dass der Arzt die Themen und ihre Entwicklung bestimmt, ist zunächst nicht kontrovers. Nur an einer Stelle versucht die Patientin, aus diesem Schema auszubrechen: Als M sie nach den Medikamenten fragt, nennt sie diese und fügt unmittelbar eine Bemerkung über ihren ‚Fall‘ an:

Beispiel 9: Casse-tête chinois (Corpus: Hölker)[8]

```
 1   M:   <((vite)) est-ce que vous prenez des médicamENts
 2        habituellement/>
 3   P:   <((staccato)) oui> du (cérestal) et du xxx\ OUI c'est
 4        un casse-tête chinOIS mon cas hein/
 5   M:   <((vite)) d'accord on va voir> (CERESTAL). du cérestal
 6        combien/ [...]
```

Hier ergreift P also die Initiative zur Einführung eines neuen Themas und damit zu einer Restrukturierung des Gesprächs. Diese Initiative wird von M abgewiesen, der das neue Thema auf einen späteren Zeitpunkt verschiebt (*on va voir*). Damit gibt er ihr zu verstehen, dass er sich das Recht auf Strukturierung und Themeninitiierung vorbehält. Erst als er seine Befragung beendet hat, gibt er dem Gespräch eine neue thematische Richtung:

Beispiel 10: Casse-tête chinois (= Fortsetzung von Beispiel 9)

```
 7   M:   mais vous n'avez jamais eu d'ennUI en prenant un
 8        médiCAment\
 9   P:   non\
10   M:   d'ACCord\ BON/ qu'EST-ce qui vous amÈNe
11   P:   alors voilà y a deux ans/ . au mois de juillet/ . ((vite))
12        j'ai commencé à avoir des brûlUREs des brûlures dans la
13        go:rge des brûlures des lèvres [...]
```

Durch das Zusammenspiel von betonter Abschluss- und Übergangsmarkierung (*d'ACCord\ BON/*), Neuansatz (Frage nach dem aktuellen Anlass des Besuchs) und einer für den Beginn von Erzählungen typischen zeitlichen Situierung (11: *alors voilà y a deux ans/ . au mois de juillet/*) wird hier ein deutlicher Einschnitt markiert.

Während die Patientin erzählt, zeigt der Arzt zunächst durch Signale wie *mhm, hm, ouais* an, dass er zuhört (vgl. Kap. 4.4.1, Kap. 9.2.2); gelegentlich stellt er Zwischenfragen. Als er zu einer Diagnosestellung ansetzt, ergreift P erneut eine Strukturierungsinitiative:

---

[8] Das Gespräch stammt aus dem Corpus von Hölker (1988), der es uns freundlicherweise zur Verfügung stellte. Es wurde im Rahmen eines Seminars an der Universität Bielefeld neu transkribiert.

Beispiel 11: Casse-tête chinois (= Fortsetzung von Beispiel 10)

```
14 P:    ça allait en empirANt vers le sOIr alors ça me brûlait\
15 M:    des brûlures à quel endrOIt alors .
16 P:    eh ben des brûlures eu:h d- eu:h de la go:rge/ de la
17       bOUche/ du vagin/ de l'anus/ tout ça/
18 M:    de toute la hauteur
19 P:    <((voix élevée)) TOUTE> la hauteur  xxx
20 M:    ouais
21 P:    comme ça <((staccato)) voilà bon>
22 M:    ça fAI:t eu:h <((vite)) une histoire de champignON> à
23       priori hein/
24 P:    ah be:n oui mais <((très vite)) j'ai pas de mycose non plus/
25  ->   parce que Attendez c'est pas fini xxx
26 M:    xxx mais enfin bon\ et alors allons-Y
```

Indem P deutlich macht, dass sie den Zeitpunkt für eine Themenverschiebung von der Fall-
geschichte zur Diagnose noch nicht für gekommen hält, definiert sie die thematische Entwicklung des Falles als eine Aufgabe, für die sie zuständig ist. Dieser Strukturierungskonflikt zeigt sich noch mehrfach im Gespräch: Durch metadiskursive Kommentare (*mais
attendez alors*) verteidigt P immer wieder ihr Recht auf die Strukturierung, während M
durch Unterbrechungen und Zwischenfragen seinerseits versucht, die Themenentwicklung
zu steuern. Die Kommentare der Patientin werden im Gesprächsverlauf immer deutlicher:

Beispiel 12: Casse-tête chinois (= Fortsetzung von Beispiel 11)

```
27 P:    ça me grattAIt/ ça xxx ça (faisait) des croûtes . ça a pelé
28       qu[oi\  ] . bon l'urticaire xx[x  bon\ alOrs il a essayé
29 M:    [ouais\]              <((fort)) [ben vous êtes sujet à quelque
30 M:    chose q[uand mÊme hein/> . [eu:h         [bon'
31 P: -> [oui        m[ais attendEZ alo[rs il a ESSAYÉ des
32       antibiotiques\ des antiallergiques\ des anti-inflammatoi:res .
33 M:    mhm
34 P:    <((vite)) puis au bout de trois mois il m'a dit moi: ben j'ai éch
35       oué faut aller voir le dermatologue\> . j'suis allée voir un derma
36       tolOGUE/ (qui m'a dit y avait riEN/) xxx y avait rien q[uoi xxx
37 M:                                        <((vite)) [mais vous
38       n'avez jamais vU+ un ALLERGOLOGUE
39 P:    ah non/
40 M:    ah,
41 P: -> <((vite)) non mais attendez> xxxx c'[est pas fiNI mon his[toire
42 M:                                      [xxx         [Allergo
43       lOgue vous n'avez jamais[ vu
44 P: ->                         [non mais c'est pas fini mon histoire at
45  ->   tendez voir bon\> alOrs <((vite)) je vais voir la
45       dermatolOGU[E/] elle m'a fait faire un tas d'analy:ses [...]
46 M:              [hm]
```

Während P ihre Krankengeschichte mit den verschiedenen Arztbesuchen, Konsultationen
und diagnostischen Hypothesen detailliert narrativ rekonstruiert und es ihr durch metadiskursive Kommentare, erhöhtes Sprechtempo und die unbeirrte Fortsetzung der Erzählung
zumindest vorübergehend gelingt, sich in der Themenentwicklung und der Gesprächsstrukturierung zu behaupten, versucht M immer wieder, seine Aufgabe der Anamnese-Erhebung
und der Diagnose-Stellung zu erfüllen. Die beiden Gesprächspartner gehen also lokal von
unterschiedlichen Formen der Bearbeitung ihrer Aufgaben aus, obwohl die institutionell

vorgegebene Aufgabe selbst, zu einem diagnostischen und therapeutischen Ergebnis zu kommen, an keiner Stelle thematisiert wird und sicher nicht kontrovers ist.

Das Beispiel dieses Arzt-Patient-Gesprächs verdeutlicht gerade durch die konfliktäre Bearbeitung den engen Zusammenhang zwischen thematischer Organisation und Gesprächsstrukturierung. Es zeigt, dass das Strukturieren eine konversationelle Arbeit ist und dass Gesprächsstrukturen und thematische Sequenzen durch diese Arbeit entstehen. In professioneller oder institutioneller Interaktion sind thematische Organisation und Gesprächsstrukturierung zwar an konversationelle Rollen und Aufgaben gebunden, gleichwohl sind sie nicht *vorgegeben*, sondern können durchaus Gegenstand von Aushandlungsprozessen sein.[9]

Aufgaben zu Kapitel 8

– Analysieren Sie die Einführung des *first topic* im Arbeitstranskript I.
– Beschreiben Sie im Arbeitstranskript III (Z. 20 ff.) die thematische Entwicklung bei der Erörterung der Medikamente gegen Schlaflosigkeit.
– Welche Rolle spielen Strukturierungsaktivitäten bei der Konstitution der ‚Einheiten‘ der Kommunikation?
– Analysieren Sie die Gesprächsausschnitte in Kapitel 1 im Hinblick auf die Strukturierungsaktivitäten der Beteiligten, systematisieren Sie die dabei verwendeten kommunikativen Mittel und Verfahren und vergleichen Sie sie mit denen im Arbeitstranskript III.

---

[9] Dies gilt jedoch nicht nur für institutionelle Kommunikation, sondern generell für Kommunikation, in der die Teilnehmer eine ‚konversationelle Aufgabe‘ bearbeiten (vgl. Dausendschön-Gay/ Krafft 1991). Das Phänomen des *conflit de structuration* behandelt auch Bouchard (1987).

9. Erzählen in der Interaktion

Während andere linguistische Ansätze der Erzählforschung sich in der Regel nur mit den sprachlichen Äußerungen des Erzählers und nur mit der Erzählung als abgegrenzter Einheit befassen, wird Erzählen aus konversationsanalytischer Sicht grundsätzlich als eine koordinierte Aktivität aller Gesprächsteilnehmer aufgefasst, die sich aus dem Gesprächsprozess heraus entwickelt. Daher sind die Herauslösung der Erzählaktivität aus dem Gespräch, die eigentliche narrative Sequenz und die anschließende konversationelle Bearbeitung Gegenstand der Analyse und müssen in ihrer interaktiven Konstitution beschrieben werden:

> „Such quotidian storytellings arise in, or are prompted by, the ongoing course of an interactional occasion or the trajectory of a conversation or are made to interrupt it. [...] Ordinary storytelling, in sum, is (choose your term) a coconstruction, an interactional achievement, a joint production, a collaboration, and so forth." (Schegloff 1997: 97)[1]

Diesen konversationsanalytischen Ansatz machten Kallmeyer/Schütze (1977) und Quasthoff (1980) schon sehr früh für die Analyse mündlicher Erzählungen aus deutschsprachigen Gesprächen fruchtbar. Bonu, der umfassende Untersuchungen an einem französischen Corpus professioneller Interaktionen durchgeführt hat (Bonu 1998, 1999, 2001), stellt als Besonderheit des konversationellen Erzählens vor allem die Gleichzeitigkeit von Produktion und Rezeption heraus:

> „[...] l'analyse détaillée des narrations produites en interaction permet de montrer à la fois la structuration et la réception active du récit par les participants qui collaborent ainsi à la production non seulement du récit mais aussi de la situation sociale." (Bonu 1998: 31)

Das Interesse der Konversationsanalytiker am Erzählen geht auf Sacks zurück, der mehrere seiner Vorlesungen Aspekten des Erzählens gewidmet hat;[2] einzelne erschienen als Aufsätze (z.B. Sacks 1978, 1986) schon vor der Veröffentlichung der *Lectures* (1992), darunter auch einer seiner wenigen Aufsätze in deutscher Übersetzung (Sacks 1971). Motiviert war dieses Interesse durch eine Frage, die in der Erzählforschung üblicherweise gar nicht gestellt wird, die sich aber aus einem der grundlegenden konversationsanalytischen Themen ergibt, nämlich der Sprecherwechsel-Organisation: Wie kommt es angesichts der Regeln für die Verteilung des Rederechts überhaupt dazu, dass Sprecher komplexe längere Redebeiträge produzieren können, ohne dass andere Gesprächsteilnehmer den *turn* beanspruchen? Die Verfahren oder Methoden, welche die Interaktanten einsetzen, um das zu erreichen, sind ein bevorzugter Gegenstand der konversationsanalytischen Beschäftigung mit dem Erzählen.

---

[1] Es ist kein Zufall, dass Schegloff diese Bemerkungen in der Auseinandersetzung mit Labov/Waletzky (1967) macht, deren Arbeit die linguistische Erzählforschung nachhaltig geprägt hat, die aber interaktive Aspekte völlig vernachlässigen (Schegloff 1997: 100).

[2] Vgl. vor allem Sacks (1992, Bd. I: VII/24. April und 8. Mai; Bd. II: I/2, III/1–2, IV/2–6, VII/9–12).

Im Folgenden wird dieser Zugang zunächst an einem Beispiel verdeutlicht (9.1), bevor die zentralen prozeduralen und interaktiven Charakteristika des Erzählens systematisch dargestellt werden (9.2). Auf dieser Grundlage befassen wir uns mit der Frage, was Erzählsequenzen in der Interaktion leisten (9.3). Damit wenden wir uns den gestaltungsorientierten Aspekten des Erzählens zu, die wir abschließend durch eine Skizze des Konzepts der narrativen (Re-)Konstruktionsarbeit vertiefen (9.4).

9.1 *elle a été . É- . -POUvantable* – Analyse eines Beispiels

Doris, eine deutsche Studentin, besucht die Französin Mireille, bei der sie einige Jahre zuvor als *Au-pair*-Mädchen beschäftigt war. Die beiden tauschen Erinnerungen an die damalige Zeit aus und kommen dabei auf die *Concierge* des Hauses zu sprechen, in dem Mireille seinerzeit wohnte.

Beispiel 1: La concierge (Corpus Bielefeld/Kontaktsituationen)

```
 1 D:   <((rit))        [ah ouais>
 2 M:   elle est MÉchant[e elle est MÉchante c'est une MÉchante\ ouais
 3 D:   ouais/
 4 M:   mAIs euh: il fa- i(l)- on pouvait rIEn dire au départ/ parce
 5      que vous savez elle était TELLEment FAU:sse/ cette femme\ au début/
 6      elle faisait toujours . TRÈs gentille\ avec les jeunes filles/
 7 D:   oui
 8 M:   et puis Une fois qu'elles eh- que les jeunes filles ne se
 9      méfiaient plus/ . hop/ ça y est/ elle commençait à être: h[orrible et
10 D:                                                             [c'est ça\
11 M:   épouvantable/
12 D:   c'est ce que vous m'aviez dit/ [j'avais pas cru/[ pa(r)ce que: eh &
13 M:                                  [eh oui          [oui
14 D:   &. au début elle semblait très[ gen- gentille/
15 M:                                 [((rapide)) <ouiouiouioui\ mais
16      c'est pour çA après j'disais plus rien/ parce que j:'me disais/
17      c'est pas la peine que j'dise quelque chose/ parce que> . on m'
18      croit pas\
19 D:   <((en riant)) oui>
20 M:   on croit qu'c'est- c'est vrAI/ . . on croit pas\ mais c'est
21      une MÉchante femme/ puis en plus elle est . vrAIment euh: .
22      j'vous dis/ moi j'avais un souvenir/ . vous (vous) rappelez de:
23      euh- que:- eh à côté d'chez vous habitait madame pivotti/
24      [vous vous en souvenez/ [
25 D:   [oui/                   [oui
26 M:   bon\ qui avait une fille/ hein/ lara/ . bon\ euh: et: un jour/
27      madame pivotti était partie en VAcances\ eh: au brésil/ . et elle
28      avait LAIssé sa fille qui à l'époque devait avoir douze ans/ . avec
29      sa MÈ:re/ . qu'était un p'tit peu:/ un peu fofolle\ mais pas
30      méchante du tout\ . et elle s'était engueuLÉE avec la concierge\
31      cette vieille dame\ . eh bien la concierge a réussi à la mett'
32      TELLement en colère/ . que elle est- elle: crIait dans l'escalier/
33      = elle a appelé POlice-secours/ qui ont embarqué la vieille dame/
34      = et la p'tite/ quand elle est rentrée de l'école/ sa grand-mère
35      était . euh: au pOste de police/ . y a- enfin/ c'était- elle a été
36      . É- . -POUvantable\ [c'est une MÉch[AN:te\ c'était une affREUSe
37 D:                        [((rit))       [((tousse))
```

```
38 M:  bonne femme\ . . c'est une affrEUse méchante\ j'crois/ qu'elle
39     était FOLLe aussi un peu\ elle[ est un peu:/ elle étAIt un peu folle\
40 D:                            [<((en riant)) oui ouI>
41     <((rit)) oui\ un peu>
42 M:  mais enfin/ elle était vraimEN:t/ eh:
43 D:  je m'rappelle d'une fois/ elle n'a pas v- eh- voulé me laisser
44     entrer/ j'avais perdu ma clé/
45 M:  AH\
```

Zu Beginn dieses Gesprächsausschnitts ist die *Concierge* bereits als Thema etabliert; daher wird nur mit dem anaphorischen Pronomen *elle* auf sie verwiesen. Die beiden Gesprächspartnerinnen sind sich in der Beurteilung dieser Person einig: M beginnt in verallgemeinernder Form im Präsens, sie zu charakterisieren (2: *elle est MÉchante*), und reformuliert dies zweimal; D stimmt ihr zu (3). Dann wechselt M ins *imparfait* (4), fügt der Charakterisierung noch *FAU:sse* hinzu (5) und rekonstruiert einen typischen, sich wiederholenden Ablauf (6: *toujours*). In dieser kurzen iterativen Erzählsequenz konkretisiert sie den Ausdruck *fausse* (5–11) und steigert die negative Bewertung zu *horrible et épouvantable/* (9/11). Parallel stimmt D wiederum mehrfach zu (7: *oui*, 10: *c'est ça*); als M geendet hat, setzt sie zu einer längeren Bestätigung an und reformuliert Ms Ausführungen ebenfalls im *imparfait* (12/14). M signalisiert parallel Zustimmung (13: *eh oui* und *oui*). Bevor D geendet hat, ergreift sie wieder das Wort zu einer lebhaften Bestätigung (15: schnelles Sprechtempo, mehrfache Wiederholung von *oui*) und nimmt ihre eigene iterative Erzählsequenz aus Z. 4–6 wieder auf (15–18), die diesmal mit einem Selbstzitat in direkter Rede endet (16/17: *j:'me disais/ c'est pas la peine* usw.). D ratifiziert lachend (19). M fährt im Präsens fort (20) und nimmt schließlich als Konklusion die zentrale Charakterisierung der *Concierge* verallgemeinernd wieder auf: *c'est une MÉchante femme* (20–21). Dann setzt sie zu einer Ergänzung an: *puis en plus elle est*, zögert erkennbar (Pause, *vrAIment*, gedehnte Zögerungspartikel *euh:*, erneute Pause), bricht ab und beginnt mit *j'vous dis/* eine neue Konstruktion, die nunmehr zur Fokussierung einer einzelnen Episode führt: *moi j'avais un souvenir/* (22). Diese Äußerung fungiert als eine potenzielle ‚Geschichteneinleitung' im Sinne von Sacks (s.u. Abschn. 9.2).

Die nachfolgende kurze Pause nutzt D nicht für einen Sprecherwechsel, womit sie gemäß den Sprecherwechselregeln (s.o. Kap. 4.2) M die Möglichkeit gibt, fortzufahren und ihre Erzählung zu entwickeln. Diese führt nun eine neue Person ins Gespräch ein, Madame Pivotti (23); dabei appelliert sie zweimal an geteiltes Wissen (*vous (vous) rappelez de:* und *vous vous en souvenez/*), situiert also die neue Geschichte in einem Kontext, der beiden bekannt ist, und bezieht so die Gesprächspartnerin in den Erzählprozess ein.[3] Nach wechselseitiger Ratifizierung (zweimaliges *oui* von D, *bon* von M) wird zunächst mit Hilfe eines Relativsatzes eine weitere Person eingeführt (26: *qui avait une fille/ hein/ lara/*). Nach einem Gliederungssignal (*bon*) setzt M neu an mit einem Verzögerungselement und einer gedehnten Konjunktion (*euh: et:*) und beginnt dann mit einem typischen Episodenmerkmal

---

[3] Sacks nennt diesen Typ einführender Situierung *recognition type description* (vgl. 1986: 133; 1992, II: 175–187).

(*un jour*) die narrative Rekonstruktion eines singulären Ereignisses: *un jour/ madame pivotti était partie en VAcances\ eh: au brésil/* (26–27).

Die eigentliche Rekonstruktion des *souvenir* beginnt mit einer kurzen Beschreibung der
Ausgangssituation, bei der zusätzlich noch die Mutter von Madame Pivotti als handelnde
Person eingeführt wird. Im Unterschied zu den beiden anderen Personen (Mme P. und ihrer
Tochter) versieht die Erzählerin diese Handlungsträgerin mit einer Charakterisierung: *sa
MÈ:re/ . qu'était un p'tit peu:/ un peu fofolle\ mais pas méchante du tout* (29–30). Mit dem
Ausdruck *pas méchante* stellt sie die Frau der zuvor mehrfach als *méchante* bezeichneten
Concierge gegenüber. Dann schließt sie unmittelbar die Rekonstruktion einer Interaktion
zwischen dieser Frau und der *Concierge* an: *et elle s'était engueulÉE avec la concierge\
cette vieille dame* (30–31). An dieser Stelle wird durch ein Gliederungssignal (*eh bien*) eine neue Sequenz eingeleitet und durch den Wechsel des Subjekts wieder die *Concierge* als
handelnde Person ins Zentrum der Aufmerksamkeit gestellt: *eh bien la concierge a réussi à
la mett' TELLement en colère/ . que elle est- elle: crIait dans l'escalier = elle a appelé PO-
lice-secours/* (31–33). Hier wird durch auffällige Betonungen, Konstruktionswechsel (*elle
est- elle: crIait*) und schnelle Abfolge der Handlungselemente in höherem Maße als zuvor
emotionale Beteiligung dargestellt.[4] Auf diese Weise macht die Erzählerin deutlich, dass es
sich hier um die zentral relevanten Aspekte der angekündigten Episode handelt, um das,
was die Geschichte ‚erzählenswert‘ macht. Die Episode bestätigt die im Gespräch vorangegangene negative Charakterisierung der *Concierge*.

Der weitere Ereignisablauf wird wieder – wie zuvor die Ausgangssituation – nur sehr
kurz rekonstruiert: *= elle a appelé POlice-secours/ qui ont embarqué la vieille dame/ =et la
p'tite/ quand elle est rentrée de l'école/ sa grand-mère était . euh: au pOste de police/* (33–
35). Hier endet die Rekonstruktion des Ablaufs. Die Erzählerin setzt zwar nochmals an mit
y a, bricht aber sogleich ab, korrigiert sich mit *enfin\ c'était-*, bricht wieder ab und fährt mit
einer neuen syntaktischen Konstruktion fort, in der sie das Verhalten der *Concierge* evalu-
iert: *elle a été . É- .-POUvantable* (35–36). Durch die auffällige Akzentuierung und die
Pause vor und auch innerhalb des Adjektivs wird diese Bewertung besonders hervorgehoben; sie nimmt überdies die bereits einleitend gegebene Bewertung wieder auf (vgl. Z. 11).
An dieser Stelle reagiert die Zuhörerin, die während der Rekonstruktion des Ereignisablaufs
keine Kommentare und auch keine hörbaren Rückmeldungen geäußert hatte, mit Lachen.
Gleichzeitig rephrasiert die Erzählerin, nachdem sie die vorherige Bewertung noch auf das
erzählte Ereignis bezogen hatte, nun die verallgemeinernde Bewertung, die den Ausgangs-
punkt für die narrative Sequenz gebildet hatte: *c'est une MÉchAN:te* (36, vgl. oben Z. 2).
Die Erzählsequenz ist also eingebettet in eine argumentative Struktur: Die Episode mit
Mme Pivotti veranschaulicht exemplarisch die im vorangegangenen Gespräch behauptete
Bösartigkeit der *Concierge* und dient als Beleg für ihr als *méchant* qualifiziertes Verhalten.

Im Folgenden ist – genau wie in der Einleitungssequenz – ein mehrfacher Wechsel zwischen narrativen und verallgemeinernden bewertenden Äußerungen zu beobachten. Von

---

[4]   Zum Konzept der ‚Darstellung emotionaler Beteiligung‘ vgl. Drescher (2003).

den beiden Reformulierungen, die sich unmittelbar anschließen, weist die erste durch das *imparfait* zurück zur Geschichte (*c'était une affREUSe bonne femme*), während in der zweiten das Präsens wieder eine Verallgemeinerung bewirkt und die Wortwahl die beiden vorherigen Bewertungen miteinander verbindet: *c'est une affrEUse méchante* (38). Diese Tempuswechsel setzen sich über die nächsten Äußerungen fort. Als M in Z. 42 zu einer erneuten Bestätigung (im *imparfait*) ansetzt, nutzt D die Verzögerungen, um ihrerseits eine Episode anzukündigen (43: *je m' rappelle d'une fois/*), die sie dann auch erzählt.

9.2 Sequenzielle Organisation und interaktive Konstitution von Erzählsequenzen

Bei der konversationsanalytischen Beschäftigung mit Erzählen wirken sich vor allem zwei Prinzipien nachhaltig aus, die die konversationsanalytische ,Mentalität' charakterisieren und eng miteinander verbunden sind (s.o. Kap. 2.3): Sequenzialität bzw. Prozessualität und Interaktivität. Wie am Beispiel der *Concierge* deutlich wird, beginnt der Prozess des Erzählens lange vor der eigentlichen narrativen Rekonstruktionsarbeit, nämlich mit der Ankündigung der Erzählaktivität, und endet erst danach, nämlich mit der anschließenden Bearbeitung. Für Sacks gehört diese Gesamtstruktur zu den wichtigsten Organisationsformen konversationeller Strukturen überhaupt (vgl. Bonu 1998: 34–35).

Sacks beschreibt drei konstitutive strukturelle Komponenten von Erzählsequenzen in Gesprächen (*storytelling sequences*):

1. die **Einleitungssequenz**, die sich aus anderen konversationellen Aktivitäten heraus entwickelt und den Übergang zum Erzählen kennzeichnet, wodurch die Sprecherwechselsystematik vorübergehend außer Kraft gesetzt wird;
2. die **Erzählung**, in der die eigentliche narrative Rekonstruktionsarbeit geleistet wird;
3. die **Antwort-** bzw. **Bearbeitungssequenz**, in der die Zuhörer auf das Erzählte reagieren, es kommentieren und gemeinsam mit dem Erzähler konversationell bearbeiten und bewerten.[5]

Im Folgenden werden wir diese einzelnen Komponenten nacheinander unter sequenziellen und interaktiven Aspekten genauer beschreiben; dabei gehen wir jeweils vom *Concierge*-Beispiel aus und differenzieren die Komponenten anhand weiterer Beispiele auch aus professionellen Interaktionen.

---

[5] Die Termini bei Sacks (1989a: 340 ff.) lauten *preface sequence, telling sequence* und *response sequence*; Bonu (1998: 34) übersetzt sie mit *préface, récit à proprement parler* und *séquence de réponse (post-narrative)*. Jefferson (1978: 219) nimmt die Komponenten von Sacks auf und fügt nach *story preface* noch einen „next turn in which a co-participant aligns himself as a story recipient" ein; dann folgen „a next in which teller produces the story" und „a next in which story recipient talks by reference to the story".

9.2.1   Die Einleitungssequenz

Unter *story preface* versteht Sacks die Ankündigung einer Erzählung und somit eines längeren Redebeitrags: „one major import of the story preface is announcing a ‚story‘ and the-
reby announcing that this person is going to talk across a series of utterances" (1992, II:
19).[6] Eine solche Ankündigung gibt nicht nur den anderen Gesprächsteilnehmern zu erkennen, dass der Sprecher erst nach Abschluss der Erzählaktivität einen Sprecherwechsel er-
wartet oder initiiert, sondern sie leistet auch eine Vorstrukturierung der Erzählung und gibt
Hinweise auf deren Ende. Wenn jemand ein aufregendes, lustiges oder trauriges Erlebnis
ankündigt oder eine komplizierte Krankheitsgeschichte (*un casse-tête chinois*, s.o. 8.5.2)
oder einen Witz, dann dient das den Zuhörern als Orientierung: Die Geschichte ist dann und
erst dann zu Ende, wenn die angekündigte Pointe deutlich wurde. Dies hat Sacks (1978) in
einer seiner bekanntesten Arbeiten zum Erzählen am Beispiel eines ‚schmutzigen Witzes‘
(*dirty joke*) eindrucksvoll vorgeführt.[7]

In der Analyse der *Concierge*-Erzählung ist gezeigt worden, wie sich die Erzählsequenz
Schritt für Schritt aus dem Gespräch heraus entwickelt. Im Zuge der Charakterisierung der
Concierge werden typische Erfahrungen mit dieser Person iterativ rekonstruiert. Als *story
preface* fungieren der Verweis auf ein bestimmtes Ereignis und dessen Situierung unter Bezugnahme auf gemeinsames Wissen. Dabei wird jeder einzelne Schritt von der Gesprächspartnerin ratifiziert. Der eigentliche Erzählbeginn ist nur der letzte Schritt in diesem Prozess. Mit der Einleitung (*moi j'avais un souvenir/*) kennzeichnet die Sprecherin den Übergang von einer Gesprächssequenz mit regelmäßigem Sprecherwechsel zu einer Erzählsequenz, d.h. einer ‚Diskurseinheit‘ (im Sinne von Quasthoff 1999: 131), in der die übliche
Sprecherwechselsystematik vorübergehend außer Kraft gesetzt ist. Dies wurde oben an der
Beispielerzählung schon deutlich: Nach der Ankündigung des *souvenir* in Z. 22 nimmt D –
außer als M mit einer Frage ausdrücklich an ihr Vorwissen appelliert – die potenziellen Gelegenheiten zu einem Sprecherwechsel nicht wahr. Dieser Gesichtspunkt wird in konversationsanalytischen Arbeiten besonders in den Vordergrund gestellt: „So that basically what a
story is in some ways, is an attempt to control the floor over an extended series of utterances" (Sacks 1992, II: 18). Ein Beispiel dafür haben wir in dem dritten in Kapitel 1 analysierten Gesprächsausschnitt gesehen, wo Anne die narrative Rekonstruktion einer Episode
mit ihrer Mitbewohnerin (*ma colloc*) gegen den Gesprächspartner durchsetzt, obwohl dieser
nach ihrer potenziellen Erzählankündigung zunächst mit einer Nachfrage nach der Bedeutung von *date* noch den *turn-by-turn-talk* fortsetzt.

Das Suspendieren der Sprecherwechselsystematik kann zum einen durch eine Ankündigung des späteren Erzählers erfolgen: So wird die Erzählung der Episode mit der *Concierge*
– wie übrigens auch die der *Racketball*-Episode im Ausgangsbeispiel in Kapitel 1 – von der
späteren Erzählerin initiiert; auch die (oben nicht mehr zitierte) Erzählung einer weiteren
Episode über die *Concierge*, die die vorherige Zuhörerin dann anschließt, ist selbstinitiiert.

---

[6]   Sacks geht in den *Lectures* mehrfach auf *story prefaces* ein (vgl. bes. 1992, II: 17–31, 222–229).
[7]   Vgl. Sacks (1978; 1989a; 1992, Band II: VII/9–12).

Zum anderen kann die Erzählsequenz auch durch eine Erzählaufforderung des Gesprächspartners ausgelöst werden oder durch eine Frage, die eine komplexe Antwort erfordert. Ein
Beispiel für eine solche Fremdinitiierung, die allerdings nicht auf Anhieb gelingt, findet
sich in dem folgenden Ausschnitt aus einem Tischgespräch:

Beispiel 2: A la Sorbonne (Corpus Bielefeld/Kontaktsituationen)[8]

```
 1   M:   comment tu as fait à la sorbonne pour eh: t'expliquer/
 2        (1s)
 3   M:   à la sorbonne
 4        (1s)
 5   M:   pour obtenir l'appareil
 6   I:   hum/
 7   M:   ça a été difficile/
 8   I:   encore . tout
 9   M:   quand tu es^allee à la sorbonne\ à [l'université\
10   I:                                      [ouais/         ouais
11   M:   chercher cet appareil\
12   I:   ouais
13   M:   c'était difficile pour t'expliquer/
14   I:   non . mais pour trouver/
15   V:   ((rit))
16   M:   pour trouver\
17   I:   ouais
18   M:   mais la damE: a très bien . tu t'es:
19   I:   oui elle m'a donne . la
20   M:   elle t'a pas demandé eh tu as expliqué pour qui c'était/
21   I:   non/ . eh je j'en-. j'entre/
22   M:   mhm
23   I:   j'ai rentré/
24   V:   je suis rentrée
25   I:   je suis rentrée/ . et elle dit <((en imitant))
26        ah tu as: . ehm la fille/ de madame barrière/>
27        je/ oui/ ah voilà\ . ((rit))
28   M:   ((rit))
29   V:   ((rit))
30   I:   la magnétophone\ ... j'ai pris la magnétophone/ c'est tout/ ...
31   M:   mhm/
32   V:   ((rit))
33   I:   hein/
```

Irma, eine 16-jährige deutsche Schülerin, wird von ihrem französischen Gastgeber Marcel
nach einem bestimmten Ereignis gefragt (sie sollte in der *Sorbonne* einen Kassettenrekorder
holen). Mit der Frage *comment tu as fait à la sorbonne pour eh: t'expliquer/* (1) fokussiert
M den Ablauf des Ereignisses: I soll rekonstruieren, wie sie die Aufgabe bewältigt hat. Als
sie auf die Frage nicht unmittelbar antwortet (Pause in Z. 2), rekurriert M zunächst auf verschiedene Techniken der Verständigungssicherung: Er reformuliert seine ursprüngliche
Frage zweimal (3/5/7 und 9/11/13), wobei er sich beim zweiten Mal die einzelnen Elemente
der Frage schrittweise von I bestätigen lässt (10, 12).[9] Nachdem I die Frage verstanden,
aber nur kurz beantwortet hat (14), wählt er eine andere Technik, um eine Erzählung zu initiieren: Er schlägt ein mögliches Element des Ereignisablaufs vor (18: *mais la damE: a très*

---

[8] Das Beispiel wird in einem anderen Zusammenhang in Gülich (1994) analysiert.
[9] Diese Technik wird in Krafft/Dausendschön-Gay (1993b) als *séquence analytique* beschrieben.

bien . tu t'es:). Daraufhin gibt I eine kurze Antwort (19), in der sie nur das Ergebnis der Interaktion mitteilt, nicht den Ablauf rekonstruiert. M schlägt erneut mögliche Erzählelemente vor (20), und nun erst setzt I zu einer detaillierteren Rekonstruktion des Interaktionsablaufs an (21 ff.: *je j'en-. j'entre/* usw.).

Einen besonderen Stellenwert hat die Fremdinitiierung von Erzählungen in institutionellen oder professionellen Kontexten. So zeigt Bonu (1998 und 2001), dass in Bewerbungsgesprächen Erzählsequenzen des Bewerbers im Allgemeinen vom Vertreter des Unternehmens initiiert werden und vielfältige Aufgaben erfüllen: Sie dienen z.B. dazu, die Berufserfahrung des Bewerbers und seine Qualifikation für die Stelle, auf die er sich beworben hat, zu überprüfen.

Auch in Arzt-Patient-Gesprächen ist Fremdinitiierung die Regel. In dem in Kapitel 8.5.2 behandelten Gespräch *Casse-tête chinois* war das insofern gut zu erkennen, als die Patientin mit ihrer selbstinitiierten Erzählankündigung *OUI c'est un casse-tête chinOIS mon cas hein* nicht zum Zuge kommt, sondern abgewiesen wird (*on va voir*). Der Arzt behält sich das Recht vor, die Darstellung der aktuellen Erkrankung zu initiieren; erst mit seiner Frage *qu'est-ce qui vous amène* gibt er der Patientin die Möglichkeit zum Erzählen.

9.2.2   Die eigentliche Erzählung

Voraussetzung für das Zustandekommen einer Erzählsequenz ist nicht nur, dass ein Teilnehmer aus eigenem Antrieb oder auf Aufforderung des Gesprächspartners die Erzählerrolle übernimmt, sondern auch, dass die anderen für die entsprechende Zeit bereit sind, die Zuhörerrolle zu übernehmen, und dies auch zu erkennen geben. In der *Concierge*-Erzählung macht Doris dies u.a. dadurch deutlich, dass sie während Mireilles episodischer Rekonstruktion keine der übergaberelevanten Stellen für einen eigenen Redebeitrag nutzt. Es ist anzunehmen, dass sie während des Erzählprozesses Zuhören, Aufmerksamkeit und Anteilnahme durch nonvokale Mittel (z.B. Blickrichtung, Körperhaltung, Mimik) deutlich macht; da das Gespräch lediglich als Audio-Aufnahme vorliegt, können solche für die Erzählinteraktion durchaus wichtigen Elemente in diesem Fall nicht in die Analyse einbezogen werden (in den Beispielen in Kap. 1 und Kap. 10 hingegen lassen sie sich anhand der Videoaufnahme beobachten und beschreiben).

Beim Erzählen spielen also auch die Aktivitäten der Zuhörer (z.B. Rezeptionssignale, Kommentare, Bewertungen, auch nonverbale Aktivitäten wie z.B. Lachen) eine wichtige Rolle.[10] Zwar wird die eigentliche narrative Rekonstruktion in der Regel hauptsächlich von *einem* Sprecher geleistet, aber die Strukturierung und die Markierung von Relevanzen werden immer von allen Beteiligten gemeinsam hervorgebracht. Treffender als mit ,Erzählun-

---

[10]   In linguistischen Arbeiten wurden Zuhöreraktivitäten im Allgemeinen vernachlässigt. Vgl. dagegen Quasthoff (1981), die die Zuhöreraktivitäten systematisch untersucht. Für das Französische vgl. z.B. Laforest (1996).

gen' wird der Gegenstand konversationsanalytischer Erzählforschung daher mit ,Erzählinteraktionen' bezeichnet (vgl. Quasthoff 1999: 128).[11]

Das oben zitierte Beispiel *A la Sorbonne* zeigt den interaktiven Aspekt auch während des eigentlichen Erzählprozesses besonders deutlich, denn als schließlich eine Erzählung zustande kommt, wird sie unterbrochen. Nachdem I in Zeile 18 mit der Rekonstruktion der Interaktion in der *Sorbonne* begonnen (*je j'en- j'entre/*) und M diese Äußerung ratifiziert hat, korrigiert I sich (23: *j'ai rentré/*) – allerdings durch eine Form, die wiederum V zu einer Korrektur veranlasst (24: *je suis rentrée*). I nimmt die Korrektur auf und setzt dann die Rekonstruktion der Interaktion fort (25–30). Hier leistet die Zuhörerin V (als Erstsprache-Sprecherin) also einen Beitrag zur (sprachlich korrekten) Formulierung der Erzählung (der Fremdsprache-Sprecherin), womit sie allerdings den Erzählfluss unterbricht.

Auch in dem Arzt-Patient-Gespräch *Casse-tête chinois* wird, wie oben gezeigt wurde (s. Kap. 8.5.2), der Erzählfluss der Patientin mehrfach vom Arzt unterbrochen, der Nachfragen stellt und versucht, Diagnosen zu stellen, während die Patientin ihn immer wieder darauf hinweist, dass ihre ,Geschichte' noch nicht zu Ende ist. Während Marcel im Gespräch mit Irma deren Erzählaktivität durch verschiedene Techniken der Initiierung fördert, sieht der Arzt es offensichtlich eher als seine Aufgabe an, das Erzählte professionell zu deuten, und versucht, den Erzählfluss zu unterbrechen. So steuern die Zuhörer durch erzählförderndes oder erzählhemmendes Verhalten den Ablauf der Erzählung (vgl. Quasthoff 1981).

9.2.3 Die konversationelle Bearbeitung der Erzählung

> „Enfin, la séquence de ,réponse' (post-narrative) sert non seulement à retourner à l'alternance des locuteurs, mais montre surtout que le point clé, ou les éléments fondamentaux du récit, ont été compris." (Bonu 1998: 35)

Der *point clé* im *Concierge*-Beispiel ist das ,schreckliche' Verhalten der *Concierge*; die Antwortsequenz besteht aus der gemeinsamen Bewertung durch Erzählerin und Zuhörerin und der (oben nicht mehr zitierten) Parallelerzählung der bisherigen Zuhörerin. Der ständige Wechsel zwischen den Tempora kennzeichnet den Übergang von der narrativen Rekonstruktion zur Wiederaufnahme der verallgemeinernden konversationellen Bearbeitung des Themas; er bereitet die Rückkehr zum *turn-by-turn-talk* vor. Die erzählte Episode wird dadurch deutlich als Beleg für den vorher diskutierten Charakter und das Verhalten der *Concierge* gekennzeichnet. Die Evaluation des Erzählten geht in vier Schritten vor sich:

1. Die Erzählerin schließt die narrative Rekonstruktion mit einer doppelten Evaluation ab (35–39), die einerseits an die Episode gebunden und andererseits verallgemeinernd ist;
2. diese Evaluation wird durch die Zuhörerin verbal und nonverbal bestätigt (40–41);

---

[11] Vgl. dazu den Übersichtsartikel von Quasthoff (2001); für das Französische: Bonu (1998). Eine wichtige Rolle spielt die Interaktivität auch bei Lucius-Hoene/Deppermann (2002; bes. Kap. 2.5 *Erzählen als Kommunikationsprozess* und Kap. 9.4 *Interaktionssteuerung*).

3. die Erzählerin setzt nochmals zu einer episodenspezifischen Evaluation an (42);
4. parallel dazu ergreift die bisherige Zuhörerin das Wort, um nun ihrerseits ein Erlebnis mit der *Concierge* zu erzählen.

Dass die Gesprächspartner sich in Zuhörer- und Erzähler-Rollen abwechseln, ist für Alltagsinteraktionen nicht untypisch. Auf diese Weise können ganze Serien von Erzählungen entstehen, denn mit jeder neuen Geschichte kann der bisherige Zuhörer sein Verständnis der vorangegangenen Erzählung deutlich machen:

> „[...] one consequence of a storytelling can be the touching off of another storytelling [...] Subsequent stories are mobilized in recipients' memory by a story's telling just because they can serve as displays of understanding of, and alignment (or misalignment) with, prior stories." (Schegloff 1997: 103)[12]

In diesem Sinne antwortet Doris auf Mireilles Erzählung mit einer neuen Erzählung, in der ebenfalls die *Concierge* die Hauptperson ist. Damit bestätigen sich die beiden wechselseitig in narrativer Form ihre schlechte Meinung von dieser Person, die sie zuvor bereits in verallgemeinernder Form festgestellt haben.

Eine wichtige Rolle spielen Evaluationen von Erzählungen auch in professionellen Interaktionen. Am Beispiel der Vorstellungsgespräche zeigt Bonu (1998 und 2001) in sehr differenzierten Analysen, mit welchen sprachlichen Techniken das vom Bewerber Erzählte sowohl durch ihn selbst als auch durch den Interviewer (in seinem Corpus handelt es sich um einen Psychologen) bewertet wird und wie sich diese Bewertungen auf das gesamte Gespräch auswirken. Ein wesentliches Charakteristikum von Evaluationen ist, dass sie für den jeweiligen professionellen oder institutionellen Kontext spezifisch sind. In einem Arzt-Patient-Gespräch wie *Casse-tête chinois* (s.o. Kap. 8.5.2) werden Bewertungen im Hinblick auf eine mögliche Diagnose vorgenommen, so z.B. wenn der Arzt die Schilderung des Hautausschlags der Patientin kommentiert mit *ça fAI:t eu:h <((vite)) une histoire de champignON> à priori hein/*. In einem Beratungsgespräch werden u.U. juristische Kriterien zur Bewertung herangezogen.[13] Kallmeyer (1985) arbeitet z.B. an einem Telefongespräch zwischen dem Besitzer einer Eigentumswohnung und einem Versicherungs-Experten heraus, wie die Interaktanten die Fakten narrativ rekonstruieren und daraus durch ihre Bewertungen argumentatives Potenzial entwickeln. Narration und Argumentation hängen gerade im juristischen Kontext eng zusammen.[14]

---

[12] Schegloff verweist auf ähnliche Bemerkungen bei Sacks (1992, I: 764–772; II: 3–17, 249–268). Zur Aneinanderreihung von Erzählungen vgl. auch Ryave (1978) und Mulholland (1996).

[13] Vgl. dazu z.B. die Analysen eines Gesprächs aus einer Mieterberatung (*La Dame de Caluire*) in Bange (1987).

[14] Siehe z.B. Hanken-Illjes (2006) zur Transformation von Geschichten in Argumente in Strafverfahren. Allgemeiner zur Rolle des Erzählens in argumentativen Zusammenhängen vgl. Deppermann/Lucius-Hoene (2000), Kindt (2003).

9.3 Die interaktive Konstitution von ‚Erzählwürdigkeit‘

„For the most part, people tell stories to do something – to complain, to boast, to inform, to alert, to tease, to explain or excuse or justify [...]. Recipients are oriented not only to the stories as a discursive unit, but to what is being done by it, with it, through it; for the story and any aspect of its telling, they can attend the ‚why that now‘ question.“ (Schegloff 1997: 97)

Am Beispiel des Erzählens in professionellen Interaktionen wird deutlich, dass Evaluationen konstitutiv sind für das, was eine Erzählsequenz im Gespräch leistet. Bonu sieht die Beschäftigung mit Evaluationen als zentral für eine Weiterentwicklung der konversationsanalytisch orientierten Erzählforschung an (2001: 52). Anhand der Evaluationen wollen wir im Folgenden den viel diskutierten Begriff der Erzählwürdigkeit konversationsanalytisch beleuchten.

Das Problem der ‚Erzählwürdigkeit‘ oder ‚Erzählbarkeit‘ (*reportability*) (Hausendorf/ Quasthoff 1996) hat die Erzählforschung lange und intensiv beschäftigt. Bei Labov/Waletzky (1967), auf deren Arbeit in den vierzig Jahren seit ihrem Erscheinen immer wieder Bezug genommen worden ist (vgl. Bamberg 1997), und ebenso bei Labov (1972) wird die *reportability* durch die *evaluation* markiert, die als eine über die ganze Erzählung verteilte sekundäre Struktur beschrieben wird (siehe auch Labov 1997).[15] Durch die Evaluation verdeutlicht der Erzähler die Pointe, um zu verhindern, dass der Zuhörer auf das Erzählte mit *so what?* reagiert, also mit Unverständnis darüber, warum es erzählt wurde. Erzählwürdigkeit wird dabei vor allem als eine Eigenschaft des zugrunde liegenden Ereignisses angesehen.[16] Aus konversationsanalytischer Perspektive, die diesen Ansatz als ‚monologisch‘ und ‚dekontextualisiert‘ erscheinen lässt (Bonu 2001: 53), richtet sich das Interesse hingegen darauf, wie Erzählwürdigkeit im Erzählprozess interaktiv konstituiert, d.h. von Erzähler und Zuhörer gemeinsam hergestellt wird (Hausendorf/Quasthoff 1996). Für Sacks (1992, s.o. Fußn. 6) besteht ein enger Zusammenhang zwischen Relevanzsetzung und Adressatenorientierung; Erzähleinleitung und -beendigung markieren die Relevanz einer Erzählung für den jeweils spezifischen Adressaten. Auch mit der ‚Würdigung‘ und Aufarbeitung einer Erzählung durch den Zuhörer werden Relevanzsetzungen vorgenommen.

‚Relevanzsetzung‘ ist nach Kallmeyer/Schütze (1977) mit ‚Gestaltschließung‘ und ‚Detaillierung‘ einer der drei ‚Zugzwänge‘, in die der Erzähler gerät: Er muss deutlich machen, was an der Geschichte als ‚erzählenswert‘ gelten soll.[17] So wird in der obigen Erzählung

---

[15] Im Unterschied zu Labov (1972) sehen Labov/Waletzky (1967) die Evaluation als Teil der Globalstruktur der Erzählung an.

[16] Für den Begriff *reportability* hat es eine ganze Reihe von Präzisierungsversuchen gegeben (vgl. Gülich/Hausendorf 2000: 374 f.). In der französischsprachigen Erzählforschung hat Vincent (1996) den Versuch unternommen, die *racontabilité* mit Hilfe von Gradunterschieden zu differenzieren.

[17] Für soziologische Fragestellungen wurde der ethnomethodologische Ansatz zur Analyse von Erzählungen vor allem von Schütze weiterentwickelt und – nicht zuletzt wegen der Wirkung dieser ‚Zugzwänge‘ – in Form des ‚narrativen Interviews‘ auch als Erhebungstechnik genutzt (vgl.

z.b. nicht auf die Entstehung oder den Grund des Streits zwischen den Protagonisten oder auf den genauen zeitlichen Ablauf der Interaktion eingegangen, sondern die Aufmerksamkeit wird vorwiegend auf die Kommunikationshandlungen der Beteiligten und auf das Ergebnis des Streits gelenkt. Dass gerade diese Aspekte des Ereignisses als erzählenswert herausgestellt werden, steht im Einklang mit dem Thema des Gesprächs (der Bösartigkeit der *Concierge*) und macht die Belegfunktion der Erzählung aus. ‚Erzählbar' sind also nicht nur besonders spektakuläre Ereignisse; auch alltägliche Dinge können von den Interaktanten relevant gesetzt und damit als erzählenswert definiert werden (vgl. Lucius-Hoene/Deppermann 2002: 127).

Erzählwürdigkeit nicht als Eigenschaft des Erzählten aufzufassen bedeutet auch, sie als situiertes Phänomen, d.h. als an konkrete Situationen bzw. Kontexte gebunden zu verstehen. Das lässt sich wiederum in professionellen Gesprächen gut beobachten. Bonu zeigt am Beispiel von Erzählungen in Vorstellungsgesprächen, wie wichtig es ist, die für den angestrebten Posten jeweils relevanten Aspekte deutlich herauszustellen und von Hintergrundinformationen abzuheben. Auch in einem solchen Kontext geschieht dies interaktiv: „la différenciation entre les informations d'arrière-plan et les points clés de la narration est produite activement à la fois par le locuteur et par le destinataire" (Bonu 1998: 48). Dass es dabei zu Aushandlungsprozessen kommen kann, zeigt das Beispiel *Casse-tête chinois*, in dem Patientin und Arzt offenbar unterschiedliche Vorstellungen davon haben, was an welcher Stelle relevant und somit erzählenswert ist.

Um das Erzählenswerte, die Pointe einer Erzählung herauszuarbeiten, werden nicht nur sprachliche Ressourcen genutzt, sondern auch stimmliche, körperliche usw. Untersucht wurden allerdings bisher vor allem sprachliche Verfahren, z.B. Hervorhebungsverfahren, Bewertungen, Detaillierungen, Reformulierungen und Wiederaufnahmen, die Darstellung emotionaler Beteiligung, die szenische Darstellung. Einige solcher Verfahren beschreibt Günthner (2006) am Beispiel mündlicher Alltagserzählungen im Deutschen als ‚dichte Konstruktionen'. Kallmeyer (1981) interpretiert Darstellungstechniken dieser Art als Ergebnis einer Gestaltungsorientiertheit (vgl. auch Gülich 2007). Die Einbeziehung multimodaler Ressourcen hingegen steckt, insbesondere was die Arbeit an französischen Daten betrifft, noch in den Anfängen.

9.4 Erzählen als ‚rekonstruktive Gattung'

Mit den Überlegungen zur Erzählwürdigkeit haben wir uns vom technischen Aspekt des Zusammenhangs zwischen Erzählen und Sprecherwechselregeln, der den Ausgangspunkt dieses Kapitels bildete, entfernt und stärker die Darstellungs- und Gestaltungsaspekte der

---

Schütze 1976, 1994). Einen neuen Ansatz zur Arbeit mit narrativen Interviews entwickeln Lucius-Hoene/Deppermann (2002).

Erzählaktivität ins Auge gefasst. Diese Aspekte sollen abschließend mit Hilfe des Konzepts der ‚kommunikativen Gattungen' vertieft werden.

Dass narratives Rekonstruieren vergangener Ereignisse übergeordneten Mustern folgt, wurde von Bergmann/Luckmann (1995) auf der Grundlage des Luckmannschen Konzepts der ‚kommunikativen Gattungen' (Luckmann 1988) in die Erzählanalyse eingeführt. Der Grundgedanke dabei ist, dass sich in einer Gesellschaft für die Bearbeitung rekurrenter kommunikativer Aufgaben „routinisierte und mehr oder weniger verpflichtende Lösungen" herausbilden, die „grundsätzlich im gesellschaftlichen Wissensvorrat verfügbar" sind (Luckmann 1988: 282).[18] Erzählungen gehören zu den ‚rekonstruktiven Gattungen'; diesen offenen Begriff ziehen die Autoren dem der ‚Erzählung' vor, den sie durch andere disziplinäre Zusammenhänge für vorbelastet halten (Bergmann/Luckmann 1995: 295).

Rekonstruktionsaufgaben stellen sich in den verschiedensten alltäglichen, professionellen oder institutionellen Interaktionskontexten und können mit Hilfe verschiedener ‚Methoden' gelöst werden; Erzählen ist eine Methode unter anderen. Ein Handlungs- oder Ereignisablauf kann auch nicht-narrativ rekonstruiert werden,[19] z.B. mit Hilfe einer Frage-Antwort-Sequenz; das ist in institutionellen Kontexten häufig der Fall, etwa in Arzt-Patient-Gesprächen bei der Rekonstruktion der Krankengeschichte. Die Wahl der Methode hängt von verschiedenen Faktoren ab, z.B. vom Kontext, vom Interaktionstyp, der Situation, den Situationseinschätzungen der Beteiligten oder ihren sprachlichen bzw. kommunikativen Fähigkeiten. Zum einen gilt Erzählen nicht in jedem Kontext als präferierte Methode der Rekonstruktion; das zeigen u.a. Beispiele für Erzählungen in Sozialamtsgesprächen (Quasthoff 1980; vgl. die Analyse eines solchen Gesprächs in Gülich/Quasthoff 1986). Zum anderen können die Wahlmöglichkeiten zu Ungunsten der narrativen Rekonstruktion eingeschränkt sein, z.B. in Gesprächen mit jüngeren Kindern (Hausendorf/Quasthoff 1996) oder mit Fremdsprache-Sprechern (Gülich 1994), denen die sprachlichen Mittel zum Erzählen u.U. nicht in ausreichendem Maße zur Verfügung stehen. In solchen Fällen kann sich die Kooperation – wie im Beispiel *A la Sorbonne* – auch auf Formulierungshilfe erstrecken.[20]

Wie anhand des *Concierge*-Beispiels bereits deutlich wurde, lassen sich zwei Grundformen narrativer Rekonstruktion unterscheiden: die Rekonstruktion einer singulären Episode, die vom übrigen Handlungs- und Ereignisablauf deutlich abgegrenzt wird (wie der Vorfall zwischen Mme Pivotti und der *Concierge*), und die Rekonstruktion sich wiederholender, meist als typisch dargestellter Abläufe (wie die übereinstimmenden Erfahrungen der jungen Mädchen mit der falschen Freundlichkeit der *Concierge*). Als zentrale sprachliche Differenzierungskriterien fungieren Tempora und Tempuswechsel, Zeitadverbien oder andere Zeitangaben (im Beispieltext *un jour* bei der episodischen gegenüber *toujours* bei der

---

[18] Für eine einführende Darstellung aus linguistischer Sicht siehe Günthner (1995).

[19] Beispiele für narrative Rekonstruktionen sind Klatsch (Bergmann 1987), Konversionserzählungen (Ulmer 1988) oder Vorwurfaktivitäten (Günthner 2000), für nicht-narrative: Feuerwehrnotrufe (Bergmann 1993).

[20] Ein eindrucksvolles Beispiel für eine solche narrative Ko-Produktion einer Fremdsprache-Sprecherin und einer Erstsprache-Sprecherin gibt Oesch-Serra (1989).

iterativen Rekonstruktion). In mündlichen Erzählungen wechseln sich im Allgemeinen episodische und iterative Rekonstruktion ab, wobei die iterativen Erzählsequenzen oft den Hintergrund für die episodischen bilden. Mit anderen Worten: Als erzählenswert werden meistens die Episoden dargestellt.

Zu den Gegenständen narrativer Rekonstruktion gehören neben Handlungen und Ereignissen verschiedenster Art auch Kommunikationshandlungen, also Gespräche oder Äußerungen aus Gesprächen. Die Wiedergabe eigener und fremder Äußerungen, manchmal sogar ganzer Dialoge nimmt in Alltagserzählungen oft breiten Raum ein. Sowohl in der *Concierge*-Erzählung als auch in *A la Sorbonne* stellt sie den Kern der Erzählung dar; allerdings werden verschiedene Techniken verwendet: im ersten Fall ein zusammenfassender Redebericht (*elle: crIait dans l'escalier/ = elle a appelé POlice-secours/*), im zweiten direkte Rede (*elle dit <((en imitant)) ah tu as: . ehm la fille/ de madame barrière/>*), die vielfach als typisches Mittel szenischer Darstellung beschrieben wird.[21] Die verschiedenen Techniken szenischer Darstellung gehören zu den wichtigsten Gestaltungsmitteln beim mündlichen Erzählen.

Aufgaben zu Kapitel 9

- Erläutern Sie, warum das Interesse der Konversationsanalyse am Erzählen in Gesprächen gerade von der Sprecherwechselsystematik ausging: Wie hängen diese beiden Aspekte zusammen? Und wie lösen die Teilnehmer die damit verbundenen Aufgaben?
- Erörtern Sie die Konsequenzen der konversationsanalytischen Maxime der Interaktivität für die Analyse von Erzählaktivitäten im Gespräch. Analysieren Sie unter diesem Aspekt die Ausschnitte aus dem Gespräch *Casse-tête chinois* (Bsp. 9 in Kap. 8).
- Analysieren Sie die narrative Rekonstruktion der bisherigen beruflichen Tätigkeit von F in dem Vorstellungsgespräch (Arbeitstranskript II) unter dem Aspekt der Einbettung in den Gesprächsverlauf und der Erzählwürdigkeit.
- Vergleichen Sie das Zustandekommen der Erzählungen in den Gesprächsausschnitten in Kapitel 4/Beispiel 1, Kapitel 9/Beispiel 9, Kapitel 8/Beispiel 4 und dem Ausschnitt aus einem Vorstellungsgespräch (Arbeitstranskript II).

---

[21] Vgl. z.B. Lucius-Hoene/Deppermann (2002: Kap. 9.2.1), Günthner (2000: bes. Kap. 4.6). Hausendorf/Quasthoff (1996) beschreiben die direkte Rede als ein Mittel der ,Dramatisierung'. Bergmann (2000: 207) unterscheidet solche Inszenierungen als nicht-narrative Formen von der narrativen Ereignisrekonstruktion und spricht von einer Durchbrechung des Erzählmusters durch ,inszenatorische Praktiken'.

10. Multimodalität: Neue Aspekte in der Analyse

Wir haben in diesem Buch eine Reihe konversationeller Methoden dargestellt, mit denen die Gesprächsteilnehmer die soziale Interaktion organisieren und gestalten: Verfahren der Gesprächseröffnung und -beendigung, der Organisation des Sprecherwechsels, der sequenziellen Organisation von Redebeiträgen, der Reparatur auftretender Probleme, der Strukturierung komplexerer Aktivitäten wie der Entwicklung eines Themas oder einer Erzählung. Die Beschreibung dieser Verfahren basiert auf einem von der KA inspirierten linguistischen Ansatz (vgl. Kap. 2), der darauf ausgerichtet ist, anhand der Aufzeichnung von Interaktionen in natürlichen sozialen Kontexten und ihrer detaillierten Transkription (vgl. Kap. 3) die Alltagspraktiken zu rekonstruieren, mit denen die Teilnehmer gemeinsam und koordiniert die Interaktion und die soziale Situation gestalten. Diese Organisation folgt keinem festen Skript oder Plan, sie ist nicht in allen Details vorhersehbar, sondern sie ist immer lokal situiert, kontingent und indexikal. Die sprachlichen Ressourcen, auf die die Interaktanten dabei zurückgreifen, sind eng mit ihrer Funktionsweise in der Interaktion verbunden; sie werden einerseits von den Teilnehmern genutzt, um die Interaktion zu organisieren, und andererseits durch diesen Gebrauch gebildet und geformt.

Bei der Organisation der Interaktion spielen aber nicht nur sprachliche Ressourcen eine Rolle, sondern diese wirken mit anderen – gestischen, materiellen, räumlichen, kurz: multimodalen – Ressourcen zusammen. Darauf haben wir in den vorigen Kapiteln immer wieder hingewiesen; wir sind aber bisher vor allem auf die verbale Dimension des Sprechens-in-Interaktion eingegangen. In diesem letzten Kapitel schlagen wir eine komplexere Beispielanalyse vor, in der wir auf einige der eingeführten analytischen Kategorien zurückkommen und diese auch auf die multimodalen Ressourcen beziehen. Wir tragen damit neueren Entwicklungen der KA Rechnung.

10.1 Berücksichtigung multimodaler Aspekte in der sequenziellen Analyse

In der Organisation der sozialen Interaktion mobilisieren die Teilnehmer eine breite Palette von Ressourcen, zwischen denen sie nicht von vornherein prinzipielle Unterschiede machen. Dies sind nicht nur sprachliche, sondern auch vokale (Laute, ‚euhs‘, Atmen, Zungenschnalzen usw.) und multimodale Ressourcen. Der Begriff ‚multimodal‘ verweist sowohl auf Gesten, Blicke, Mimik, Körperbewegung und -haltung, Positionierung und Bewegung im Raum als auch auf die Benutzung von Gegenständen (Kendon 1990; Goodwin 1981, 2000; Schegloff 1984).

Dass die multimodalen Ressourcen in der KA bisher wenig berücksichtigt wurden, mag zwar auch mit einem gewissen Logozentrismus unserer Analysetraditionen zusammenhängen, ist aber keinesfalls auf eine explizite theoretische Position zurückzuführen, denn Ablauf und Organisation der Interaktion sind unausweichlich in den Körpern der Teilnehmer verankert – das Sprechen selbst beinhaltet eine Bewegung von Teilen des Körpers (Sprech-apparat und Atmungssystem), die mit anderen Bewegungen wie beispielsweise Gesten eng verbunden ist (Kendon 2005). Infolgedessen ist die Beschränkung der Analyse auf die ver-bale Dimension der Interaktion vor allem ein Artefakt der technischen Beschränkungen – erschwingliche Videotechnik im Kleinformat gibt es erst seit relativ kurzer Zeit.

Auch wenn die Arbeit mit Videodaten in der KA noch relativ wenig entwickelt ist (Mondada 2006b, 2007d, de Stefani 2007), reichen ihre Anfänge doch weit zurück. Sacks hat schon sehr früh neben dem Tonband auch eine Kamera für die Dokumentation von In-teraktionen verwendet (vgl. den 2002 publizierten Artikel von Sacks und Schegloff von 1971, der auf Filmen basiert). Aber es war vor allem Charles Goodwin, der dank einer pro-fessionellen Ausbildung in der Filmproduktion seit den 1970er Jahren umfangreiche Video-Corpora erstellt hat, die er in seiner 1981 veröffentlichten Dissertation analysiert und die in der konversationsanalytischen Gemeinschaft weit verbreitet sind. Seit Beginn der 1980er Jahre verwendet auch Christian Heath (1986) Videotechnik, um die interaktiven Praktiken zunächst in medizinischen Sprechstunden, später in verschiedenen anderen Arbeitskontex-ten zu dokumentieren (Luff/Hindmarsh/Heath 2000), womit er die späteren *workplace stu-dies* begründete (s.o. Kap. 2.4). In dieser Forschungsrichtung spielten Videoaufzeichnun-gen eine grundlegende Rolle (Heath 1997); sie sind unerlässlich, um professionelle Interaktio-nen in komplexen Räumen mit vielen Teilnehmern an unterschiedlichen Orten, einer Viel-zahl von Aufgaben und dem intensiven Einsatz von Technologien detailliert zu dokumen-tieren. Die Untersuchung solcher professioneller Interaktionskontexte hat wiederum den Blick dafür geschärft, dass auch Alltagsinteraktionen eine ungeahnte Komplexität haben.

Für die folgende Analyse haben wir daher ein Alltagsgespräch ausgewählt: ein Tischge-spräch im Familienkreis. Die Situation ist in verschiedener Hinsicht komplexer als etwa das Beispiel in Kapitel 1, bei dem es sich ja auch um ein Gespräch beim Essen handelte: Zum einen nehmen an dem im Folgenden dokumentierten Essen sechs Personen teil, woraus sich deutlich mehr und andere mögliche Gesprächskonstellationen ergeben als in einem Zweier-gespräch. Zum anderen sind die auf das Essen selbst bezogenen Handlungen komplexer (es werden Schüsseln herumgereicht, Dinge aus der Küche geholt usw.), nicht zuletzt weil es sich um ein Raclette handelt, bei dem jeder am Tisch sein eigenes Essen zubereitet. Die Si-tuation wurde mit einer Videokamera aufgezeichnet, um in der Analyse neben den verbalen und vokalen auch die gestischen und visuellen Ressourcen berücksichtigen zu können, die die Teilnehmer in ihrem Handeln nutzen. Bei der Transkription der multimodalen Aspekte wurde die Zeitlichkeit präzise erfasst: Neben dem Anfang und Ende von Gesten, Blicken, Bewegungen usw. wurde ihre Synchronisation mit anderen multimodalen Handlungen und mit der aktuellen Äußerung festgehalten, um diese Phänomene im Hinblick auf ihre se-quenziellen Implikationen analysieren zu können.[1]

---

[1]   Die Begrenzungen der multimodalen Handlungen (Gesten, Blicke, Haltungen, Bewegungen) werden bei jedem Teilnehmer mit einem eigenen Symbol markiert: * für Yannick, @ für Moni-que, + für Anne, Δ für Henri, Ø für Valérie, ‡ für Bruno. Beginn und Ende einer multimodalen Handlung werden sowohl in der Zeile markiert, in der sie beschrieben wird, als auch in der Zeile

10.2 Themeneinführung in einem Tischgespräch: Eine Einzelfallanalyse

Der Ausschnitt, den wir im Folgenden behandeln, stammt aus einem Gespräch beim Abendessen im Kreise der Familie. Das Essen findet bei Yannick und Valérie statt; außer ihnen sind ihre Kinder Bruno und Monique anwesend, die ebenfalls im Haus leben, sowie ihr Sohn Henri und seine Freundin Anne, die zu Besuch gekommen sind.

Die Basis für die folgende Analyse bildet die Transkription, z.T. in Verbindung mit *Screenshots* (wobei die Analyse grundsätzlich in erster Linie auf den primären Daten, d.h. der Aufnahme basiert). Eine Basistranskription bildet die Grundlage; sie wird punktuell um multimodale Aspekte erweitert, die mit bestimmten sequenziellen Implikationen zusammenhängen oder sich in der sequenziellen Umgebung eines bestimmten Phänomens befinden. Die Transkription des Multimodalen ist notwendigerweise selektiv: Angesichts der zahlreichen simultan ablaufenden multimodalen Handlungen müssen diejenigen ausgewählt werden, die für das untersuchte Phänomen relevant sind.

Im Folgenden arbeiten wir mit unterschiedlichen Versionen der Transkription in verschiedenen Feinheitsgraden, um jeweils einen bestimmten Aspekt der Interaktion zu behandeln.

10.2.1 Der Beginn der Erzählung

Im Verlauf des Essens versucht Yannick mehrfach, einen komplexeren Gesprächsbeitrag zu beginnen und zu entwickeln. Die Schwierigkeiten, die er dabei hat, sind insofern interessant, als sie deutlich machen, welche Bedingungen dafür erfüllt sein müssen, nämlich kollektive Teilnahme und Aufmerksamkeit. Wir beginnen unsere Analyse mit einem Ausschnitt vom Beginn des Essens:

---

der Äußerung, auf die sie bezogen und mit der sie synchronisiert ist. Wenn die Handlung sich über die folgende Zeile fortsetzt, wird dies mit einem Pfeil nach der Beschreibung angezeigt und das Ende in einer der nächsten Zeilen mit dem Begrenzungssymbol markiert.

Beispiel 1: Repas de famille (Corpus Mondada)

```
 8   YAN   °alors <quand j'suis ((rapide))>°°
 9   YAN   (0.3)
10   YAN   quand je suis allé +à rochefo:rt/ (.)          + [j'ai:/
     an                        +dépose un panier s/table+
11   MON                                                   [@merci A\ (.)@
                                                           @prend le panier@
12   MON   heureusement qu't'es là [.hh
13   HEN                            [ah mais c'est d'la coppa\
14   VAL   mhm
15         (1.1)
16   VAL   tu [passes à PA[PAh/]
17   YAN      [(alors)     [à ro]chefort/
18         <((fort)) je suis allé visiter le: euh>
19         (0.4)
20   YAN   iz^ont:/ reconstruit le ba[teau:/ [de::        ]    [Lafa]
21   VAL                             [°fais° [PASSer l'plat/] henr[i:/]
22   YAN   yette/ (.) <((plus bas)) quand lafayette est parti aux états-
23         unis/> <((encore plus bas)) p[our:>]
```

Beim Lesen dieses Ausschnitts fällt sofort als ein rekurrentes Phänomen die Diskontinuität von Yannicks Äußerungen (8, 10, 17–18, 20, 22) auf, obwohl diese offenbar zum selben ‚Äußerungsprojekt' gehören. Dieses ist als ein möglicher Erzählanfang erkennbar: Yannick beginnt seine Äußerung in Z. 8 mit einem Konnektor und führt einen zeitlichen Bezug ein (*alors quand j'suis*). Dann bricht er jedoch ab, obwohl die Äußerung erkennbar unvollständig ist (das Verb *être* projiziert eine Fortsetzung). Nach einer Pause nimmt er einen Teil dieser Äußerung wieder auf und entwickelt ihn weiter: Er ergänzt ihn durch ein *passé composé* und eine lokale Angabe (10: *quand je suis allé à Rochefo:rt/*). Dieser vervollständigte erste Äußerungsteil projiziert nicht nur erkennbar einen zweiten (den er mit *j'ai:* einleitet), sondern eine größere Einheit, die Erzählung eines vergangenen Ereignisses. Der zweite Ansatz (*j'ai:*) wird wiederum abgebrochen und bleibt syntaktisch und prosodisch unvollständig. Obwohl er den *turn* durch Selbstwahl übernommen hat, produziert Yannick also keine vollständigen *turn*-Konstruktionseinheiten.

In der nächsten Zeile wird nicht die Erzählaktivität fortgesetzt, sondern es folgen völlig andere Dinge: ein Dank von Monique an Anne (11), gefolgt von einem Kompliment (12); eine Bemerkung von Henri zum Essen (13); eine Anweisung von Valérie (16). Diese sprachlichen Äußerungen zeichnen sich im Gegensatz zu denen von Yannick alle durch Vollständigkeit aus. Sie sind im Hinblick auf den Sprecherwechsel präzise organisiert (Minimierung von Pausen und Überlappungen) und schließen sequenziell aneinander an, in Paarsequenzen bzw. in paarweisen Handlungen: Moniques Dank folgt darauf, dass Anne das Brot aus der Küche holt. Dieser Konstruktionseinheit schließt Monique eine zweite an, ein Kompliment, das die soziale Beziehung zu Anne pflegt, indem es sie als eine Person kategorisiert, die nicht immer da ist (da sie nicht im Hause wohnt) und deren Anwesenheit geschätzt wird. So wird Annes besonderer kategorieller Status als ‚neues' Mitglied der Familie (Henris Freundin) anlässlich einer bestimmten Handlung lokal etabliert. Henris anschließende Bemerkung zum *Coppa* lenkt die Aufmerksamkeit auf dieses Gericht, nicht nur durch das Format des *turns* – die Einleitung mit einem überraschten *ah* (einem *change-of-state token*, Heritage 1984) – und die anschließende emphatische Benennung des Gerichts, sondern auch durch seine Körperhaltung: Er beugt sich demonstrativ über die Schüssel. Seine Bemerkung ist an Valérie gerichtet, die das Gericht in der Hand hält und die es ausgewählt und zubereitet hat, fungiert also als Kompliment an die Hausherrin. Diese reagiert darauf, wenn auch nur minimal (14).

Diese Äußerungen haben nichts mit der begonnenen Erzählung zu tun, sie beziehen sich vielmehr auf die Organisation des gemeinsamen Essens und tragen somit dazu bei, dieses in den Vordergrund zu stellen, während es bei der Erzählung eher im Hintergrund stand.

Der erste Ausschnitt dokumentiert also eine Situation, in der zwei Aktivitäten miteinander verschränkt sind: auf der einen Seite die in erster Linie verbale Aktivität des Erzählens, auf der anderen multimodale Aktivitäten, das Weiterreichen von Schüsseln zu Beginn des Essens. Diese beiden Aktivitäten laufen nicht nebeneinander her, sondern greifen ineinander: Yannicks Erzählung wird suspendiert, als andere Aktivitäten in den Vordergrund treten (Ende von Zeile 10), und wieder aufgenommen, als sich dafür eine Möglichkeit zu ergeben scheint – eine übergaberelevante Stelle, nämlich die Pause von 1,1 Sekunden in Z. 15.

Diese Pause wird nicht nur von Yannick identifiziert, sondern auch von Valérie, die den Moment nutzt, um das Herumreichen der Schüsseln zu organisieren (16). Das führt zu einer Überlappung, die ebenfalls geordnet gehandhabt wird: Yannick setzt mit einem Konnektor (17: *alors*) ein – einem *turn pre-beginning*, mit dem er den Beginn des eigentlichen Beitrags hinauszögert (vgl. Mondada, demn. a) –, reformuliert die Ortsangabe aus Z. 10 und spricht im Folgenden lauter, als er auch das Verb reformuliert (18: *je suis allé visiter*). Dann stockt er jedoch erneut: Das mit dem bestimmten Artikel (18: *le: euh*) projizierte Objekt wird nach der Pause nicht realisiert; Yannick wechselt die Konstruktion und die Äußerungsperspektive (3. Person Plural, Z. 20). Auf eine erneute Überlappung mit einer Aufforderung von Valérie reagiert Yannick, indem er das *de::* dehnt, bis Valéries *turn* potenziell vollständig ist, und den Namen *Lafayette* parallel zur letzten Silbe ihrer Äußerung ausspricht. Die nächste *turn*-Konstruktionseinheit (22) äußert er leise und schnell, sie ist gefolgt von einer weiteren unvollständigen Äußerung (23).

Yannick trägt also den seine Erzählung störenden Elementen Rechnung, und es gelingt ihm, diese Störungen in die Produktion seiner Äußerungen einzubeziehen. Dies hat jedoch Konsequenzen für das Voranschreiten der Erzählung. Der Anfang wird mehrmals wieder aufgenommen und jeder neue Schub ist gleich zu Beginn unterbrochen, während er gleichzeitig eine Fortsetzung projiziert (10: *j'ai:/*; 18: *le: euh*; 23: *pour:*).

10.2.2 Der sequenzielle und multimodale Kontext der *turn*-Übernahme

Anhand der detaillierten Audiotranskription lässt sich beschreiben, wie die Erzählaktivität geordnet mit den auf das Essen bezogenen Aktivitäten verflochten ist und wie bestimmte Ereignisse diese Aktivität behindern. Dennoch zeigen sich schnell die Grenzen einer Audioanalyse für die Rekonstruktion dessen, was hier geschieht. Im Folgenden analysieren wir das Geschehen anhand der Videodaten.

Die Videoaufnahme dokumentiert sowohl die Aktivität des Erzählens als auch die materielle, räumliche und gestische Organisation des Essens und ermöglicht dadurch eine symmetrische Analyse beider Aktivitäten (während die Audiodaten die Analyse der Erzählung privilegieren). Sie macht die praktischen Probleme deutlich, die sich stellen, wenn man eine komplexe verbale Aktivität am Anfang des Essens beginnen will, während die Aufmerksamkeit der Teilnehmer sich auf die herumgereichten Schüsseln – und beim Raclette im vorliegenden Fall außerdem auf die Zubereitung des eigenen Essens – richtet.

Zunächst stellt sich die Frage, wo genau Yannicks Erzählung in diesem Kontext beginnt. Dazu müssen wir ein Stück zurückgehen:

Beispiel 2: Repas de famille (= Beispiel 1 vorausgehende Sequenz)

```
1    MON   ((éternue en mettant la main devant la bouche)) (.) .hh/
2          ((éternue en prenant la serviette)) humm ehh
3    HEN   à tes souhai:ts/=
4    MON   =merci:h
5          (1.7)
6    MON   +xxx     + xxxxx
           +reg VAL+
7          (0.3) *(1.0)*
     ya           *rapproche sa chaise de la table, #buste en avant*
     im                                             #im1
8    YAN   °alors+ <quand ∆j'suis# ((rapide))>°
     he                 ∆se sert du plat-->
     an           +......->
     im                    #im2
```

image 1

image 2

Yannick beginnt seine Erzählung in Z. 8, nach einer Pause von 1,3 Sekunden (7). Dieser Moment scheint auf zwei Ebenen geeignet: Zum einen handelt es sich um eine redeübergabe-relevante Stelle (was sich in der Pause manifestiert), an der kein anderer Teilnehmer das Wort ergreift. Zum anderen folgt diese Pause auf einen Abschluss der vorhergehenden Sequenz: In Z. 1–2 niest Monique (wobei sie sich zuerst die Hand, dann die Serviette vor den Mund hält); im nächsten *turn* reagiert Henri rituell mit *à tes souhai:ts/*, worauf Monique sich bedankt (4). Diese drei Züge bilden eine abgeschlossene Sequenz (eine Paarsequenz mit einer Post-Expansion, s.o. Kap. 5); darauf folgt eine Pause von 1,7 Sekunden (5). Zwischen dieser und der folgenden Pause (7) richtet Monique eine kurze (unverständliche) Äußerung an Valérie (6) und sieht sie dabei an; Valérie reagiert jedoch nicht.

Yannick wählt also für den Beginn seiner Erzählung einen sequenziell geeigneten Moment: Alle anderen Sequenzen sind abgeschlossen, und es sind keine konditionellen Relevanzen offen. Er startet die sprachliche Aktivität aber nicht abrupt, sondern beginnt schon während der Pause, seine Körperhaltung zu verändern, indem er sich leicht erhebt, seinen Stuhl näher an den Tisch heranschiebt, sich aufrichtet und die Brust vorschiebt (Bild 1). Diese Veränderung der Körperhaltung projiziert eine längere Aktivität; sie fungiert als gestisches *turn pre-beginning*.

Die Körperhaltung der anderen Teilnehmer (Z. 8, Bild 2) zeigt jedoch, dass in diesem Moment niemand Yannick ansieht: Henri schaut auf das Gericht, von dem er sich gerade bedient (und das er in Z. 13 thematisiert), die anderen sind mit ihren Tellern beschäftigt und Anne kommt gerade mit dem Brotkorb aus der Küche zurück. Yannick beginnt also seine Erzählung zwar sequenziell an einer Stelle, an der eine neue Aktivität gestartet werden kann, jedoch in einem Moment, wo die Aufmerksamkeit der Teilnehmer von anderen Dingen beansprucht ist. Die Aufmerksamkeit der Gesprächspartner ist aber eine unabdingbare Voraussetzung für einen angemessenen Teilnahmerahmen (vgl. Goodwin 1984, Goodwin/Goodwin 1992), der der Erzählung ein Publikum sichert. Im Übrigen gilt auch Yannicks Aufmerksamkeit dem Essen: Er ist dabei, sich zu bedienen.

Wenn wir uns nun die Fälle ansehen, wo Yannick zunächst eine Fortsetzung seiner Äußerungen projiziert, dann aber abbricht, stellen wir fest, dass er in diesen Momenten ebenfalls gleichzeitig mit etwas anderem beschäftigt ist:

```
18   ->   <((fort)) je suis allé visiter *le: euh>*
                                          *prend le plat*

23   ->   <((encore plus bas)) p[*our:>    ]              *
                                 *soulève une tranche*
```

Die Beschäftigung mit zwei (oder mehr) Aktivitäten gleichzeitig (Multi-Aktivität) stellt die Teilnehmer vor die Notwendigkeit, zwei Organisationsaufgaben gleichzeitig zu bewältigen, die nicht immer konvergieren und die sich entweder verbinden oder gegenseitig ausschließen können. Das Essen ist ein gutes Beispiel dafür: Zwar ist es grundsätzlich problemlos möglich, beim Essen eine Geschichte zu erzählen, doch manchmal behandeln die Teilnehmer wie in unserem Fall diese beiden Handlungen als unvereinbar und lassen daher eine der beiden vorübergehend fallen.

10.2.3 Die Suche nach einem Zuhörer

Bis Z. 23 hat Yannicks Erzählung noch keine Aufmerksamkeit seitens der Gesprächspartner gefunden. Damit stellt sich für Yannick im Folgenden eine doppelte Aufgabe: seine Erzählung voranzubringen und mindestens einen Gesprächspartner als erkennbaren Zuhörer zu gewinnen.

Beispiel 3: Repas de famille (= Fortsetzung von Beispiel 1)

```
23         <((encore plus bas)) p[our:>     ]
24   HEN                         [ah ouais/]
25   YAN   °ouais°
26         (1.8)
27   YAN   c'est l'hermione\
28         (1.6)
```

```
29   YAN   <((bas)) j'ai ramené des photos d'ailleu[rs\>
30   VAL                                          [c'est papy qu'a été à:/
31   HEN   °il est chaud mon verre\°
32   VAL   [ouais
33   YAN   [<((fort)) et ils reconstruisent EXACTement le bateau/>
34         (1.1)
35   YAN   tel qu'il a été fait à l'époque\
36         (0.3)
37   YAN   c'est supErbe\
38         (1.2)
39   VAL   <((très bas)) merci>
40         (1.6)
41   HEN   et [eu:h/]
42   YAN      [en bois/] en B*ois/*
                          *hausse les sourcils*
43         (0.5)
44   YAN   en CHEne\
```

Die Fortsetzung ist gekennzeichnet von der speziellen Progression einer Erzählung, auf die keine Antwort erfolgt, während gleichzeitig die Aktivitäten des Essens fortgesetzt werden.

Yannick konstruiert seine weitere Erzählung aus sukzessiven kurzen Schüben (27, 29, 33, 35, 37, 42). Jeden dieser Schübe äußert er nach einer relativ langen Pause (26, 28, 34, 36, 40), die ihm Gelegenheit zur Selbstwahl gibt, und auf jeden folgt wiederum eine Pause, die das Ausbleiben einer Reaktion der Gesprächspartner sichtbar macht. Dabei bietet jede Ergänzung die Gelegenheit zu einer Reaktion: Die Nennung des Schiffsnamens beispielsweise (27: *c'est l'hermione*\) projiziert eine mögliche Topikalisierung (zumal Yannick am Ende dieser Konstruktionseinheit Valérie ansieht, sich also an sie richtet); die Ankündigung, dass er Fotos mitgebracht hat (29), kann als Einladung verstanden werden, sich diese anzusehen, und setzt eine entsprechende Reaktion relevant; die Bewertung in Z. 37 projiziert eine zweite, eventuell verstärkte Bewertung, mit der ein Gesprächspartner sich anschließen könnte (ein *upgraded second assessment*, Pomerantz 1984, Goodwin/Goodwin 1987). Yannick trägt dem Ausbleiben einer Reaktion Rechnung, indem er kurz darauf die Information, aus welchem Material das Schiff gebaut wird (42: *en bois*/), nachdrücklich reformuliert (*en Bois*/) und dabei die Augenbrauen hebt – eine prosodische und mimische Verstärkung –; als eine Reaktion wiederum ausbleibt, folgt eine weitere Verstärkung durch die aufwertende Präzisierung *en CHEne*\ (44). Mit dieser Serie von zunehmend intensivierten Elementen manifestiert Yannick seine Erwartung, dass wenigstens einer seiner Gesprächspartner in entsprechender Weise reagiert.

Festzuhalten ist also, dass auf keine Äußerung Yannicks ein *turn* eines Gesprächspartners folgt, der den generierten sequenziellen Implikationen entspricht. Dieses Ausbleiben ist wahrnehmbar und die Teilnehmer orientieren sich darauf.

Die Videoaufnahme zeigt jedoch ein komplexeres Bild: In den ‚Pausen‘ führt Yannick seinerseits Aktivitäten aus, die sich auf das Essen beziehen (26, 28, 34):

```
26        *(1.3) Δ(0.5)*
     ya   *dépose la tranche sur son assiette*
     he        -->Δ
27   YAN  c'est l'hermi*one\*
                       *reg VAL*
```

```
28          *(1.6)*
       ya   *se sert d'une nouvelle tranche*

34          *‡ (1.1)                    ‡
       ya   *passe le plat à ANN----->
       br   ‡passe un plat à MON‡
```

,Pausen' sind also nicht einfach nur als Abwesenheit sprachlicher Handlungen zu betrachten, sondern als Momente, die anderen fortlaufenden Aktivitäten gewidmet sein können.

Ein zweiter Aspekt, der in diesem Ausschnitt deutlich wird, ist, dass Henri zunehmend
Interesse an Yannicks Erzählung zeigt. Dieses zeigt sich ein erstes Mal in Z. 24, als Henri
das Vorausgehende überlappend topikalisiert (*[ah ouais/*); er orientiert sich dabei auf die
Vollständigkeit der Konstruktionseinheit und Yannicks leiser werdendes Sprechen. Yannick beschränkt sich jedoch auf eine Bestätigung (25: °*ouais*°). Im Übrigen sind beide in
diesem Moment dabei, sich eine Scheibe Fleisch zu nehmen:

```
23            Δ<((encore plus bas)) p[*our:>    ]         *
                                     *soulève une tranche*
24 -> HEN                            [+Δah ouais/]+
              Δ.....................Δprend tranche--->
       an                            +se tourne vers la caméra,
                                      recule sa chaise+
25 -> YAN     °ouais°
26            *(1.3) Δ(0.5)*
       ya     *dépose la tranche sur son assiette*
       he         -->Δ
```

Ein zweites Mal manifestiert Henri sein Interesse während der Pause in Z. 34:

```
33     YAN    [<((fort)) et ils *reconstruisent EXACT*ement le bateau/>
                                 *dépose la tranche sur son assiette*
34            *‡ (0.8) Δ (0.3)#     ‡
       ya     *passe le plat à ANN----->
       br     ‡passe un plat à MON‡
    -> he              Δreg YAN-->
       im                     #im 3
35     YAN    telΔ qu'il a été fait à l'époque\*
                                 ---------->*
       he     -->Δ
```

image 3

In Z. 34 (Bild 3) sieht Henri Yannick an; dies ist der erste Blick, der sich eindeutig auf den
Erzähler richtet. Er folgt auf das narrative Fragment in Z. 34, das zwar syntaktisch vollständig ist, prosodisch aber durch steigende Intonation eine Fortsetzung ankündigt – die jedoch
zunächst nicht erfolgt. Henris Blick zu Yannick in dieser sequenziellen Position scheint auf

die ausbleibende Fortsetzung zu reagieren, während der Sprecher gerade mit dem Weiterreichen der Schüsseln beschäftigt ist; der Blick wird gehalten, bis Yannick tatsächlich fortfährt (am Anfang von Z. 35). Henri zeigt also mit seinem Blick, dass er Yannick zuhört und
auf die Fortsetzung wartet.

Ein drittes Zeichen von Interesse gibt Henri in Z. 41, als er sich nach einer erneuten
Pause mit *et eu:h/* wiederum auf den Fortgang der Erzählung orientiert; sein Ansatz wird
aber von Yannicks *turn* überlappt (42). Henris Versuch der *turn*-Übernahme ist vor dem
Hintergrund des Folgenden interpretierbar, wo er Yannick eine Frage stellt:

Beispiel 4: Repas de famille (= Fortsetzung von Beispiel 3)

```
40              (1.6)
41 -> HEN    et [eu:h/]
42    YAN       [en bois/] en Bois/
43              (0.5)
44    YAN    en CHEne\
45 -> HEN    et tu (l'étais; [l'est t'es) rentré d'dans/
46    MON                     [°xxxxx/°
47    VAL    °non/°
48              (0.4)
49    YAN    nOn\ (.) tu peux pas rentrer dedans\ mais tu passes autour/
50           *(0.3)
      ya     *geste circulaire--->
51    YAN    tu f[ais le tour
52    MON?       [<((fort)) et:] euh>*
      ya                     ---->*
53    BRU       [‡°maman/°    ]
                ‡pointe m.g. v plat, puis m.dr. ---->
54    VAL    eh j'ai pas mis de pain sur la table/‡ (.)
      br                     -------------->‡
55           j'sais pas si vous mangez du pain ou pas\
56    BRU    °donne-moi un xxxx° °°maman\°°
57    HEN    Δben nonΔ
             Δreg VALΔ
58              (0.9)
59    YAN    tu passes au[tour/ (.) *tu: tu (fais;es)*#
                            *refait un geste circulaire, plus petit,
                            limité par BRU qui pointe*
      im                              #im4
```

image 4

```
60    MON                 [et et on peut pas faire cui[re Δle: bacon/
      he                                  Δse penche v VAL-->
61    HEN                                 [Δ°et le boudin/
62           le boudin/°Δ#
             ---->Δ
      im            #5
```

image 5

```
63        (0.6)
64    VAL  [oh merde/
65    MON  [eh y a pas Ø (de truc [à) bacon là/
      val            Ø se lève-->
66    YAN                       [ben tu l'mets dessus/ non
67    VAL  °°excuse-moi j'y vais°°
```

Mit seiner Frage in Z. 45 topikalisiert Henri ein Element aus Yannicks Erzählung und lädt
diesen damit ein, den betreffenden Aspekt zu entwickeln. Hier wird zum ersten Mal die Erzählung durch eine Interessensbekundung eines anderen Teilnehmers strukturiert.

Yannicks folgender *turn* besteht aus drei Konstruktionseinheiten. Die erste (49: *nOn*)
bezieht sich direkt auf Henris Frage; in der zweiten und dritten elaboriert er die Modalitäten
der Bootsbesichtigung und beschreibt sie mit einer ikonischen (kreisförmigen) Geste (50),
die er in einer Expansion reformuliert (51). Im Folgenden überlappen sich seine Ausführungen aber mit auf das Essen bezogenen Äußerungen und Gesten der anderen (52, 53, 54–
55); so wird z.B. seine Wiederholung der kreisförmigen Geste (59) von Zeigegesten von
Bruno und Anne überlagert (Bild 4). Zudem richtet Henri, sein primärer Gesprächspartner,
seine Aufmerksamkeit nun sichtbar auf Valérie und fragt sie nach der Blutwurst (61–62),
was eine Bemerkung (64) und eine Handlung von Valérie auslöst (sie geht in die Küche,
um die Blutwurst zu holen). Yannicks mehrfach reformulierte Antwort auf Henris Frage
(49, 51, 59) macht seine Schwierigkeiten deutlich, die Erzählung voranzubringen und sie
mit den gleichzeitig ablaufenden Aktivitäten zu koordinieren, die immer stärker mit der Erzählaktivität konkurrieren und schließlich in den Vordergrund treten.

Die Diskussionen über den Schinken, die Blutwurst und anderes setzen sich über die
nächsten 15 Zeilen fort (die hier ausgelassen wurden). Erst danach nimmt Yannick seine
Erzählung wieder auf, die damit allerdings zugleich endet.

10.2.4 Wiederaufnahme und Ende der Erzählung

Yannick nutzt eine erneute Pause (83), um seine Erzählung wieder aufzunehmen. Mit dem
einleitenden *et*, der Links-Dislokation (*ce bateau*) und der Wiederholung der kreisförmigen
Geste knüpft er an das Vorangegangene an:

Beispiel 5: Repas de famille (= Fortsetzung von Beispiel 4)

```
83       (0.9)
84   YAN  et ce bateau il va refaire *le trajet après +de fran:ce/* +
                                      *geste circulaire-----------*
     an                                            +se tourne v caméra+
```

```
85          (.) jusqu'à *aux états unis\ (.) i vont refaire* le même trajet\*
                        *geste circulaire en sens inverse-----------------*
                        *reg ANN--------------------------*
86          +Δ (0.5)+ Δ
    an      +recule sa chaise+
87   HEN    Δt'en sais un peu plus sur le pro[jet/]Δ le projet de *papy/
            Δreg YAN---------------------------Δ
    ya                                                              *reg HEN->
```

Während Yannick seine Äußerung reformuliert und dabei die Geste wiederholt (85), sieht ihn wiederum keiner der anderen Teilnehmer an; Anne, die ihm gegenübersitzt, dreht sich sogar nach hinten um (84–85). Yannicks abschließende Reformulierung ist vermutlich an sie gerichtet, da er dabei nach vorn blickt (85). Doch niemand reagiert auf diese Rückkehr zur Erzählung (Pause in Z. 86). Damit endet die Erzählung, denn nach der Pause führt Henri mit einer Frage an Yannick (87: *t'en sais un peu plus sur le projet/ le projet de papy/*) ein neues Thema ein, das allerdings mit einer zuvor schon erwähnten Person (*papy*) zu tun hat. Im Übrigen zeigt sich im weiteren Verlauf des Gesprächs, dass auch das neue Thema noch mit Schiffen zusammenhängt und insofern an Yannicks Erzählung anknüpft: Wir erfahren, dass ‚Papy' *a fait des projets de bateaux pour la défense nationale.* Henris Themeneinführung stellt also keinen abrupten Themenwechsel gegenüber Yannicks Erzählung dar, sondern vielmehr eine Verschiebung des Themas (s.o. Kap. 8.3).

Wir sehen also, dass sich die Teilnehmer trotz ihrer relativ geringen Aufmerksamkeit, die sie für Yannicks Erzählung bekunden, auf diese orientieren. Dies wird noch an einem anderen Phänomen deutlich, nämlich an Annes Blick zur Kamera in Z. 84. Anne ist diejenige, die mit der Aufnahme betraut ist und die Kamera installiert hat. Sie sitzt mit dem Rücken zur Kamera, was bedeutet, dass sie sie zum einen nicht sieht und zum anderen das Sichtfeld verdecken könnte. Dass sie dies als Problem wahrnimmt, macht sie in diesem Ausschnitt zweimal deutlich, indem sie sich zur Kamera umdreht (Z. 24 und Z. 84) und beide Male ihren Stuhl verschiebt. Hier noch einmal der erste Fall:

```
22   YAN    (.) <((plus bas)) quand lafayette est parti aux états-unis/>
23          Δ<((encore plus bas)) p[our:>      ]
24   HEN                          [+ah ouais/]+
    an                            +se tourne v caméra, recule sa chaise+
25   YAN    °ouais°
```

Interessant ist der interaktive und sequenzielle Bezug dieser Ereignisse: Das erste Mal wendet Anne sich zur Kamera, als nach mehreren Erzählschüben, auf die keine Reaktion erfolgt, Henri eine Frage zu dem betreffenden Thema stellt (24), das zweite Mal, als nach einer langen Zeit, in der das Essen im Vordergrund stand, Yannick seine Erzählung wieder aufnimmt (84). In beiden Fällen sieht Anne in dem Moment zur Kamera, als sich die Erzählaktivität trotz ausbleibender Interessensbekundungen der anderen Teilnehmer zu stabilisieren scheint. Außerdem schiebt sie ihren Stuhl zurück, wie um den Blick auf Yannick freizugeben, den sie teilweise verdeckt. Diese Bewegungen lassen eine Aufmerksamkeit und eine Sensibilität für besondere sequenzielle Momente erkennen, die eher die einer Forscherin als die einer Teilnehmerin ist: Indem sich Anne in diesen Momenten versichert, dass die Kamera läuft, behandelt sie die Erzählung als einen für die Aufnahme interessanten Moment, als ein ‚aufzuzeichnendes' Phänomen.

Die Orientierung auf die Aufnahmesituation fällt also zusammen mit einer Besonderheit des aufgenommenen Ereignisses. Sie kann als eine situierte Praxis beschrieben werden, die das Geschehen *online* interpretiert und für bestimmte Aspekte sensibler ist als für andere. Diese Analyse des Blicks zur Kamera steht der Haltung entgegen, dass die Kamera generell die Interaktion ‚beeinflusst' oder ‚verzerrt': Hier ist deutlich sichtbar, dass die Aufmerksamkeit auf die Kamera zum einen ein punktuelles Phänomen ist und zum anderen mit einem bestimmten Ereignis im Interaktionsverlauf zusammenfällt, das dadurch als bemerkenswert hervorgehoben wird.

Ziel dieser abschließenden Analyse war es, die grundlegenden Konzepte der Sequenzanalyse mit multimodalen Aspekten zu verbinden, die die Videoaufnahme zugänglich macht. In der Beispielanalyse haben wir gezeigt, wie die Teilnehmer verschiedene parallele Aktivitäten organisieren. Solche Multi-Aktivitäten sind in alltäglichen sozialen Interaktionen durchaus keine Seltenheit. Die Bedingungen für das Nebeneinander verschiedener Handlungsstränge (z.B. sich bedienen und eine Geschichte erzählen) werden von den Teilnehmern lokal definiert: Sie behandeln simultane Aktivitäten als miteinander kompatibel, einander ausschließend oder konkurrierend, als vorrangig oder sekundär und damit als hierarchisch geordnet usw. Diese situierte Kategorisierung der Aktivitäten handeln die Teilnehmer aus; so behandeln sie beispielsweise im oben analysierten Gespräch gegenüber Yannicks Erzählung das Essen als vorrangig, das sie seinerseits zum Thema machen, indem sie es besprechen, kommentieren, bewerten und thematisch entwickeln.

Die verschiedenen Handlungsstränge, ob sie nun primär sprachlich sind oder nicht, sind sequenziell organisiert, und sie produzieren Zwänge und normative Erwartungen für das Folgende. Die Analyse macht die Bedeutung multimodaler Aspekte für die Organisation der Interaktion, die Entstehung und Herausbildung des *turns* und der Sequenz deutlich. Sie zeigt, wie wichtig zum Beispiel Blicke bei der Adressierung des *turns* sind oder Gesten für die Vorbereitung der *turn*-Übernahme und die Beibehaltung des Rederechts oder wie Gesten die Entwicklung der Äußerung stören können. Ganz allgemein erlaubt die Einbeziehung der multimodalen Ebene eine präzisere Analyse dessen, was in der Interaktion geschieht. Gleichzeitig wirft sie ein neues Licht auf intensiv untersuchte Themen. Zum Beispiel gibt sie neuen Aufschluss über die Grenzen des *turns*, der beginnt, lange bevor das Sprechen einsetzt (vgl. auch die gestische Vorbereitung und Projektion einer komplexen verbalen Handlung durch die Veränderung der Körperhaltung im Beispiel oben), oder über seine Hervorbringung als eine multimodale Gestalt, die Gestaltung des Teilnahmerahmens für eine bestimmte Aktivität usw. In diesem Sinne trägt die Analyse der Multi-Aktivität und der Multimodalität zu einem vertieften Verständnis der sequenziellen Organisation sozialer Interaktion bei.

Aufgaben zu Kapitel 10

- Welche kommunikativen Ressourcen umfasst das Konzept ‚Multimodalität' und wie verhält sich dieses zu dem Begriff ‚non-verbale Kommunikation'? Wie lassen sich eine multimodale Analyse und die Analyse verbaler Aktivitäten miteinander verbinden?
- Diskutieren Sie am Beispiel von Arbeitstranskript III die Probleme der Analyse einer Audioaufnahme. Stellen Sie an Einzelheiten dar, wo die Einbeziehung multimodaler Ressourcen ggf. zu einer anderen Interpretation führen könnte.
- Nehmen Sie einen Ausschnitt aus einer Fernsehsendung auf. Hören Sie sich zunächst nur den Ton ohne das Bild an; betrachten Sie dann den Ausschnitt zunächst ohne Ton, anschließend mit Ton. Diskutieren Sie die Bedeutung der verschiedenen Ressourcen.
- Wählen Sie aus Ihrer eigenen Transkription des Ausschnitts aus der Fernseh-Talkshow (1. Aufgabe zu Kap. 3) einen noch kleineren Ausschnitt, der (mindestens) einen Sprecherwechsel enthält, und erweitern Sie die Transkription um die multimodalen Phänomene. Welche Probleme und Fragen stellen sich dabei?
- Rekapitulieren Sie die Sprecherwechselregeln aus Kapitel 4 und diskutieren Sie sie unter dem Aspekt der systematischen Einbeziehung von Multimodalität. Analysieren Sie den Sprecherwechsel in Ihrer eigenen Video-Transkription (vorige Aufgabe) detailliert unter Berücksichtigung der multimodalen Aspekte. Inwiefern ist unter dieser Voraussetzung das Verständnis des Geschehens in diesem Ausschnitt zu modifizieren?

11. Literatur

André-Larochebouvy, Danielle (1984): La conversation quotidienne. Introduction à l'analyse sémio-linguistique de la conversation. Paris, Didier Erudition.

Apfelbaum, Birgit (1993): Erzählen im Tandem. Sprachlernaktivitäten und die Konstruktion eines Diskursmusters in der Fremdsprache. Tübingen, Narr.

Arbeitsgruppe Bielefelder Soziologen (Hrsg.) (1973): Alltagswissen, Interaktion und gesellschaftliche Wirklichkeit. Bd. 1: Symbolischer Interaktionismus und Ethnomethodologie. Reinbek, Rowohlt.

Arditty, Jo; Vasseur, Marie-Thérèse (Hrsg.) (1999): Interaction et langue étrangère. No. spécial, Langages 134.

Atkinson, J. Maxwell (1984): Our masters' voices. The language and body language of politics. London, Methuen.

– ; Heritage, John (Hrsg.) (1984): Structures of social action. Studies in conversation analysis. Cambridge, Cambridge University Press.

Auchlin, Antoine (1981): ,Mais heu, pis bon, ben alors voilà, quoi!' Marqueurs de structuration de la conversation et complétude. Cahiers de Linguistique Française 2, pp. 141–159.

Auer, Peter (1993): Über. Zeitschrift für Literaturwissenschaft und Linguistik 23, 90/91 (Sonderheft ,Materiale Bedingungen der Linguistik', hrsg. von Brigitte Schlieben-Lange), pp. 104–138.

Bachmann, Christian; Lindenfeld, Jacqueline; Simonin, Jacky (1981): Langage et communications sociales. Paris, Hatier-Crédif.

Bamberg, Michael (Hrsg.) (1997): Oral versions of personal experience: Three decades of narrative analysis. The Journal of Narrative and Life History 7 (1–4).

Bange, Pierre (1983): Points de vue sur l'analyse conversationnelle. DRLAV 29, pp. 1–28.

– (1992a): Analyse conversationnelle et théorie de l'action. Paris, Hatier/Didier.

– (1992b): A propos de la communication et de l'apprentissage de L2 (notamment dans ses formes institutionnelles). In: AILE 1, pp. 53–85.

– (2005) (en collaboration avec Rita Carol et Peter Griggs): L'apprentissage d'une langue étrangère. Cognition et interaction. Paris, L'Harmattan.

– (Hrsg.) (1987): L'analyse des interactions verbales. La dame de Caluire: une consultation. Bern, Lang.

Baude, Oliver (Coord.) (2006): Corpus oraux – Guides des bonnes pratiques. Paris, CNRS-Editions.

Bergmann, Jörg R. (1981): Ethnomethodologische Konversationsanalyse. In: Schröder, Peter; Steger, Hugo (Hrsg.): Dialogforschung. Düsseldorf, Pädagogischer Verlag Schwann, pp. 9–51.

– (1987): Klatsch: zur Sozialreform der diskreten Indiskretion. Berlin/New York, de Gruyter.

– (1990): On the local sensitivity of conversation. In: Markova, Ivana; Foppa, Klaus (Hrsg.): The dynamics of dialogue. Hertfordshire, Harvester, pp. 201–226.

– (1993): Alarmiertes Verstehen: Kommunikation in Feuerwehrnotrufen. In: Jung, Thomas; Müller-Doohm, Stefan (Hrsg.): ,Wirklichkeit' im Deutungsprozeß. Verstehen und Methoden in den Kultur- und Sozialwissenschaften. Frankfurt/M., Suhrkamp, pp. 283–328.

– (2000): Reinszenierungen in der Alltagsinteraktion. In: Streeck, Ulrich (Hrsg.): Erinnern, Agieren und Inszenieren. Enactments und szenische Darstellungen im therapeutischen Prozeß. Göttingen, Vandenhoeck & Ruprecht, pp. 203–221.

– (2004a): Harold Garfinkel und Harvey Sacks. In: Flick, Uwe; von Kardorff, Ernst; Steinke, Ines (Hrsg.): Qualitative Forschung. Ein Handbuch. Reinbek, Rowohlt, pp. 51–62.

– (2004b): Konversationsanalyse. In: Flick, Uwe; von Kardorff, Ernst; Steinke, Ines (Hrsg.): Qualitative Forschung. Ein Handbuch. Reinbek, Rowohlt, pp. 524–537.

– (2004c): Ethnomethodologie. In: Flick, Uwe; von Kardorff, Ernst; Steinke, Ines (Hrsg.): Qualitative Forschung. Ein Handbuch. Reinbek, Rowohlt, pp. 118–135.

– (2007): Flüchtigkeit und methodische Fixierung sozialer Wirklichkeit: Aufzeichnungen als Daten der interpretativen Soziologie. In: Hausendorf, Heiko (Hrsg.): Gespräch als Prozess. Linguistische Aspekte der Zeitlichkeit verbaler Interaktion. Tübingen, Narr, pp. 33–66. [Originaltext von 1985]

– ; Luckmann, Thomas (1995): Reconstructive genres of everyday communication. In: Quasthoff, Uta M. (Hrsg.): Aspects of oral communication. Berlin, de Gruyter, pp. 289–304.

Berrendonner, Alain; Reichler-Béguelin, Marie-José (1989): Décalages: les niveaux de l'analyse linguistique. Langue Française 81, pp. 99–125.

Berthoud, Anne-Claude; Mondada, Lorenza (Hrsg.) (2000): Modèles du discours en confrontation. Bern, Lang.

Bilger, Mireille (2002): Corpus de français parlé: recueil et analyse. In: Pusch, Claus D.; Raible, Wolfgang (Hrsg.): Romanistische Korpuslinguistik. Korpora und gesprochene Sprache. Tübingen, Narr, pp. 45–58.

Bilmes, Jack (1988): The concept of preference in conversation analysis. Language in Society 17, pp. 161–181.

– (1996): Problems and resources in analyzing Northern Thai conversation for English language readers. Journal of Pragmatics 26/2, pp. 171–188.

Blanche-Benveniste, Claire; Jeanjean, Colette (1987): Le français parlé. Edition et transcription. Paris, INALF.

Blanche-Benveniste, Claire; Bilger, Mireille; Rouget, Christine; van den Eynde, Karel (1990): Le français parlé. Etudes grammaticales. Paris, Editions du CNRS.

Bonu, Bruno (1995): Questions sur la préférence en analyse de conversation: hiérarchisation des actions dans l'entretien de recrutement. Cahiers de l'ILSL 7, pp. 199–230.

– (1998): Narration et interaction. In: Desgoutte, Jean-Paul (Hrsg.): Les figures du sujet en sciences humaines: motifs de rupture. Paris, L'Harmattan, pp. 29–60.

– (1999): Perturbation et négociation dans l'entretien de recrutement. Langage et Société 89, pp. 69–94.

– (2001): Les évaluations conversationnelles dans la narration. Revue Québecoise de Linguistique 29/1, pp. 51–69.

– (2004): Procédures d'objectivation dans un entretien de recherche. activités 1 (2), pp. 96–102. [http://www.activites.org/v1n2/bonu.pdf]

– (Hrsg.) (2002): Transcrire l'interaction. No. spécial des Cahiers de Praxématique, 39.

Bouchard, Robert (1987): Structuration et conflits de structuration. In: Cosnier, Jacques; Kerbrat-Orecchioni, Catherine (Hrsg.): Décrire la conversation. Lyon, PUL, pp. 73–104.

– ; Mondada, Lorenza (Hrsg.) (2005): Les processus de rédaction collective. Paris, L'Harmattan.

Brinker, Klaus; Antos, Gerd; Heinemann, Wolfgang; Sager, Sven F. (Hrsg.) (2000–2001): Text- und Gesprächslinguistik. Ein internationales Handbuch zeitgenössischer Forschung. Bd. 1: 2000, Bd. 2: 2001. Berlin/New York, de Gruyter.

Broth, Mathias (demn.): La production du ‚plan d'écoute‘ comme pratique collective catégorisante dans une émission télévisée en direct. In: Dupret, Baudouin; Ferrié, Jean-Noel (Hrsg.): Médias, guerres et identités. Paris, Editions CNRS.

Bruxelles, Sylvie; Traverso, Véronique (2002): Les corpus de langue parlée en interaction au GRIC. In: Pusch, Claus D.; Raible, Wolfgang (Hrsg.): Romanistische Korpuslinguistik. Korpora und gesprochene Sprache. Tübingen, Narr, pp. 59–70.

Button, Graham (Hrsg.) (1993): Technology in working order. Studies of work, interaction, and technology. London, Routledge.

Button, Graham; Casey, Neil (1984): Generating topic: The use of topic initial elicitors. In: Atkinson, J. Maxwell; Heritage, John (Hrsg.): Structures of social action. Studies in conversation analysis. Cambridge, Cambridge University Press, pp. 167–190.

– (1985): Topic nomination and topic pursuit. Human Studies 8, pp. 3–55.

Chafe, Wallace (1994): Discourse, consciousness and time: The flow and displacement of consciousness experience in speaking and writing. Chicago, University of Chicago Press.

Charaudeau, Patrick; Maingueneau, Dominique (2002): Dictionnaire d'analyse du discours. Paris, Seuil.

CLF (2004): Cahiers de Linguistique Française. Heft 26: Les modèles du discours face au concept d'action, darin: Approches multimodales du discours et de l'action, pp. 217–342.

Conein, Bernard (2005): Les sens sociaux. Trois essais de sociologie cognitive. Paris, Economica.

Cosnier, Jacques; Kerbrat-Orecchioni, Catherine (Hrsg.) (1987): Décrire la conversation. Lyon, PUL.

Coulon, Alain (1987): L'ethnométhodologie. Paris, PUF.

Couper-Kuhlen, Elizabeth (1992): Contextualizing discourse: The prosody of interactive repair. In: di Luzio, Aldo; Auer, Peter (Hrsg.): The contextualization of language. Amsterdam, Benjamins, pp. 337–364.

– ; Selting, Margret (Hrsg.) (1996): Prosody in conversation: interactional studies. Cambridge, Cambridge University Press.

Dausendschön Gay, Ulrich (1988): Particularités des réparations en situations de contact. In: Cosnier, Jacques; Gelas, Nadine; Kerbrat-Orecchioni, Catherine (Hrsg.): Echanges sur la conversation. Paris, CNRS, pp. 269–283.

– (1995): La gestion interactionnelle de la différence des compétences linguistiques: le cas des interactions exolingues. In: Cahiers de Praxématique 25, pp. 31–51.

Dausendschön-Gay, Ulrich; Gülich, Elisabeth; Krafft, Ulrich (1992): Gemeinsam schreiben. Konversationelle Schreibinteraktionen zwischen deutschen und französischen Gesprächspartnern. In: Krings, Hans Peter; Antos, Gerd (Hrsg.): Textproduktion. Neue Wege der Forschung. Trier, Wissenschaftlicher Verlag, pp. 219–255.

– (Hrsg.) (1991): Linguistische Interaktionsanalysen. Beiträge zum 20. Romanistentag Freiburg 1987. Tübingen, Niemeyer.

Dausendschön-Gay, Ulrich; Krafft, Ulrich (1991): Tâche conversationnelle et organisation du discours. In: Dausendschön-Gay, Ulrich; Gülich, Elisabeth; Krafft, Ulrich (Hrsg.): Linguistische Interaktionsanalysen. Beiträge zum 20. Romanistentag Freiburg 1987. Tübingen, Niemeyer, pp. 131–154.

– (2000): On-line-Hilfe für den Hörer: Verfahren zur Orientierung der Interpretationstätigkeit. In: Wehr, Barbara; Thomaßen, Helga (Hrsg.): Diskursanalyse. Untersuchungen zum gesprochenen Französisch. Frankfurt/M., Lang, pp. 17–55.

– (2002): Text und Körpergesten. Beobachtungen zur holistischen Organisation der Kommunikation. Psychotherapie und Sozialwissenschaft 4,1, pp. 30–60.

Dausendschön-Gay, Ulrich; Krafft, Ulrich; Gülich, Elisabeth (1995): Exolinguale Kommunikation. In: Fiehler, Reinhard; Metzing, Dieter (Hrsg.): Untersuchungen zur Kommunikationsstruktur. Bielefeld, Aisthesis, pp. 85–117.

Deppermann, Arnulf (1999): Gespräche analysieren. Opladen, Leske & Budrich. [4. Auflage 2005]

– (2000): Ethnographische Gesprächsanalyse: Zu Nutzen und Notwendigkeit von Ethnographie für die Konversationsanalyse. In: Gesprächsforschung – Online-Zeitschrift zur verbalen Interaktion, Ausgabe 1, pp. 96–124. [www.gespraechsforschung-ozs.de/heft2000/ga-deppermann.pdf]

– ; Fiehler, Reinhard; Spranz-Fogasy, Thomas (Hrsg.): Grammatik und Interaktion. Untersuchungen zum Zusammenhang zwischen grammatischen Strukturen und Interaktionsprozessen. Radolfzell, Verlag für Gesprächsforschung. [www.verlag-gespraechsforschung.de/2006/deppermann.htm]

– ; Lucius-Hoene, Gabriele (2000): Argumentatives Erzählen. In: Deppermann, Arnulf; Hartung, Martin (Hrsg.): Argumentieren in Gesprächen. Gesprächsanalytische Studien, Tübingen, Stauffenburg, pp. 130–144.

Diaz, Felix; Antaki, Charles; Collins, Allen F. (1996): Using completion to formulate a statement collectively. Journal of Pragmatics 26, pp. 526–542.

Dittmann, Jürgen (Hrsg.) (1979): Arbeiten zur Konversationsanalyse. Tübingen, Niemeyer.

Drescher, Martina (1992): Verallgemeinerungen als Verfahren der Textkonstitution. Untersuchungen zu französischen Texten aus mündlicher und schriftlicher Kommunikation. Stuttgart, Franz Steiner.

– (2000): La réduplication: formes et fonctions. In: Wehr, Barbara; Thomaßen, Helga (Hrsg.): Diskursanalyse. Untersuchungen zum gesprochenen Französisch. Frankfurt/M., Lang, pp. 57–74.

– (2001): Pragmalinguistik. In: Holtus, Günter; Metzeltin, Michael; Schmitt, Christian (Hrsg.): Lexikon der Romanistischen Linguistik, Band I, 2. Tübingen, Niemeyer, pp. 147–173.

– (2003): Sprachliche Affektivität: Darstellung emotionaler Beteiligung am Beispiel von Gesprächen aus dem Französischen. Tübingen, Niemeyer.

– ; Frank-Job, Barbara (Hrsg.) (2006): Les marqueurs discursifs dans les langues romanes: approches théoriques et méthodologiques. Frankfurt/M. u.a., Lang.

Drew, Paul (1997): ‚Open' class repair initiators in response to sequential sources of troubles in conversation. Journal of Pragmatics 28, pp. 69–101.

– ; Heritage, John (Hrsg.) (1992): Talk at work. Cambridge, Cambridge University Press.

Du Bois, John (1991): Transcription design principles for spoken discourse research. Pragmatics 1, pp. 71–106.

Duranti, Alessandro; Ochs, Elinor (1979): Left-dislocation in Italian conversation. In: Givón, Talmy (Hrsg.): Syntax and semantics, Vol. 12: Discourse and syntax. New York u.a., Academic Press, pp. 377–416.

Edwards, Jane A.; Lampert, Martin D. (Hrsg.) (1992): Talking data: transcription and coding methods for language research. Hillsdale (NJ), Lawrence Erlbaum, pp. 33–43.

Egbert, Maria (1996): Context sensitivity in conversation analysis: eye gaze and the German repair-initiator ‚bitte'. Language in Society 25 (4), pp. 587–612.

Ehlich, Konrad (1996): Funktional-pragmatische Kommunikationsanalyse: Ziele und Verfahren. In: Hoffmann, Ludger (Hrsg.): Sprachwissenschaft. Ein Reader. Berlin, de Gruyter, pp. 183–201. [Originaltext von 1986]

Ehlich, Konrad (Hrsg.) (1994): Diskursanalyse in Europa. Forum Angewandte Linguistik 24.

Engeström, Yrjö; Middleton, David (Hrsg.) (1996): Cognition and communication at work. Cambridge, Cambridge University Press.

Fele, Giolo (1994a): Il colloquio medico-paziente come asimmetria conversazionale. Scienze dell'interazione 1 (1), pp. 45–59.

– (1994b): Il lavoro di prendere il turno in condizioni non ordinarie. In: Orletti, Franca (Hrsg.): Fra conversazione e discorso. Roma, La Nuova Italia Scientifica, pp. 83–98.

Fernandez-Vest, M. M. Jocelyne (1994): Les particules énonciatives dans la construction du discours. Paris, PUF.

Fischer, Kerstin (Hrsg.) (2006): Approaches to discourse particles. Amsterdam, Elsevier.

Ford, Cecilia E.; Couper-Kuhlen, Elizabeth (2004): Sound patterns in interaction. Amsterdam, Benjamins.

Ford, Cecilia E.; Fox, Barbara A.; Thompson, Sandra A. (2002): Constituency and the grammar of turn increments. In: Ford, Cecilia E.; Fox, Barbara A.; Thompson, Sandra A. (Hrsg.): The language of turn and sequence. Oxford, Oxford University Press, pp. 14–38.

de Fornel, Michel (1986): Remarques sur l'organisation thématique et les séquences d'actions dans la conversation. Lexique 5, pp. 15–36.

– (1988): Constructions disloquées, mouvement thématique et organisation préférentielle dans la conversation. Langue Française 78, pp. 101–123.

– (1990): De la pertinence du geste dans les séquences de réparation et d'interruption. In: Conein, Bernard; de Fornel, Michel; Quéré, Louis (Hrsg.): Les formes de la conversation. Paris, CNET, pp. 119–154.

– (1992): ‚Alors tu me vois?' Objet technique et cadre interactionnel dans la pratique visiophonique. Culture Technique 24, pp. 112–120.

– ; Léon, Jacqueline (2000): L'analyse de conversation. De l'ethnométhodologie à la linguistique interactionnelle. Histoire, Epistémologie, Langage 22/1, pp. 131–155.

– ; Marandin, Jean-Pierre (1997): L'analyse grammaticale des auto-réparations. In: Gré des Langues 8, pp. 8–68.

Fox, Barbara A.; Hayashi, Makoto; Jasperson, Raymond (1996): A cross-linguistic study of syntax and repair. In: Ochs, Elinor; Schegloff, Emanuel A.; Thompson, Sandra (Hrsg.): Interaction and Grammar. Cambridge, Cambridge University Press, pp. 185–237.

Fox, Barbara A.; Maschler, Yael; Uhmann, Susanne (demn.): A cross-linguistic study of self-repair: evidence from English, German, and Hebrew.

Franck, Dorothea (1989): Zweimal in den gleichen Fluß steigen? Überlegungen zu einer reflexiven, prozeßorientierten Gesprächsanalyse. ZPSK Zeitschrift für Phonetik, Sprachwissenschaft und Kommunikationsforschung 42,2, pp. 160–167.

Fries, Charles (1952): The structure of English: an introduction to the construction of English sentences. New York, Harcourt, Brace and World.

Furchner, Ingrid (2006): Kompetenzunterschiede in der Interaktion. Eine Untersuchung aus konversationsanalytischer Sicht. Dissertation, Universität Bielefeld. (http://bieson.ub.uni-bielefeld.de/voll texte/2006/869/)

Gajo, Laurent; Mondada, Lorenza (Hrsg.) (2000): Acquisitions et interactions en contexte. Fribourg, Editions Universitaires.

Garfinkel, Harold (1967): Studies in ethnomethodology. Englewood Cliffs, N. J., Prentice Hall.

– (1986). Ethnomethodological studies of work. London, Routledge & Kegan Paul.

– (2007): Recherches ethnométhodologiques. Paris, PUF.

– ; Sacks, Harvey (1979): Über formale Strukturen praktischer Handlungen. In: Weingarten, Elmar; Sack, Fritz; Schenkein, Jim (Hrsg.): Ethnomethodologie. Beiträge zu einer Soziologie des Alltagshandelns. Frankfurt/M., Suhrkamp, pp. 130–176.

de Gaulmyn, Marie-Madeleine (1987): Les régulateurs verbaux: le contrôle des récepteurs. In: Cosnier, Jacques; Kerbrat-Orecchioni, Catherine (Hrsg.): Décrire la conversation. Lyon, PUL, pp. 203–223.

– (1994): Appels téléphoniques d'urgence sociale: parler au nom de l'autre. In: Trognon, Alain; Dausendschön-Gay, Ulrich; Krafft, Ulrich; Riboni, Christiane (Hrsg.): La construction interactive du quotidien. Nancy, Presses Universitaires de Nancy, pp. 235–261.

– ; Bouchard, Robert; Rabatel, Alain (Hrsg.) (2001): Le processus rédactionnel. Ecrire à plusieurs voix. Paris, L'Harmattan.

Goffman, Erving (1967): Interaction ritual. Essays on face to face behaviour. New York.

Goodwin, Charles (1981): Conversational organization: interaction between speakers and hearers. New York, Academic Press.

– (1984): Notes on story structure and the organization of participation. In: Atkinson, J. Maxwell; Heritage, John (Hrsg.): Structures of social action. Studies in conversation analysis. Cambridge, Cambridge University Press, pp. 225–246.

– (1994): Professional vision. American Anthropologist 96 (3), pp. 606–633.

– (2000): Practices of seeing, visual analysis: an ethnomethodological approach. In: van Leeuwen, Theo; Jewitt, Carey (Hrsg.): Handbook of visual analysis. London, Sage, pp. 157–182.

Goodwin, Charles; Goodwin, Marjorie H. (1987): Concurrent operations on talk: notes on the interactive organization of assessments. IPrA Papers in Pragmatics 1(1), pp. 1–55.

– (1992): Context, activity and participation. In: Auer, Peter; di Luzio, Aldo (Hrsg.): The contextualization of language. Amsterdam, Benjamins, pp. 77–99.

– (1996): Seeing as a situated activity: Formulating planes. In: Engeström, Yrjö; Middleton, David (Hrsg.): Cognition and communication at work. Cambridge, Cambridge University Press, pp. 61–95.

– (2004): Participation. In: Duranti, Alessandro (Hrsg.): A companion to linguistic anthropology. Oxford, Basil Blackwell, pp. 222–244.

Gougenheim, Georges; Michea, René; Rivenc, Paul; Sauvageot, Aurélien (1967): L'élaboration du français fondamental. Paris, Didier.

Groupe ICOR (2007) (Balthasar, Lukas; Bruxelles, Sylvie; Mondada, Lorenza; Traverso, Véronique): Variations interactionnelles et changement catégoriel: l'exemple de ‚attends‘. In: Auzanneau, Michèle (Hrsg.): La mise en œuvre des langues dans l'interaction, Paris, L'Harmattan, pp. 299–320.

Gülich, Elisabeth (1970): Makrosyntax der Gliederungssignale im gesprochenen Französisch. München, Fink.

– (1982): La ‚phrase segmentée‘ en français et en allemand: une technique particulière à la communication orale. In: Didactique des Langues Etrangères: Français, Allemand. Lyon, PUL, pp. 33–66.

– (1986a): L'organisation conversationnelle des énoncés inachevés et de leur achèvement interactif en ‚situation de contact‘. DRLAV 34/35, pp. 161–182.

– (1986b): ‚Sôul c'est pas un mot très français‘. Procédés d'évaluation et de commentaire métadiscursifs dans un corpus de conversations en ‚situations de contact‘. Cahiers de Linguistique Française 7, pp. 231–258.

– (1991): Pour une ethnométhodologie linguistique. Description de séquences conversationnelles explicatives. In: Dausendschön-Gay, Ulrich; Gülich, Elisabeth; Krafft, Ulrich (Hrsg.): Linguistische Interaktionsanalysen. Beiträge zum 20. Romanistentag Freiburg 1987. Tübingen, Niemeyer, pp. 325–364.

– (1994): Récit conversationnel et reconstruction interactive d'un événement. In: Trognon, Alain; Dausendschön-Gay, Ulrich; Krafft, Ulrich; Riboni, Christiane (Hrsg.): La construction interactive du quotidien. Nancy, Presses Universitaires de Nancy, pp. 155–177.

– (1999): Les activités de structuration dans l'interaction verbale. In: Barbéris, Jeanne-Marie (Hrsg.): Le français parlé. Variétés et discours. Montpellier, Praxiling Université Paul-Valéry-Montpellier III, pp. 21–47.

– (2001): Zum Zusammenhang von alltagsweltlichen und wissenschaftlichen ‚Methoden‘. In: Brinker, Klaus; Antos, Gerd; Heinemann, Wolfgang; Sager, Sven F. (Hrsg.): Text- und Gesprächslinguistik. Ein internationales Handbuch zeitgenössischer Forschung. Bd. 2. Berlin/New York, de Gruyter, pp. 1086–1094.

– (2006): Des marqueurs de structuration de la conversation aux activités conversationnelles de structuration: Réflexions méthodologiques. In: Drescher, Martina; Frank-Job, Barbara (Hrsg.): Les marqueurs discursifs dans les langues romanes: approches théoriques et méthodologiques. Frankfurt/M. u.a., Lang, pp. 11–35.

– (2007): Mündliches Erzählen: narrative und szenische Rekonstruktion. In: Lubs, Sylke; Jonker, Louis; Ruwe, Andreas; Weise, Uwe (Hrsg): Behutsames Lesen. Alttestamentliche Exegese im interdisziplinären Mediendiskurs. Christof Hardmeier zum 65. Geburtstag. Leipzig, Evangelische Verlagsanstalt, pp. 35–62.

– (2008): Reformulierungen. In: Kolboom, Ingo; Kotschi, Thomas; Reichel, Edward (Hrsg.): Handbuch Französisch: Sprache – Literatur – Kultur – Gesellschaft. Berlin, Erich Schmidt Verlag, 2. Aufl., pp. 359–367.

– ; Hausendorf, Heiko (2000): Vertextungsmuster Narration. In: Brinker, Klaus; Antos, Gerd; Heinemann, Wolfgang; Sager, Sven F. (Hrsg.): Text- und Gesprächslinguistik. Ein internationales Handbuch zeitgenössischer Forschung. Bd. 1. Berlin/New York, de Gruyter, pp. 369–385.

Gülich, Elisabeth; Kotschi, Thomas (1987): Les actes de reformulation dans la consultation ‚La dame de Caluire‘. In: Bange, Pierre (Hrsg.): L'analyse des interactions verbales. La dame de Caluire: une consultation. Bern, Lang, pp. 15–81.

– (1995): Discourse production in oral communication. A study based on French. In: Quasthoff, Uta M. (Hrsg.): Aspects of oral communication. Berlin, de Gruyter, pp. 30–66.

– (1996): Textherstellungsverfahren in mündlicher Kommunikation. Ein Beitrag am Beispiel des Französischen. In: Motsch, Wolfgang (Hrsg.): Ebenen der Textstruktur. Sprachliche und kommunikative Prinzipien. Tübingen, Niemeyer, pp. 37–80.

– (Hrsg.) (1985): Grammatik, Konversation, Interaktion. Beiträge zum Romanistentag 1983. Tübingen, Niemeyer (= Linguistische Arbeiten 153).

Gülich, Elisabeth; Mondada, Lorenza (2001): Analyse conversationnelle. In: Holtus, Günter; Metzeltin, Michael; Schmitt, Christian (Hrsg.): Lexikon der Romanistischen Linguistik (LRL). Band I, 2: Methodologie. Tübingen, Niemeyer, pp. 196–250.

Gülich, Elisabeth; Quasthoff, Uta M. (1986): Story-telling in conversation. Cognitive and interactive aspects. In: Gülich, Elisabeth; Quasthoff, Uta M. (Hrsg.): Narrative analysis: an interdisciplinary dialogue (= Poetics 15), pp. 217–241.

Günthner, Susanne (1995): Gattungen in der sozialen Praxis. Die Analyse ‚kommunikativer Gattungen' als Textsorten mündlicher Kommunikation. In: Deutsche Sprache 23/3, pp. 193–218.

– (2000): Vorwurfsaktivitäten in der Alltagsinteraktion. Grammatische, prosodische, rhetorisch-stilistische und interaktive Verfahren bei der Konstitution kommunikativer Muster und Gattungen. Tübingen, Niemeyer.

– (2006): Rhetorische Verfahren bei der Vermittlung von Panikattacken. Zur Kommunikation von Angst in informellen Gesprächskontexten. Gesprächsforschung – Online-Zeitschrift zur verbalen Interaktion, Ausgabe 7, pp. 124–151. [www.gespraechsforschung-ozs.de]

Hakulinen, Auli; Selting, Margret (Hrsg.) (2005): Syntax and lexis in conversation: studies in the use of linguistic resources in talk-in-interaction. Amsterdam, Benjamins.

Hanken-Illjes, Kati (2006): Mit Geschichten argumentieren – Argumentationen und Narrationen im Strafverfahren. Zeitschrift für Rechtssoziologie 27/2, pp. 211–223.

Hartmann, Peter (1971): Texte als linguistisches Objekt. In: Stempel, Wolf-Dieter (Hrsg.): Beiträge zur Textlinguistik. München, Fink, pp. 9–29.

Hausendorf, Heiko (2007a): ‚Was kommt als Nächstes?' Fokussierungen revisited. In: Hausendorf, Heiko (Hrsg.): Gespräch als Prozess. Linguistische Aspekte der Zeitlichkeit verbaler Interaktion. Tübingen, Narr, pp. 221–246.

– (Hrsg.) (2007b): Gespräch als Prozess. Linguistische Aspekte der Zeitlichkeit verbaler Interaktion. Tübingen, Narr.

– ; Quasthoff, Uta M. (1996): Sprachentwicklung und Interaktion. Eine linguistische Studie zum Erwerb von Diskursfähigkeiten. Opladen, Westdeutscher Verlag.

ten Have, Paul (1991): Talk and institution: a reconsideration of the ‚asymmetry' of doctor-patient interaction. In: Boden, Deirdre; Zimmerman, Don H. (Hrsg.): Talk and social structure. Cambridge, Polity Press, pp. 138–163.

– (1998): Doing conversation analysis. A practical guide. London, Sage.

Heath, Christian (1986): Body movement and speech in medical interaction. Cambridge, Cambridge University Press.

– (1997): The analysis of activities in face to face interaction using video. In: Silverman, David (Hrsg.): Qualitative Research. Theory, method and practice. London, Sage, pp. 183–200.

– ; Luff, Paul (2000): Technology in action. Cambridge, Cambridge University Press.

Heritage, John (1984): Garfinkel and ethnomethodology. Cambridge, Polity Press.

Hölker, Klaus (1988): Zur Analyse von Markern. Korrektur- und Schlußmarker des Französischen. Stuttgart, Franz Steiner.

Hopper, Paul J. (1988): Emergent grammar and the a priori grammar postulate. In: Tannen, Deborah (Hrsg.): Linguistics in context: connecting observation and understanding. Norwood, Ablex, pp. 103–120.

Jeanneret, Thérèse (1999): La co-énonciation en français. Approches discursive, conversationnelle et syntaxique. Bern, Lang.

– (2001): Vers une respécification de la notion de coénonciation: pertinence de la notion de genre. Marges Linguistiques 2, Nov., pp. 81–94. [http://www.revue-texto.net/marges/]

Jefferson, Gail (1972): Side sequences. In: Sudnow, David (Hrsg.): Studies in social interaction. New York, Academic Press, pp. 294–338.

– (1974): Error correction as an interactional resource. Language in Society 2, pp. 181–199.

– (1978): Sequential aspects of storytelling in conversation. In: Schenkein, Jim (Hrsg.): Studies in the organization of conversational interaction. New York, Academic Press, pp. 219–248.

– (1983): On exposed and embedded correction. In: Studium Linguistik 14, pp. 58–68.

– (1984): On the organization of laughter in talk about troubles. In: Atkinson, J. Maxwell; Heritage, John (Hrsg.): Structures of social action. Studies in conversation analysis. Cambridge, Cambridge University Press, pp. 346–369.

– (1985): An exercise in the transcription and analysis of laughter. In: van Dijk, Teun (Hrsg.): Handbook of discourse analysis, Vol. 3. New York, Academic Press, pp. 25–34.

– (2004): A sketch of some orderly aspects of overlap in natural conversation. In: Lerner, Gene H. (Hrsg.): Conversation analysis: studies from the first generation. Philadelphia, Benjamins, pp. 43–59. [Originaltext von 1975]

Kallmeyer, Werner (1979): „(Expressif) Eh ben dis donc, hein' pas bien" – Zur Beschreibung von Exaltation als Interaktionsmodalität. In: Kloepfer, Rolf et al. (Hrsg.): Bildung und Ausbildung in der Romania. Bd. II: Literaturgeschichte und Texttheorie. München, Fink, pp. 549–568.

– (1981): Gestaltungsorientiertheit in Alltagserzählungen. In: Kloepfer, Rolf; Janetzke-Dillner, Gisela (Hrsg.): Erzählung und Erzählforschung im 20. Jahrhundert. Stuttgart, Kohlhammer, pp. 409–429.

– (1985): Handlungskonstitution im Gespräch. Dupont und sein Experte führen ein Beratungsgespräch. In: Gülich, Elisabeth; Kotschi, Thomas (Hrsg.): Grammatik, Konversation, Interaktion. Beiträge zum Romanistentag 1983. Tübingen, Niemeyer, pp. 81–122.

– (1988): Konversationsanalytische Beschreibung. In: Ammon, Ulrich; Dittmer, Norbert; Mattheier, Klaus J. (Hrsg.): Soziolinguistik. Ein internationales Handbuch zur Wissenschaft von Sprache und Gesellschaft. Bd. 2. Berlin/New York, de Gruyter, pp. 1095–1108.

– (1996): Einleitung: Was ist Gesprächsrhetorik? In: Kallmeyer, Werner (Hrsg.): Gesprächsrhetorik. Rhetorische Verfahren im Gesprächsprozeß. Tübingen, Narr, pp. 7–18.

Kallmeyer, Werner; Schütze, Fritz (1976): Konversationsanalyse. Studium Linguistik 1, pp. 1–28.

– (1977): Zur Konstitution von Kommunikationsschemata der Sachverhaltsdarstellung. In: Wegner, Dirk (Hrsg.): Gesprächsanalysen. Hamburg, Buske, pp. 159–274.

Kendon, Adam (1990): Conducting interaction. Patterns of behavior in focused encounters. Cambridge, Cambridge University Press.

– (2005). Visible action as utterance. Cambridge, Cambridge University Press.

Kerbrat-Orecchioni, Catherine (1990–1994): Les interactions verbales. Tome 1: 1990; Tome 2: 1992; Tome 3: 1994. Paris, Colin.

– (2005): Le discours en interaction. Paris, Armand Colin.

Kindt, Walther (2003): Kommunikative Strategien des Umgangs mit Krankheit. Psychotherapie & Sozialwissenschaft 5/3, pp. 182–193.

Koch, Peter; Oesterreicher, Wulf (1990): Gesprochene Sprache in der Romania: Französisch, Italienisch, Spanisch. Tübingen, Niemeyer (= Romanistische Arbeitshefte 31).

– (2001): Gesprochene Sprache und geschriebene Sprache. In: Holtus, Günter; Metzeltin, Michael; Schmitt, Christian (Hrsg.): Lexikon der Romanistischen Linguistik (LRL). Band I, 2: Methodologie. Tübingen, Niemeyer, pp. 584–627.

Kotschi, Thomas (1986): Procédés d'évaluation et de commentaire métadiscursifs comme stratégies interactives. CLF 7, pp. 207–230.

– (2001): Formulierungspraxis als Mittel der Gesprächsaufrechterhaltung. In: Brinker, Klaus; Antos, Gerd; Heinemann, Wolfgang; Sager, Sven F. (Hrsg.): Text- und Gesprächslinguistik. Ein internationales Handbuch zeitgenössischer Forschung. Bd. 2. Berlin/New York, de Gruyter, pp. 1340–1348.

Krafft, Ulrich (1997): Justine liest französisches Recht. Sprechstile in einer Vorlesung. In: Selting, Margret; Sandig, Barbara (Hrsg.): Sprech- und Gesprächsstile. Berlin/New York, de Gruyter, pp. 170–216.

Krafft, Ulrich; Dausendschön-Gay, Ulrich (1993a): La coordination des activités conversationnelles: types de contrat. In: Actes du XXe Congrès international de Linguistique et Philologie Romanes, Zürich 6.–11. April 1992; Tome II. Publié par Gerold Hilty en collaboration avec les présidents de section. Tübingen, Niemeyer, pp. 97–108.

– (1993b): La séquence analytique. In: Lüdi, Georges (Hrsg.): Approches linguistiques de l'interaction. Neuchâtel, Bulletin CILA 57, pp. 137–157.

– (1996): Les voix de Thérèse. Remarques sur l'organisation prosodique d'une interview. In: Laforest, Marty (Hrsg.): Autour de la narration. Les abords du récit conversationnel. Québec, Nuit blanche, pp. 97–133.

– (1999): Système écrivant et processus de mise en mots dans les rédactions conversationnelles. Langages, juin, pp. 51–67.

– (2001): La multidimensionalité de l'interaction. Textes, gestes et le sens des actions sociales. Marges Linguistiques 2, Nov., pp. 120–139. [http://www.revue-texto.net/marges/]

– (2003): Verfahren multimodaler Einheitenbildung und Kommunikative Gestalten. In: Mondada, Lorenza; Pekarek Doehler, Simona (Hrsg.): Plurilinguisme – Mehrsprachigkeit – Plurilinguism: enjeux identitaires, socioculturels et éducatifs. Festschrift pour Georges Lüdi. Tübingen, Basel: Franke, pp. 261–276.

Labov, William (1972): The transformation of experience in narrative syntax. In: Labov, William: Language in the inner city. Studies in the Black English vernacular. Philadelphia PA, University of Philadelphia Press, pp. 354–396.

– (1997): Some further steps in narrative analysis. The Journal of Narrative and Life History 7, pp. 395–415.

– ; Waletzky, Joshua (1967): Narrative analysis: oral versions of personal experience. In: Helm, June (Hrsg.): Essays on the verbal and visual arts. Seattle, University of Washington Press, pp. 12–44. [Deutsche Übersetzung: Erzählanalyse. Mündliche Versionen persönlicher Erfahrung. In: Ihwe, Jens (Hrsg.) (1973): Literaturwissenschaft und Linguistik. Eine Auswahl. Texte zur Theorie der Literaturwissenschaft, Bd. 2. Frankfurt/M., Athenäum-Fischer TB, pp. 78–126.]

Laforest, Marty (1992): Le back-channel en situation d'entrevue. Laval, CIRAL/Recherches sociolinguistiques 2.

– (Hrsg.) (1996): Autour de la narration. Les abords du récit conversationnel. Québec, Nuit blanche.

Lerner, Gene Howard (1991): On the syntax of sentence-in-progress. Language in Society 20, pp. 441–458.

Levinson, Stephen C. (1983): Pragmatics. Cambridge, Cambridge University Press.

Lexique 5 (1986): Lexique et faits sociaux. Presses Universitaires de Lille.

Linke, Angelika; Nussbaumer, Markus; Portmann, Paul R. (1991): Studienbuch Linguistik. Tübingen, Niemeyer. (^{5}2004)

Lucius-Hoene, Gabriele; Deppermann, Arnulf (2002): Rekonstruktion narrativer Identität. Ein Arbeitsbuch zur Analyse narrativer Interviews. Opladen.

Luckmann, Thomas (1988): Kommunikative Gattungen im kommunikativen ‚Haushalt' einer Gesellschaft. In: Smolka-Koerdt, Gisela; Spangenberg, Peter M.; Tillmann-Bartylla, Dagmar (Hrsg.): Der Ursprung von Literatur. Medien, Rollen, Kommunikationssituationen zwischen 1450 und 1650. München, Fink, pp. 279–288.

Lüdi, Georges (1991): Construire ensemble les mots pour le dire. A propos de l'origine discursive des connaissances lexicales. In: Dausendschön-Gay, Ulrich; Gülich, Elisabeth; Krafft, Ulrich (Hrsg.):

Linguistische Interaktionsanalysen. Beiträge zum 20. Romanistentag Freiburg 1987. Tübingen, Niemeyer, pp. 193–224.

Ludwig, Ralph (1988): Korpus: Texte des gesprochenen Französisch. Materialien I. Tübingen, Narr.

Luff, Paul; Hindmarsh, Jon; Heath, Christian (Hrsg.) (2000): Workplace studies. Recovering work practice and informing system design. Cambridge, Cambridge University Press.

Lynch, Michael (1985): Art and artifact in laboratory science. A study of shop work and shop talk in a research laboratory. London, Routledge Kegan & Paul.

Maynard, Douglas W. (1980): Placement of topic changes in conversation. Semiotica 30, 263–290.

– (1991): Interaction and asymmetry in clinical discourse. American Journal of Sociology 97/2, pp. 448–495.

McIlvenny, Paul (Hrsg.) (2002): Talking gender and sexuality. Amsterdam, Benjamins.

Mertens, Piet (2006): A predictive approach to the analysis of intonation in discourse in French. In: Kawaguchi, Yuji; Fonagy, Ivan; Moriguchi, Tsunekazu (Hrsg.): Prosody and syntax. Amsterdam, Benjamins, pp. 64–101.

Moerman, Michael (1974): Accomplishing ethnicity. In: Turner, Roy (Hrsg.): Ethnomethodology. Harmondsworth, Penguin, pp. 54–68.

– (1988): Talking culture. Ethnography and conversation analysis. Philadelphia, University of Pennsylvania Press.

Mondada, Lorenza (1995): La construction interactionnelle du topic. In: Mondada, Lorenza (Hrsg.): Formes linguistiques et dynamiques interactionnelles. Actes du colloque de Lausanne, Cahiers de l'ILSL Nr. 7, pp. 111–135.

– (1998): Pour une linguistique interactionnelle. ARBA (Acta Romanica Basiliensa) 8, pp. 113–130.

– (1999): L'organisation séquentielle des ressources linguistiques dans l'élaboration collective des descriptions. Langage et Société 89, pp. 9–36.

– (2000a): Grammaire-pour-l'interaction et analyse conversationnelle. In: Berthoud, Anne-Claude; Mondada, Lorenza (Hrsg.): Modèles du discours en confrontation. Bern, Lang, pp. 23–42.

– (2000b): Les effets théoriques des pratiques de transcription. LINX 42 (Revue de l'Université de Paris X-Nanterre), pp. 131–150.

– (2001a): Intervenir à distance dans une opération chirurgicale: l'organisation interactive d'espaces de participation. Bulletin Suisse de Linguistique Appliquée 74, pp. 33–56.

– (2001b): Pour une linguistique interactionnelle. Marges Linguistiques 1, Mai, pp. 142–162. [http://www.revue-texto.net/marges/] [Auch in: Santacroce, Michel (Hrsg.): Faits de langue, faits de discours, Vol. 2. Paris, L'Harmattan, pp. 95–136]

– (2002): La ville n'est pas peuplée d'êtres anonymes: Processus de catégorisation et espace urbain. Marges Linguistiques 3, Mai, pp. 72–90. [http://www.revue-texto.net/marges/]

– (2003): Working with video: how surgeons produce video records of their actions. Visual Studies 18, 1, pp. 58–72.

– (2004): Temporalité, séquencialité et multimodalité au fondement de l'organisation de l'interaction: le pointage comme pratique de prise de tour. Cahiers de Linguistique Française 26, pp. 269–292.

– (2005a): Chercheurs en interaction. Comment émergent les savoirs. Lausanne, Presses Polytechniques et Universitaires Romandes.

– (2005b): L'analyse de corpus en linguistique interactionnelle: de l'étude de cas singuliers à l'étude de collections. In: Condamine, Anne (Hrsg.): Sémantique et corpus. Paris, Hermès, pp. 76–108.

– (2005c): L'exploitation située de ressources langagières et multimodales dans la conception collective d'une exposition. In: Fillietaz, Laurent; Bronckart, Jean-Paul (Hrsg.): L'analyse des actions et des discours en situation de travail. Concepts, méthodes et applications. Louvain, Peeters, pp. 135–154.

– (2005d): La constitution de l'origo déictique comme travail interactionnel des participants: une approche praxéologique de la spatialité. Intellectica 41–42, No. spécial: Espace, Inter/action & Cognition, pp. 75–100.

– (2006a): L'ordre social comme un accomplissement pratique des membres dans le temps. Médias et Culture, 2, pp. 85–119.

– (2006b): Video recording as the preservation of fundamental features for analysis. In: Knoblauch, Hubert; Raab, Jürgen; Soeffner, Hans-Georg; Schnettler, Bernd (Hrsg.): Video analysis. Bern, Lang, pp. 51–68.

– (2006c): La pertinenza del dettaglio: registrazione e trascrizione di dati video per la linguistica interazionale. In: De Stefani, Elwys/Bürki, Yvette (Hrsg.): Trascrivere la lingua. Bern, Lang, pp. 313–344.

– (2007a): Interaktionsraum und Koordinierung. In: Schmitt, Reinhold (Hrsg.): Koordination. Analysen zur multimodalen Interaktion. Tübingen, Narr, pp. 55–93.

– (2007b): Operating together through videoconference: members' procedures accomplishing a common space of action. In: Hester, Stephen; Francis, David (Hrsg.): Orders of ordinary action. Aldershot, Ashgate, pp. 51–67.

– (2007c): Enjeux des corpus d'oral en interaction: re-temporaliser et re-situer le langage. Langage et Société 121–122, pp. 143–160.

– (2007d): Multimodal resources for turn-taking: Pointing and the emergence of possible next speakers. Discourse Studies 9,2, pp. 195–226.

– (demn. a): Ressources linguistiques, vocales et gestuelles pour l'organisation des pre-beginnings: analyse systématique et conséquences pour la constitution de corpus interactionnels. Actes du Colloque Corpora Romanica, Freiburg, sept. 2006. Tübingen, Niemeyer.

– (Hrsg.) (2006d): Interactions en situations de travail. No. spécial de la Revue Française de Linguistique Appliquée, XI–2, déc.

– (Hrsg.) (demn. b): Le contexte en ethnométhodologie et analyse conversationnelle. Verbum, numéro spécial.

– ; Schmitt, Reinhold (Hrsg.) (demn.): Vergleichende Analysen von Situationseröffnungen. Tübingen, Narr.

Morel, Mary-Annick (1997): Paragraphe: Unité d'analyse de l'oral spontané. In: Rannoux, Catherine; Dürrenmatt, Jacques (coord.): La phrase. Mélanges offerts à Jean-Pierre Seguin, UFR Langues Littérature. Poitiers, La Licorne, pp. 143–156.

– ; Danon-Boileau, Laurent (1998): Grammaire de l'intonation. L'exemple du français. Paris, Ophrys.

Mosegaard Hansen, Maj-Britt (1998): The function of discourse particles. A study with special reference to spoken standard French. Amsterdam/Philadelphia, Benjamins.

Müller, Frank Ernst (1995): Interaction et syntaxe – structures de participation et structures syntaxiques dans la conversation à plusieurs participants. In: Véronique, Daniel; Vion, Robert (Hrsg.): Modèles de l'interaction verbale. Aix-en-Provence, Presses de l'Université d'Aix-en-Provence, pp. 331–343.

– (2008): Sprecherwechsel. In: Kolboom, Ingo; Kotschi, Thomas; Reichel, Edward (Hrsg.): Handbuch Französisch: Sprache – Literatur – Kultur – Gesellschaft. Berlin, Erich Schmidt Verlag, 2. Aufl., pp. 356–359.

Mulholland, Joan (1996): A series of story turns: Intertextuality and collegiality. Text 16(4), pp. 535–555.

Nussbaum, Luci (1992): Manifestacions del contacte de llengües en la interlocució. Treballs de sociolingüística catalana 10, pp. 99–123.

Ochs, Elinor (1979): Transcription as theory. In: Ochs, Elinor; Schieffelin, Bambi (Hrsg.): Developmental pragmatics. New York, Academic Press, pp. 43–72.

– ; Schegloff, Emanuel A.; Thompson, Sandra A. (Hrsg.) (1996): Interaction and Grammar. Cambridge, Cambridge University Press.

Oesch-Serra, Cecilia (1989): Je vais raconte une histoire: Analyse d'un récit en conversation exolingue. In: Modèles du discours. Recherches actuelles en Suisse Romande. Actes des Rencontres de linguistique française. Frankfurt/M. u.a., Lang, pp. 225–246.

Pekarek, Simona (1999): Leçons de conversation: dynamiques de l'interaction et acquisition de compétences discursives en classe de langue seconde. Fribourg, Editions Universitaires.

Pekarek Doehler, Simona (2001): Dislocation à gauche et organisation interactionnelle. Marges Linguistiques 2, Nov., pp. 177–194. [http://www.revue-texto.net/marges/]

– ; Müller, Gabriele M. (2006): Zur Rolle von Linksherausstellungen bei der interaktiven Konstruktion von Auflistungen: Linksversetzungen und Pseudo-Clefts im gesprochenen Französisch. In: Deppermann, Arnulf; Fiehler, Reinhard; Spranz-Fogasy, Thomas (Hrsg.): Grammatik und Interaktion – Untersuchungen zum Zusammenhang von grammatischen Strukturen und Gesprächsprozessen. Radolfzell, Verlag für Gesprächsforschung, pp. 245–278. [www.verlag-gespraechsforschung.de]

de Pietro, Jean-François; Matthey, Marinette; Py, Bernard (1989): Acquisition et contrat didactique: Les séquences potentiellement acquisitionnelles dans la conversation exolingue. In: Weil, Dominique; Fugier, Hughette (Hrsg.): Actes du 3e colloque régional de linguistique. Strasbourg, Université des Sciences Humaines, pp. 99–124.

Pitsch, Karola (2006): Sprache, Körper, intermediäre Objekte: Zur Multimodalität im bilingualen Geschichtsunterricht. Dissertation, Bielefeld (erscheint in der Reihe ,Qualitative Soziologie', Stuttgart, Lucius & Lucius).

– (im Druck): Interaktion und Sprachaneignung im immersiven Geschichtsunterricht: Zum Zusammenhang von Verbalsprache, Körpergestik und Notationspraktiken. In: Ditze, Stephan-Alexander; Halbach, Ana (Hrsg.): Bilingualer Unterricht (CLIL) zwischen Plurikulturalität, Plurilingualität und Multiliteralität. Frankfurt/M. u.a., Lang.

Pomerantz, Anita (1978): Compliment responses: Notes on the co-operation of multiple constraints. In: Schenkein, Jim (Hrsg.): Studies in the organization of conversational interaction. New York, Academic Press, pp. 79–112.

– (1980): Telling my side: ,limited access' as a ,fishing' device. Sociological Inquiry 50, pp. 186–198.

– (1984): Agreeing and disagreeing with assessments: some features of preferred/dispreferred turn shapes. In: Atkinson, J. Maxwell; Heritage, John (Hrsg.): Structures of social action. Studies in conversation analysis. Cambridge, Cambridge University Press, pp. 57–101.

Pratiques de formation (analyses) (1986): Ethnométhodologies. No. 11/12.

Problèmes d'épistémologie en sciences sociales III (1984): Arguments ethnométhodologiques.

Psathas, George (1990): Introduction: Methodological issues and recent development in the study of naturally occurring interaction. In: Psathas, George (Hrsg.): Interaction competence. Washington, International Institute for Ethnomethodology and Conversation Analysis, pp. 1–30.

– ; Anderson, Tim (1990): The ,practices' of transcription in conversation analysis. Semiotica 78 (1–2), pp. 75–99.

Pusch, Claus D.; Raible, Wolfgang (Hrsg.) (2002): Romanistische Korpuslinguistik. Korpora und gesprochene Sprache. Tübingen, Narr.

Py, Bernard (1989): L'acquisition vue dans la perspective de l'interaction. DRLAV 41, pp. 83–100.

Quasthoff, Uta M. (1980): Erzählen in Gesprächen: linguistische Untersuchungen zu Strukturen und Funktionen am Beispiel einer Kommunikationsform des Alltags. Tübingen, Narr.

– (1981): Zuhöreraktivitäten beim konversationellen Erzählen. In: Schröder, Peter; Steger, Hugo (Hrsg.): Dialogforschung. Düsseldorf, Schwann, pp. 287–313.

– (1999): Mündliches Erzählen und sozialer Kontext: Narrative Interaktionsmuster in Institutionen. In: Grünzweig, Walter; Solbach, Andreas (Hrsg.): Grenzüberschreitungen: Narratologie im Kontext/Transcending Boundaries: Narratology in Context. Tübingen, Narr, pp. 127–146.

– (2001): Erzählen als interaktive Gesprächsstruktur. In: Brinker, Klaus; Antos, Gerd; Heinemann, Wolfgang; Sager, Sven F. (Hrsg.): Text- und Gesprächslinguistik. Ein internationales Handbuch zeitgenössischer Forschung. Bd. 2. Berlin/New York, de Gruyter, pp. 1293–1309.

Quel corps? (1986): Ethnométhodologie. Identités sexuelles et pratiques corporelles. Echographies de l'institution sportive. No. 32/33.

Quéré, Louis (1990): Construction de la relation et coordination de l'action dans la conversation. In: Conein, Bernard; de Fornel, Michel; Quéré, Louis (Hrsg.): Les formes de la conversation. Paris, CNET, pp. 252–288.

Rath, Rainer (1979): Kommunikationspraxis. Analysen zur Textbildung und Textgliederung im gesprochenen Deutsch. Göttingen, Vandenhoeck & Ruprecht.

Redder, Angelika (2001): Aufbau und Gestaltung von Transkriptionssystemen. In: Brinker, Klaus; Antos, Gerd; Heinemann, Wolfgang; Sager, Sven F. (Hrsg.): Text- und Gesprächslinguistik. Ein internationales Handbuch zeitgenössischer Forschung. Bd. 2. Berlin/New York, de Gruyter, pp. 1038–1059.

Relieu, Marc (1993): L'ethnométhodologie, une respécification radicale de la démarche sociologique. Cahiers de Recherche Ethnométhodologique 1, pp. 55–72.

– (1999): Parler en marchant. Pour une écologie dynamique des échanges de paroles. Langage et Société 89, pp. 37–68.

– (2002): Ouvrir la boîte noire: identification et localisation dans les conversations mobiles. Réseaux, 20, pp. 19–48.

– (2006): Remarques sur l'analyse conversationnelle et les technologies médiatisées. Revue Française de Linguistique Appliquée, XI, 2, pp. 17–32.

– ; Brock, Frank (1995): L'infrastructure conversationnelle de la parole publique. Politix, 35, pp. 77–112.

Riegel, Martin; Pellat, Jean-Christophe; Rioul, René (1994): Grammaire méthodique du français. Paris, PUF.

Ryave, Alan L. (1978): On the achievement of a series of stories. In: Schenkein, Jim (Hrsg.): Studies in the organization of conversational interaction. New York, Academic Press, pp. 113–132.

Sacks, Harvey (1966): The search for help: No one to turn to. PhD-Dissertation, University of California, Berkeley.

– (1971): Das Erzählen von Geschichten innerhalb von Unterhaltungen. In: Kjolseth, Ralf; Sack, Fritz (Hrsg.): Zur Soziologie der Sprache. Kölner Zeitschrift für Soziologie und Sozialpsychologie, Sonderheft 15, 307–314. [Neu abgedruckt in: Hoffmann, Ludger (Hrsg.) (1996): Sprachwissenschaft. Ein Reader. Berlin/New York, de Gruyter, pp. 227–234.]

– (1972a): An initial investigation of the usability of conversational materials for doing sociology. In: Sudnow, David (Hrsg.): Studies in social interaction. New York, Free Press, pp. 31–74.

– (1972b): On the analyzability of stories by children. In: Gumperz, John J.; Hymes, Dell (Hrsg.): Directions in sociolinguistics: The ethnography of communication. New York, Holt, Rinehart and Winston, pp. 325–345.

– (1973): Tout le monde doit mentir. Communications 20 (1973), pp. 182–203.

– (1975): Everyone has to lie. In: Sanches, Mary; Blount, Ben G. (Hrsg.): Sociocultural dimensions of language use. New York, Academic Press, pp. 57–80.

– (1978): Some technical considerations of a dirty joke. In: Schenkein, Jim (Hrsg.): Studies in the organization of conversational interaction. New York, Academic Press, pp. 249–269.

– (1984): Notes on methodology. In: Atkinson, John Maxwell; Heritage, John (Hrsg.): Structures of social action. Studies in conversation analysis. Cambridge, Cambridge University Press, pp. 21–27.

– (1986): Some considerations of a story told in ordinary conversations. Poetics 15, pp. 127–138.

– (1989a): An analysis of the course of a joke's telling in conversation. In: Bauman, Richard; Sherzer, Joel (Hrsg.): Explorations in the ethnography of speaking. 2. Auflage. Cambridge, Cambridge University Press, pp. 337–353. [1. Auflage 1974]

– (1989b): Lectures 1964–1965. Hrsg. von Gail Jefferson, Introduction/Memoir von Emanuel A. Schegloff. Human Studies 12 (3–4), pp. 1–408.

– (1992): Lectures on conversation (edited by Gail Jefferson, with an Introduction by Emanuel A. Schegloff). Bd. I und II. Oxford, Basil Blackwell. (1964–72)

– (1993): La description en sociologie. Cahiers de Recherche Ethnométhodologique 1, Juin, pp. 7–23.

– (2000): Faire ,être comme tout le monde'. In: Thibaud, Jean-Paul (Hrsg.): Regards en action. Ethnométhodologie des espaces publics. Marseille, A la Croisée, pp. 201–210.

Sacks, Harvey; Schegloff, Emanuel A. (1979): Two preferences in the organization of reference to persons and their interaction. In: Psathas, George (Hrsg.): Everyday language. Studies in ethnomethodology. New York, Irvingtone, pp. 5–21.

– (2002): Home position. Gesture 2/1, pp. 133–146. [=Abdruck eines Kolloquiums-Vortrags von 1971]

Sacks, Harvey; Schegloff, Emanuel A.; Jefferson, Gail (1974): A simplest systematics for the organization of turn-taking for conversation. Language 50, pp. 696–735; auch in: Schenkein, Jim (Hrsg.) (1978): Studies in the organization of conversational interaction. New York, Academic Press, pp. 7–55.

Sauvageot, Aurélien (1962): Français écrit – français parlé. Paris, Larousse.

Schegloff, Emanuel A. (1967): The first five seconds: The order of conversational opening. PhD dissertation, University of California, Berkeley.

– (1972): Sequencing in conversational openings. In: Laver, John; Hutcheson, Sandy (Hrsg.) (1972): Communication in face to face interaction. Selected readings. Harmondsworth, Penguin Books, pp. 374–405. [Originaltext von 1968]

– (1979): Identification and recognition in telephone openings. In: Psathas, George (Hrsg.): Everyday language. Studies in ethnomethodology. New York, Irvingtone, pp. 23–78.

– (1980): Preliminaries to preliminaries: ,Can I ask you a question?'. Sociological Inquiry 50, pp. 104–152.

– (1982): Discourse as an interactional achievement: some uses of ,uh huh' and other things that come between sentences. In: Tannen, Deborah (Hrsg.): Analyzing discourse: Text and talk. Georgetown University Roundtable on Languages and Linguistics. Washington D.C., GUP, pp. 71–93.

– (1984): On some gestures' relation to talk. In: Atkinson, John Maxwell; Heritage, John (Hrsg.): Structures of social action. Studies in conversation analysis. Cambridge, Cambridge University Press, pp. 266–296.

– (1986): The routine as achievement. Human Studies 9, pp. 111–151.

– (1987): Analyzing single episodes of interaction: an exercise in conversation analysis. Social Psychology Quarterly, 50, pp. 101–114.

– (1988a): On an actual virtual servo-mechnism for guessing bad news: a single case conjecture. Social Problems 35/4, pp. 442–457.

– (1988b): Description in the social sciences. Vol. I: Talk-in-interaction. IPrA Papers in Pragmatics 2 (1), pp. 1–24.

– (1991): Reflections on talk and social structure. In: Boden, Deirdre; Zimmerman, Don H. (Hrsg.): Talk and social structure. Berkeley, University of California Press, pp. 44–70.

– (1992a): Repair after next turn: the last structurally provided place for the defence of intersubjectivity in conversation. American Journal of Sociology 95(5), pp. 1295–1345.

– (1992b): In another context. In: Duranti, Alessandro; Goodwin, Charles (Hrsg.): Rethinking context: Language as an interactive phenomenon. Cambridge, Cambridge University Press, pp. 191–227.

– (1996): Turn organization: one intersection of grammar and interaction. In: Ochs, Elinor; Schegloff, Emanuel A.; Thompson, Sandra A. (Hrsg.): Interaction and Grammar. Cambridge, Cambridge University Press, pp. 52–133.

– (1997): ‚Narrative analysis' thirty years later. In: Bamberg, Michael (Hrsg.): Oral versions of personal experience: Three decades of narrative analysis. The Journal of Narrative and Life History 7 (1–4), pp. 97–106.

– (2000): Overlapping talk and the organization of turn-taking for conversation. Language in Society 29/1, pp. 1–63.

– (2006): Sequence organization in interaction. A primer in conversation analysis, Vol. 1. Cambridge, Cambridge University Press.

– ; Jefferson, Gail; Sacks, Harvey (1977): The preference for self-correction in the organization of repair in conversation. Language 53, pp. 361–382.

– ; Sacks, Harvey (1973): Opening up closings. Semiotica 8, pp. 289–327.

Schenkein, Jim (1978a): Sketch of an analytic mentality for the study of conversational interaction. In: Schenkein, Jim (Hrsg.): Studies in the organization of conversational interaction. New York, Academic Press, pp. 1–6.

– (Hrsg.) (1978b): Studies in the organization of conversational interaction. New York, Academic Press.

Schiffrin, Deborah (1987): Discourse markers. Cambridge, Cambridge University Press.

Schmale, Günter (1995): Intercompréhension en communication linguistique. Une étude conversationnelle de conversations téléphoniques allemandes et françaises. Thèse d'état, Université Lyon 2.

– (Hrsg.) (2007): Communications téléphoniques. Un corpus de transcriptions. Bd. I: Conversations privées. Bd. II: Conversations en contexte professionnel et institutionnel. bzf Beiträge zur Fremdsprachenvermittlung, Sonderhefte 11 und 12.

Schütze, Fritz (1976): Zur Hervorlockung und Analyse von Erzählungen thematisch relevanter Geschichten im Rahmen soziologischer Feldforschung – dargestellt an einem Projekt zur Erforschung kommunaler Machtstrukturen. In: Arbeitsgruppe Bielefelder Soziologen: Kommunikative Sozialforschung. München, Fink, pp. 159–260.

– (1994): Das Paradoxe in Felix' Leben als Ausdruck eines ‚wilden' Wandlungsprozesses. In: Koller, Hans-Christoph; Kokemohr, Rainer (Hrsg.): Lebensgeschichte als Text. Zur biographischen Artikulation problematischer Bildungsprozesse. Weinheim, Deutscher Studienverlag, pp. 13–60.

Schwitalla, Johannes (1997): Gesprochenes Deutsch. Eine Einführung. Berlin, Erich Schmidt.

Selting, Margret (1987): Reparaturen und lokale Verstehensprobleme oder: Zur Binnenstruktur von Reparatursequenzen. Linguistische Berichte 108, pp. 128–149.

– (1995): Der ‚mögliche Satz' als interaktiv relevante syntaktische Kategorie. Linguistische Berichte 158, pp. 298–325.

– (1996): On the interplay of syntax and prosody in the constitution of turn-constructional units and turns in conversation. Pragmatics 6 (3), pp. 371–389.

– (2001): Probleme der Transkription verbalen und para-verbalen Verhaltens. In: Brinker, Klaus; Antos, Gerd; Heinemann, Wolfgang; Sager, Sven F. (Hrsg.): Text- und Gesprächslinguistik. Ein internationales Handbuch zeitgenössischer Forschung. Bd. 2. Berlin/New York, de Gruyter, pp. 1059–1068.

– ; Auer, Peter; Barden, Birgt; Bergmann, Jörg; Couper-Kuhlen, Elizabeth; Günthner, Susanne; Meier, Christoph; Quasthoff, Uta; Schlobinski, Peter; Uhmann, Susanne (1998): Gesprächsanalytisches Transkriptionssystem (GAT). Linguistische Berichte 173, pp. 91–122.

Selting, Margret; Couper-Kuhlen, Elizabeth (2001a): Forschungsprogramm ‚Interaktionale Linguistik'. Linguistische Berichte 187, pp. 257–287.

– (Hrsg.) (2001b): Studies in interactional linguistics. Amsterdam/Philadelphia, Benjamins.

Settekorn, Wolfgang (1977): Pragmatique et rhétorique discursive. Journal of Pragmatics 1, pp. 195–210.

Simon, Anne-Catherine (2002): Le rôle de la prosodie dans le repérage des unités textuelles minimales. Cahiers de linguistique française 23, pp. 99–125.

Söll, Ludwig (1974): Gesprochenes und geschriebenes Französisch. Berlin, Erich Schmidt.

de Stefani, Elwys (Hrsg.) (2007): Regards sur la langue. Les données vidéo dans la recherche linguistique. No. spécial du Bulletin VALS-ASLA, 85, pp. 1–234.

Streeck, Jürgen (1979): Sandwich, good for you. Zur pragmatischen und konversationellen Analyse von Bewertungen im institutionellen Diskurs der Schule. In: Dittmann, Jürgen (Hrsg.): Arbeiten zur Konversationsanalyse. Tübingen, Niemeyer, pp. 235–257.

– (1983): Konversationsanalyse. Ein Reparaturversuch. Zeitschrift für Sprachwissenschaft 2, pp. 72–104.

– (1987): Ethnomethodologie. In: Ammon, Ulrich; Dittmer, Norbert; Mattheier, Klaus J. (Hrsg.): Soziolinguistik. Ein internationales Handbuch zur Wissenschaft von Sprache und Gesellschaft. Bd. 1. Berlin/New York, de Gruyter, pp. 672–679.

– ; Hartge, Ulrike (1992): Gestures at the transition place. In: Auer, Peter; di Luzio, Aldo (Hrsg.): The contextualization of language. Amsterdam, Benjamins, pp. 135–157.

Terasaki, Alene Kiku (1976): Pre-announcement sequences in conversation. Social Sciences Working Paper No. 99. Irvine (CA), University of California. [Publiziert in: Analytic Sociology 1978, 1(4), C11–G13]

Thibaud, Jean-Paul (Hrsg.) (2000): Regards en action. Ethnométhodologie des espaces publics. Marseille, A la Croisée.

Tiittula, Liisa (1987): Wie kommt man zu Wort? Zum Sprecherwechsel im Finnischen unter fremdsprachendidaktischer Fragestellung. Frankfurt/M., Lang.

Titscher, Stefan; Wodak, Ruth; Meyer, Michael; Vetter, Eva (1998): Methoden der Textanalyse. Leitfaden und Überblick. Opladen/Wiesbaden, Westdeutscher Verlag.

Traverso, Véronique (1996): La conversation familière. Lyon, PUL.

– (2005): Quelques formats intégrant la répétition comme ressource pour le développement thématique dans la conversation ordinaire. Rivista di Psicolinguistica Applicata, IV–2/3, pp. 153–166.

Uhmann, Susanne (1997): Grammatische Regeln und konversationelle Strategien. Fallstudien aus Syntax und Phonologie. Tübingen, Niemeyer.

– (2006): Grammatik und Interaktion: Form follows function? – Function follows form? In: Deppermann, Arnulf; Fiehler, Reinhard; Spranz-Fogasy, Thomas (Hrsg.): Grammatik und Interaktion. Untersuchungen zum Zusammenhang von grammatischen Strukturen und Gesprächsprozessen. Radolfzell, Verlag für Gesprächsforschung, pp. 179–202.

Ulmer, Bernd (1988): Konversionserzählungen als rekonstruktive Gattung. Erzählerische Mittel und Strategien bei der Rekonstruktion eines Bekehrungserlebnisses. Zeitschrift für Soziologie 17, pp. 19–33.

Vasseur, Marie-Thérèse (1989/1990): Observables et réalité de l'acquisition d'une langue étrangère: Séquences de négociation et processus d'acquisition. Langage et Société 50/51, pp. 67–85.

Vincent, Diane (1996): La racontabilité du quotidien. In: Laforest, Marty (Hrsg.): Autour de la narration. Les abords du récit conversationnel. Québec, Nuit blanche, pp. 29–45.

Weingarten, Elmar; Sack, Fritz (1979): Ethnomethodologie. Die methodische Konstruktion der Realität. In: Weingarten, Elmar; Sack, Fritz; Schenkein, Jim (Hrsg.): Ethnomethodologie. Beiträge zu einer Soziologie des Alltagshandelns. Frankfurt/M., Suhrkamp, pp. 7–26.

Weingarten, Elmar; Sack, Fritz; Schenkein, Jim (Hrsg.) (²1979): Ethnomethodologie. Beiträge zu einer Soziologie des Alltagshandelns. Frankfurt/M., Suhrkamp.

Weinrich, Harald (1964): Tempus. Besprochene und erzählte Welt. Stuttgart, Kohlhammer.

– (1982): Textgrammatik der französischen Sprache. Stuttgart, Klett.

Whalen, Jack; Zimmerman, Don H.; Whalen, Marilyn R. (1988): When words fail: A single case analysis. Social Problems 35/4, pp. 335–362.

Widmer, Jean (1987): Quelques usages de l'âge: explorations dans l'organisation du sens. Lexique 5, pp. 197–227.

– (1990): Conversations et organisation du travail administratif. In: Conein, Bernard; de Fornel, Michel; Quéré, Louis (Hrsg.): Les formes de la conversation. Paris, CNET, 2, pp. 35–54.

Wooffitt, Robin (2005): Conversation analysis and discourse analysis: A comparative and critical introduction. London, Sage Publications.

Zimmerman, Don H. (1988): On conversation: The conversation analytic perspective. Communication Yearbook II. Newbury Park (CA), Sage, pp. 406–432.

– (1992): Achieving context. Openings in emergency calls. In: Watson, Rodney; Seiler, Robert M. (Hrsg.): Text in context. Contributions to ethnomethodology. Newbury Park u.a., Sage, pp. 35–51.

12. Anhang

Im Folgenden sind drei Arbeitstranskripte abgedruckt, die zur Lösung der Aufgaben herangezogen werden sollen. Die beiden ersten stammen aus anderen Corpora als unseren eigenen und wurden nach anderen Konventionen transkribiert. Zur Vereinfachung der Lektüre haben wir sie nach den im vorliegenden Buch verwendeten Konventionen umgeschrieben.

Arbeitstranskript I: Une dame sort de l'hôpital

Corpus GRAT, Transkr. Nr. 11[1]

```
01  E: accueil orientation bonjour/
02  A: allo c'est les urgences sociales/
03  E: (.) oui
04  A: oui euh excusez-moi <((vite)) je suis madame XXX assistante sociale
05     à l'hôpital Z:ZZ ZZ:Z\>
06  E: oui
07  A: je vous appelais là pacqu' donc j'ai une euh personn= qui/ ressort de
08     l'hôpital (1 s) .h <((vite)) qui était à l'asile de nuit avant donc
09     qui a fait un séjour à l'hôpital et qui doit ressortir là là actuel-
10     lement elle a pas de ressources elle a pas de point de chute\
11  E: hmm:
12  A: (.) est c=qu'i serait possible de lui trouver rapidement un foyer/>
13  E: ben euh:: l'problème c'est <((souriant)) que les foyers> euh qui
14     accueillent des gens sortant d'un euh d'hôpital psychiatrique et
15     ayant passé déjà: à:: quelque temps à l'asile de nuit sur YYY c'est
16     un peu:
17  A: c'est bouché\
18  E: difficile
19  A: hm:
20  E: y a par contre le: service de suite de XXX qui accueille: ce style de
21     clientèle là (.) mais vous dites qu'elle sort aujourd'hui/
22  A: ben oui c'est ça le [problème
23  E:                     [et rien n'a été préparé pour sa sortie/
24  A: non (.) parce qu'y a eu [des problèmes si vous voulez\
25  E:                         [ça me
26  E: (.) ben oui mais (.) ((souffle)) [c'est un p'tit peu difficile comme
27  A:                                  [hmm
28  E: ça de: et elle a aucune famille du tout [cette dame        et &
29  A:                                         [non      non non bon &&
```

---

[1] Das Gespräch stammt aus dem Corpus der Forschungsgruppe GRAT (Groupe de Recherches sur les Appels Téléphoniques), die unter der Leitung von Pierre Bange und Marie-Madeleine de Gaulmyn von der Université Lyon 2 zwischen 1988 und 1990 Telefongespräche aus verschiedenen Beratungsinstitutionen gemeinsam mit den Beratern analysiert hat (vgl. z.B. de Gaulmyn 1994).

```
30  E: & elle a quel âge
31  A: && elle a de la famille si vous voulez euh:: elle a de la famille
32     mais bon y sont tous fâchés y a eu des problèmes donc euh:
33  E: (.) hmm
34  A: elle peut pas aller chez eux non plus
35  E: (.) oui (.) elle a quel âge cette dame
36  A: vingt huit/
37  E: vingt huit ans/
38  A: hm
39  E: (1 s) ouai (.) et l'asile de nuit elle ne pense pas y retourner
40  A: ben elle elle a pas tellement envie d'y retourner elle y est restée:
41     vous y êtes restée combien de temps deux mois/
42  X: oui
43  A: oui deux mois [oui
44  X:              [deux mois
45  E: hmm (.) 'coutez prenez contact avec le service de suite de XXX
46  A: oui
47  E: pa'c'que c'est vrai que ça rentre un p'tit peu dans leur clientèle/
48     [mais aucun foyer sinon euh va pouvoir accepter cette dame/
49  A: [hmm
50  E: c'est une dame qu'on connait nous c'est elle s'appelle comment/
51  A: madame XXX (.) X-X-X-X-X
52  E: (2 s) hmm <((bas)) non chais pas si j'la connais> (.) écoutez
53     contactez le: le service de suite de XXX vous d'mandez monsieur VVV
54     et puis vous voyez [avec lui\  VVV/
55  A:                    [monsieur/      V-V-VV d'accord
56  E: (.) [pacqu'je:
57  A:     [d'accord <((vite)) bien je vais les appeler>
58  E: je vois qu'lui hein
59  A: hm
60  E: qui puisse euh accueillir euh une dame\ [enfin dans cette situation
61  A:                                          [d'accord
62  E: là
63  A: d'accord je vous remercie/ [au r'voir
64  E:                            [au r'voir
```

Arbeitstranskript II: Vorstellungsgespräch

Bonu 1998: 48–49 (Ausschnitt)

```
01  A: je vous écoute ((bruit)) .h
02  F: .h <((vite)) comme j'avai:s (signalé)> dans le: (.) <((vite)) dans
03     le dossier> j'ai travaillé: euh pendant <((vite)) huit mois dans un
04     cabinet d'expertise comptable> =
05  A: = uh uhm
06  F: (.) eh: j j'avais accepté le poste\ déjà parce que je travaillais
07     sur micro-informatique pour faire un budget et puis ensuite ils
08     m'ont: déplacée vers u:n boulot beaucoup plus COMPTABLE (.) donc
09     un travail sans aucun contact avec eh: .. avec l'extérieur (.) et
10     <((vite)) j'ai eu envie de changer> (.) et choui rentrée à l'XXX en
11     septembre 86 pour en fait eh: (.) servi (.) servir uh: .. à
12     <((vite)) l'équipe support agences> (.) à savoir <((vite)) former
```

```
13        les agents d'assurance XXX> aux: systèmes informatiques qu'on
14        pouvait leur mettre à disposition (.)
15    A:  <((vite)) ALORS (.) former les agents d'assurance XXF:/>
16    F:  (.) eh au: <((vite)) système informatique qu'on leur mettait à
17        disposition\>
18    A:  mh d'accord
19    F:  (.) ce qui veut dire donc eh beaucoup de contacts euh: humains avec
20        des personnes très difféRENTES (.) parce que les agents XXX ont été
21        eh:: (.) sont recrutés dans euh: pas mal de couches sociales et pis
22        eh: ont pas mal de:: (.) <((vite)) de façons différentes d'aborder
23        leur métier>
24        [...]
25    A:  ok .. <((vite)) donc ce gif en fait est rattaché aux XXX> =
26    F:  = c'est en fait sous la direction du système de formation des XXX
27    A:  d'accord
```

Arbeitstranskript III: Les troubles du sommeil

France 3: Ça se discute: jour après jour, 29.03.1999
P = Présentateur Jean-Luc Delarue; S = Spécialiste Patrick Lévy

```
01    P:  (on va demander à) un spécialiste professeur patrick lévy un:
02        éminent spécialiste du sommeil qui vient nous rejoindre si vous
03        voulez bien monsieur léVY/ .h . eh descendre: ici-bas
04    <MUSIQUE ET APPLAUDISSEMENTS>
05    P:  xxx bonsoir .. bienvenu .. asseyez-vous (3) euh vous serez euh
06        prochainement euh PRÉsident de la société française de
07        recherche sur le sommeil/ vous êtes pour l'instant euh VICe-
08        président mais vous êtes euh aussi un: un travaillEUR/ sur le
09        sommeil/ passionné/ et éminent spécialiste du/ sommeil qui
10        travaille (in vivo) à Grenoble/ vous dirigez donc un laboratoire
11        spécialisé
12    S:  = c'est ça .
13    P:  euh l'hôpital albert michallon euh patrick lévy: = on a signalé au
14        début de l'émissION/ . euhm UN français sur QUAtre (.) se plaint de
15        son sommEIL/ un français sur quatre dort MAL\ .h . en
16        quatre-vingt-treize c'était un français sur CINQ\ d'après l'enquête
17        de Maurice (Sauvergnon) auprès de DOUze mille personnes interrogés
18        par téléPHOne/: ça veut dire qu'on dort de plus en plus MAL\ .
19    S:  non ça veut dire qu'on est surtout plus conscient de ces problÈMES/
20        . en fait je crois que . ça était d'ailleurs bien illustré par le
21        reportage qu'on a VU c'est-à-dire que les gens sont .. sensibles à
22        cette qualité de sommeil/ . sensibles plutôt d'ailleurs à leur- à
23        sa mauvaise qualité/ . soit parce qu'ils ont des difficultés donc à
24        . à . ÉTAblir ou à maintenir leur sommeil/ . soit parce que: la
25        qualité de leur sommeil/ fait que le lendemain ils sont (.) ils sont
26        pas bie:n ils sont: . fatigués: ou ils ont du mal à: à faire leur
27        journée/ (.)
28    P:  mhm/ .
29    S:  et donc cette perception-là/ fait qu'effectivement/ on diagnostique
30        plUs facilement: ces troubles du sommeil\ .
```

```
31  P:  et quo- que les médecins aussi donnent assez facilement des des des
32      médicaments [à ceux qui le demandent
33  S:             [alors
34  S:  OUI ça c'est SUR que c'est un problÈMe/ c'est- mais c'est un
35      problème qui est antérieur en fait c'est-à-dire au fond: ehm PLUs
36      on connaîtra les troubles du sommeil/ MOINS ce genre de comportement
37      va se- va survenir/ finalement parce que . LA réponse qui consiste
38      à prescrire un hypnotique (.) face à quelqu'un qui est: qui a un
39      trouble du sommeil/ (.) c'est une réponse très: très biNAIre/ quoi
40      c'est-à-dire: o- on A un problème du sommeil (.) on DONNE un
41      comprimé\ . je crois que ÇA c'est en train de passer (.) et c'est en
42      train de passer notamment (.) par: l'éducation des médecins en fait
43      (.) c'est-à-dire que les médecins (.) APPrennent .. COMprennent
44      que se passe quelque chose au cou- au . cours de la nuit . ehm
45      IDentifient mieux ces troubles . et donc vont avoir PLUS de
46      réponses et PAS seulement la réponse des hypnotiques
```

Transkriptionszeichen

(.)	Mikropause
(2.3)	gemessene Pausen
. .. ...	geschätzte Pausen
[ ]	Überlappungen (Anfang und Ende)
=	schneller Anschluss (*latching*)
/ \	Intonation: steigend (/) bzw. fallend (\\)
:	Dehnung
^	lautliche Bindung (*liaison*)
exTRA	betontes Segment
°bon°	leise/undeutlich gesprochenes Segment
par-	Abbruch
.h	Einatmen
h	Ausatmen
((lacht))	Beschreibung eines Phänomens
< >	Abgrenzung der Phänomene zwischen (( ))
&	Fortsetzung der Äußerung in der folgenden Zeile
(il va)	unsichere Transkription
xxx	unverständliches Segment
* *	Begrenzung der multimodalen Phänomene